전체성(全體性)과 크라마의

뱀과 얼나 이야기

<표지 그림 설명>

아르다나리슈와라 혹은 아르카눔

성경은
인간의 처음 몸은
자웅동체의 <암수한몸>이었다고 한다.
마치 저 "**지렁이 같은**……"

처음 사람의 **가슴**에서 **무엇**이 나와
<그 모든 사건>이 일어났으니
이제 인간은 다시, 저 **뱀**의 도움으로
가슴에 그 **무엇**을 깊이깊이 꼬옥 품어야
저 **아르카눔**의 진리는 실현되리라.

예부터 인도(印度)에서는
그것을 **아르다나리슈와라**라고 불렀다.

<**남(쉬바)**과 **여(샥티)**의 온전한 합일>이나
<**신**(神, **쉬바**)과 **인간**(**샥티**)의 합일>,
아니면
<**좌(쉬바)-우(샥티)** 뇌의 동시 활성(同時活性)>.

(※ 그림의 저작권자를 찾을 수 없었습니다.)

전체성(全體性)과 크라마의

뱀과 얼나 이야기

- 蛇辭, 思師 그리고 쿤달리니 -

金恩在 지음

지혜의나무

목차

들어가며

　나름의 시골 생활에 이젠 제법 익숙할 **법**(法)도 한데, 아직도 아내는 어쩌다 마당과 밭, 길가에서 **뱀**을 마주치면 **기겁**(氣怯)을 한다.

　'팔다리가 없는 것이 그렇게도 흉(兇)한 것인가?' 아니면 그 어떤 것이 <그런 반응>을……

　[여기서 <그런 반응>은 "익숙할 법도"의 **법**(法) 대신에 "기겁을 한다"의 **겁**(怯)을 말한다. **법**(法)은 잘 아는 대로 <물(氵, 水) 흐르듯이(去)> 자연스런 것을 말하고, **겁**(怯)은 <마음(忄, 心)이 가버려(去)> 무서운 것을 말한다.]

　필자에게도 **뱀**은 좋은(?) 이미지로 출발한 것은 물론 아니다. 아마도 가장 큰 이유라면 기독교의 영향이었으리라고 생각된다.

　교회 다니던 시절, <그 어떤 울분(鬱憤)>에 혼자 자주 읊곤 했던 시(詩)가 있다. 거기서도 **뱀(배암)**은 사탄의 이미지다. 노천명의 <**아름다운 새벽을**>을 약간 고쳐 옮긴다.

내 가슴에선 사정없이 장미(薔薇)가 뜯겨지고
멀쩡하니 바보가 되어 여기 서 있습니다

흙바람이 모래를 확 끼얹고는
낄낄 웃으며 달아납니다
이 시각 어디서 누군가 눈물 흘립니다

그 새벽들은 골짜구니 밑으로 묻혀버렸고
연인은 이미 저 **배암**의 춤을 추는 지 오래고
나는 혀끝으로 찌를 것도 단념했습니다

사람들, 이젠 어떤 종소리에도 깰 수 없는
악(惡)의 꽃 속에 묻힌 밤……
여기 나도 모르게 저지른 악이 있고
남이 나로 인하여 지은 죄도 있을 겁니다

그리스도여
죽음인 양 무거운 이 밤을 물리쳐 주소서
그리고 아름다운 새벽을

저마다 내가 죄인이로라 무릎 꿇는 –
저마다 참회(懺悔)의 눈물로 뺨 적실 –

그 아름다운 새벽을 가져다주소서

이 책은 어쩌면 <그런 시각(視角)이 바뀌어간> 필자 영혼의 자서전적 고백일지도 모른다.

"어떤 <높은 산(山)>에서 <큰 강(江)>을 바라보고 있었는데, 낙동강(洛東江)이라는 느낌이었다.

그런데 강물이 많이 줄어들었고, 큰 청룡(靑龍)이 강에 있는 것이 드러났다. 정말이지 <엄청난 몸집> 이었다. 그 청룡이 강물이 줄어들자 어느새 하늘로 올라갔다.

저 멀리 푸른 하늘에 흰 구름이 뭉게뭉게 펼쳐져 있었는데, 눈여겨 (자세히) 보니 그 흰 구름 사이로 황룡(黃龍)이 보였고, 강에서 올라간 청룡과 서로 엉켜 붙었다.

둘은, 서로 만나니 반가워서 장난을 치는 것인지, 아니면 영역(領域) 침범으로 인해 싸우는지 알 수가 없었다. 그런 <장엄한 광경(光景)>이 구름 사이로 보였다."

- 필자의 꿈에서 -

동양의 **신화** 중 <복희(伏羲)-여와(女媧, 女娲)의 신화>를 기억하는지…… 인수**사**신(人首蛇身)의 신으로, 삼황(三皇) 오제(五帝) 중 첫 번째 두 사람 말이다. 복희는 곡자(曲尺)를, 여와는 **컴퍼스**를 진 채 서로 꼬리를 휘감고 있는 모습이다.

그리고 서양의 의신(醫神) 아스클레피오스……

반신반인(半神半人)으로 온갖 질병의 치료를 주재하며, **뱀**이 휘감겨 있는 지팡이를 지니고 있는데, 오늘날 의학의 **상징**이 되고 있다. 의사들 **가운**에 새겨진 <꼬여진 두 마리 **뱀**>의 도형(圖形, **만달라**) 말이다.

뱀 이야기는 상당히 많다.

"우리의 **상상력**(想像力)을 동원하여" <뱀(蛇)>을 <용(龍)>까지로 확장시키면 그 이야기는 무궁무진할 것이다. 중국의 십 수억 사람들은 자신들을 <용의 자손들>이라고 하고, 또 인도의 십 수억 사람들은 자신들 몸에 아예 **쿤달리니**라는 **뱀**을 갖고 있다고 하니 말이다.

심지어 과학에서도, <우로보로스(자신의 꼬리를 문 **뱀**)>를 **꿈**에서 보고 벤젠 고리의 화학방정식을 발견했다는 것은 아주 유명한 이야기다.

그리고 심층심리학의 **마리-루이제 폰 프란츠**는 말한다. "서양에서 **시간**(時間)은 **뱀**으로 **표현되고**, 동양에서는 용(龍)으로 표현된다."

"시간"이라는 것과 "공간(空間, 거리)"이라는 것, 그리고 "**숨**"이라는 것으로 표현되는 "**생명**(生命)"과 "**호흡**(呼吸)"…… 이 모든 것이 **뱀**으로 표현된다.

재미없는 개인적인 이야기 하나. 어릴 적 필자의 부친이 자주 했던 말이 기억난다.

"**독사** 아가리에 손을 넣고 견디면 견디지……"

자식들이 무엇을 해달라고 조르는 것은 견디지 못한다…… <그렇게> 우리 어린 **뱀**들은 가난한 부모를 "파먹고" 자랐다.

일찍이 선지자 이사야는 말했다.

"그때에 **젖먹이가 독사의 구멍**에서 장난하며 **어린아이가 독사의 굴**에 손을 넣을 것이라."

이 책은 또 <그런 수준>의 필자가 <그런 장난>을 해본 것일지도 모른다.

이 <**뱀**(蛇)에 관한 **이야기**(辭)>는 우리가 <항상 생각해야(思) 할 스승(師)>, **얼나**에 관한 **이야기**다.

얼나는 (발음에서 어린애의 경상도 사투리) **얼라**이기도 하고, <도량이 넓은 저녁("多夕")> 선생님의 "**얼나로 솟나자!**"의 그것("靈我")이기도 하고.

☯

책 네댓 권을 추천하는 것으로 집필(執筆)에서의 공백을 메우고자 한다.

1. 『아담, 이브, 뱀』 - 기독교 탄생의 비밀 -
   Adam, Eve, and the Serpent
   『사탄의 탄생』 The Origin of Satan
   둘 다, 일레인 페이절스 지음

2. 『상징과 리비도』(Symbol und Libido)
   『쿤달리니 요가의 심리학』
   둘 다, C. G. 융 지음

3. 『민담 속의 여성성』
   마리-루이제 폰 프란츠 지음

𖤣

쿤달리니(**암뱀**)라는 말로 제목을 달거나 그것에
대해 얘기하는 책은 아주 많다. 그런데 또 여기에
<그렇고 그런 책> 하나를 더 보탤 수야 없지 않겠
는가!
카시미르 쉐이비즘의 정수(精髓)를 정확히 알고
있는 사람(들)의 책을 텍스트로 하였다.

1. 『Kundalini』 - The Energy of the Depths -
   Lilian Silburn 지음, 1988
   (원래의 프랑스어판도 참고하라)

2. 『The Kula Ritual』 - As Elaborated In
    Chapter 29 Of The Tantraloka -
    John R. Dupuche, 2003

3. 『Luce dei Tantra - Tantrāloka』, 1999
    Raniero Gnoli (이탈리아어판)

  릴리안 실번은, **비갸나 바이라바**를 (영어권의)
세상에 소개한 미국인 선사(禪師) 폴 렙스와 함께,
락쉬만 주에게서 이 <고대의 지혜(智慧)>를 공부한
여성이다.
  그녀는 <영성적인 면에서는 불모지나 다름없는>
유럽에서 일찍이 프랑스어로 **비갸나 바이라바**를
출간했다.
  (그렇다고 해서, 현재 우리나라에서는 영성 꽃이
피었다거나…… 그런 의미는 결코, 결코 아니다!)

  필자는 **랄라(랄 데드)**와 더불어, **릴리안 실번**과
베티나 보이머 등의 여성과 여성성(女性性)(?)에서
- **쿤달리니** 그녀를 포함하여 - 은혜를 입은 바가
당연히 크고 크다.

                              바우치 서재(書齋)에서

제 1 장

신화(Mythos, 神話=신의 이야기)

1. 아담(흙), 하와(생명) 그리고 뱀
2. 선악의 딜레마 - "가장 간교(奸巧)하더라"
3. 사탄과 세라핌 - 유혹과 훈련

나의 말과 글이
영적인 것이 되기를!

그렇지 않으면
그냥 소음과 쓰레기일 뿐

영적인 것이란
내면으로 향하게 하는 것
최소한, <그런 느낌>을 주는 것

- 필자의 기원(祈願) 1 -

1. 아담(흙), 하와(생명) 그리고 뱀

"책(册, Bible, 비블리아)"에는 <행복(에덴)동산의 이야기>가 맨 먼저 나온다.

창조의 순서로는 아담이 먼저이고 그다음 그의 **가슴**에서 하와(이브)가 나왔다. **뱀이** 들짐승이라면 **이들(인간)보다 더 먼저다.**

잘 아는 대로, 아담은 <흙(붉은 것)>을 말하고, 곧 <사람>을 뜻한다고 한다. "너는 **흙**이니 **흙**으로 돌아갈 것이니라." 우리의 몸은 흙(프리트비)에서 온 것이다.

"**흙**으로 **사람**을 지으시고, 생기(生氣, 프라나)를 그 코에 불어 넣으시니 사람이 생령(生靈, 생물)이 된지라."

그러나 아무리 행복동산이라고 하더라도 "사람이 독처(獨處)하는 것은 좋지 못하여, 그를 위하여 <돕는 배필(配匹)>"이 필요했다. 그리고 **그를 돕는** 배필은 그의 **가슴**에서 나왔다. ("**읽는 자는**……")

그는 "이는 내 **뼈** 중의 **뼈**요, 살 중의 살이라"며 여자(女子)라는 이름으로 불렀다. 그러니 그(아담)는 남자(男子)로 분류되고……

그러나 인간은 단지 생물(생령)만이 아닌, "살아, 창조하는 어떤 무엇"이다. 그것이 **생명**(生命)이다. 그것이 하와(이브)라는 이름의 뜻이다. "그는 모든 **<산 자의 어미>가 됨이더라.**" 그리고 또 잘 아는 대로 **생명만이 생명을 낳는다**(창조한다).

무엇이 생물(생령, 사람)을 생명(生命)으로 되게 했는가? 무슨 일이 단지 여자라는 이름의 생물을 하와(이브, **생명**)가 되도록 했는가? 여기서 생명은 단지 생물학적인 의미가 아닌 <**"살아 있는"**이라는, 그 어떤, 더 깊은 의미로> 파악해야 한다.

생명이 무엇인가?
생명만이 생명을 낳고, **진리만이 진리를 안다.**

신화(神話)라는 한자어는 <**신**(神)**의 이야기**>라는 뜻이다. <신에 관한 이야기>다. 성경은 <신에 관한 이야기>다. 우리가 어떻게 하면 **신**(神)에게 가까이 갈 수 있는지를……
그러므로 **성경 전체가 신화**(神話)**다.**
그리고 **우리는 나의 삶이 곧 신화가 되게 해야 한다.** 우리의 삶이 곧 성경이 되어야 한다. **우리는 성경 속에서, 성경을 "살아야" 한다.** (그냥 성경을 <믿는 수준>이어서는 안 된다.)

그리고 **미토스**(Mythos, **신화**)의 반대말(대조어)은 로고스(Logos, **말**, **이성**, 理性, 그리스도)라는 것도 일단 새겨두자.

신화(성경)는 어떤 사건이 단지 여자라는 이름의 생물(생령, 사람)을 "하와(이브)"라는 **생명**이 되도록 했는지를 <**신**(神, **하나님**)**의 말씀**>으로 이야기한다.
그러므로 우리는 성경을 <깊이, 더 깊이 읽어야> 한다. 다른 사람들에게 하는 설교의 자료가 아니라, 바로 나 자신의 구원(변화)을 위해서 말이다.

진리를 사변적(思辨的)으로 공부하는 것은
설교의 자료를 수집하는 일에는 유익하다.
그러나 꾸준히 영성(靈性) 수련을 않는다면
우리의 **생명**(生命)**의 등불**은 꺼져 버리리라.

"여호와 하나님이 지으신 들짐승 중에 <**뱀**>**이 가장 간교**(奸巧)**하더라.**" 그러니 당연(當然)히 **그**가 나서야 했다. <**그**>만이 인간 존재(사람)에게 **생명**을 – **사랑**을, **진리**를, **지혜**(智慧)를 – 가르칠 수 있기 때문이다.
[그러나 교회(敎會)에서는 아직도 **뱀**을 **사탄**으로, 악마, 귀신, 이단(異端) 등으로 가르치고 있다. 아, 기독교 신학자들과 목회자들이여!]

여기서 인도(印度)의 신화가 전하는 **사랑**이 어떤 것인지 살펴본다. [만약 **기독교 목회자들이 말하는** <저 천국에서의 삶이 영원한 것이고 또 불멸(不滅) 이라면>, **그런 천국에서는 사랑이란 전혀 가능하지 않기 때문이다**. 찬찬히 잘 읽어보라.]

힌두교도들은 이런 아름다운 신화를 갖고 있다. 그들은 <**인드라가 통치하는 천상에는** - 인드라는 천상의 왕이다. - **사랑이 없다**>고 한다. 거기에는 아름다운 처녀들이 있다. 이 지상의 처녀들보다 더 아름답고, 신(神)들이다. 그들에게는 성(性)도 있다. 그러나 **불멸이기 때문에 사랑은 없다.**

우르바시라는 천상의 처녀가 지상의 한 남자를 <**사랑하기 위해**> 며칠 지상으로 내려갈 수 있도록 인드라에게 허락을 구했다.
"무슨 소리인가! 여기서도 아름다운 사람을 찾을 수 있는데……"

우르바시가 대답했다.
"여기의 사람들은 아름답지만 불사(不死)입니다. 그래서 아무런 매력(魅力)이 없습니다. 이들은 사실 죽어 있습니다."

그들은 사실 죽어 있다. **거기에는 그들을 "살아 있게" 만들어 줄 죽음이 없기 때문이다.** 그들은 늘, 항상, 영원히 있을 것이다. 그들은 죽을 수가 없다. 그러니 어떻게 그들이 "살아 있을" 수 있겠는가?

<살아 있는 일>이라는 것은 <죽음>에 반(反)하여 존재한다. 인간은, 죽음이 항시 거기에 있어 그것과 싸우기 때문에, <살아 있는> 것이다. "죽음"이라는 배경에 반(反)하여 "생명(삶)"이 존재한다.

그래서 **우르바시**가 말했다.

"지상으로 내려가도록 허락하여 주십시오. 저는 어떤 사람을 <**사랑하고 싶습니다!**>."

그러자 **인드라**는 한 가지 조건을 달았다. 그녀가 지상으로 내려갈 수도 있고 누군가를 사랑할 수도 있지만, <그녀를 사랑하는 남자가 그녀가 누구인지 물어서는 안 되며, 묻는 순간 떠나야 한다>고……

우르바시가 말했다.

"좋습니다. 저는 연인에게 호기심을 갖지 말라고, 제가 누구인지 묻지 말라고 단단히 말하겠습니다. 그리고 만약 그가 묻는다면, 저는 즉시 그를 떠나 돌아오겠습니다."

그녀는 지상으로 내려와 **푸루라바**라는 젊은이와 사랑에 **빠졌다**. 그녀는 **푸루라바**에게 말했다.

"저는 당신을 사랑합니다. 그러나 제가 누구인지, 저에 대해서는 어떤 것도 **묻지 마십시오.** 당신이 묻는 순간 저는 떠나야 합니다."

그러나 이것은 사랑에서는 아주 어려운 일이다. 사랑은 호기심이 많기 때문이다. 사랑은 사랑하는 사람에 대해 모든 것을 알기를 원한다. 모든 것을 말이다. 그래서 **인드라**는 **간교하게도 우르바시**가 그 교묘함을 이해할 수 없는 조건을 단 것이다.

"제가 누구인지, 저에 대해서는 어떤 것도 **묻지 마십시오.**" **이런 말 때문에 오히려 푸루라바**는 더 많은 궁금증과 호기심이 생겼음에 틀림없다. 그는 잠들 수 없었다. 그는 **우르바시**를 더 지켜보아야 했다. '이 여자는 누구인가? 이런 아름다운 여자는 꿈에서나 볼 수 있지…… 분명히 이 세상의 여자는 아닐 것이다.'

그리고 그는 두려웠다. 그녀가 떠날지도 모르기 때문이었다. 그는 밤에 잠이 들 때면 그녀의 **사리**, 즉 겉옷 한 자락을 꼭 쥐고 자야 했다. 왜냐하면 자기 자신에 대해 확신이 없었기 때문이다. 어떤 순간에도 그는 물을 수 있었다. 그는 잠 속에서도

물을 수 있었다. **우르바시**는 <꿈속에서라도 묻지 말라>고 했다. 그래서 그는 그녀의 **사리** 한 자락을 꼭 쥐고 잤다.

그러나 어느 날 밤 그는 자기 자신을 억제할 수 없었다. - 이제는 그녀가 그를 너무나 사랑하므로 떠나지 않으리라고 생각하면서 - 그래서 물었다. 그러자 **우르바시**는 사라져야 했다. 그녀의 **사리** 한 자락만을 푸루라바의 손에 남긴 채……

천상(천국)에서는 사실 삶이 없기 때문에 사랑이 있을 수 없다. 삶은, 생명은 죽음이 존재하는 여기 지상에 존재하는 무엇이다.

[그리고 잘 아는 대로 <사랑이 있는 곳>을 천국이라고 한다. <하나님의 나라>라고도 하고……]

우리는 죽음은 좋지 않은 것이고, 천국의 영원한 삶[영생(永生)]은 좋은 것이라고 들어왔다. 그러나 영원한 삶 즉 **불멸(不滅)이라는 것을 한번 생각해 보라.** 아니면 수천, 수만 년을 산다고 가정해보라. **그러면 삶이 무의미할 것이다. 의미(意味)라는 것은 죽음과 함께 온다. 사랑이 의미 있는 것은 사랑이 상실될 수 있기 때문이다.**

그때 그것은 고동치는 일, 맥박 뛰는 일이 된다. 사랑은 상실될 수 있다. 우리는 그것에 대해 확신할 수 없다! 왜냐하면 다음 순간 연인이 있지 않을지도 모르기 때문이다. **우리는, 내일이면 사랑하는 이가 없을지도 모른다는 관점에서, 사랑해야 한다. 그러면 사랑이 <강렬하게("살아 있게")> 된다.**

[아직도 기독교도로 살아가는 이들에게는 앞에서 말한 『아담, 이브, **뱀**』과 『사탄의 탄생』을 간곡히 권한다.]

2. 선악의 딜레마 - "가장 간교(奸巧)하더라"

　인간이 태어나 무리(사회)에 적응하기 위해 노력하는 것 중에는 말(언어)이 엄청나게 중요하다.
　외국에 가서 외국어를 마음껏 못하는 것도 힘들겠지만, 우리나라에 살면서 우리말을 못한다면……

　그러니 말은 알맞게 배워야 하고, 어린애가 말이 늦을라치면 부모는 은근히 걱정되는 것이다.
　그러나 말이 인간사회에서 살아가는 데는 중요한 것이지만, 영성의 길에서는 일반적으로는 방해물이 된다고까지 한다. 왜 그런가?

　우리가 어떤 사람을 <좋은 사람>이라고 한다면, 그때 우리는 <좋지 않은(나쁜) 사람>을 만들고(창조하고) 있는 것이다. 왜냐하면 <좋은 사람>은 <나쁜 사람> 없이는 존재할 수가 없기 때문이다.
　선(善)과 악(惡)은 한 쌍(雙)이다. 여자가 없으면 남자라는 말도 없고, 죄인이 없으면 성자도 없고, 추녀(醜女)가 없으면 미녀도 없다. 낮음이 없으면 높음도 없고, 빈천(貧賤)이 없으면 부귀도 없다. 그 모든 것이 말(언어)에서 유래한다.

말이 없으면 생각도 없다. 속으로 말을 않는데, '나는 이런저런 것이다.'라는 **생각이 있겠는가!**

그런데 우리의 터무니없는 노력을 보라. 우리는 스스로를 죄인이라고 고백하면서, 세상에서 죄인을 없애려고(구원하려고) 애쓰고 있다. 우리는 죄인이 없는 세계를 생각하고, 바라고 있다. - 오직 성자만 있는 천국을 말이다. 어불성설(語不成說)이다.

천국은 지옥 없이는 존재할 수 없고, 또 선은 악 없이는 존재할 수 없다. 우리가 "저것은 악하다."고 말하지 않으면, 우리는 "이것은 선하다."고 말할 수 없다. 악은 선을 정의(定義)하기 위해서 필요한 것이고, 그러니 **선은 악에 절대적으로 의존할 수밖에 없다.**

그것이 창세기 신화가 <지식을 알게 하는 나무> 즉 <선악을 알게 하는 나무(즉 인간)>를 제일 먼저 말하는 이유다. **비갸나 바이라바**는 말한다.

다른 가르침의 순수함이 우리에게는 불순하다.

인간이 없는 지구를 상상해 보라. 그러면 무엇이 순수하고 무엇이 불순할 것인가? 모든 것이 <있는 그대로>이고, 단순히 <있을> 것이다. 인간과 함께 마음이 들어오고, "이런 것은 선(善)하고 저런 것은 악(惡)하다."고 구분하기 시작한다.

그러나 그 구분은 <구분하는 자>에게도 구분을 가한다. 우리가 구분하면, 나 역시 그런 구분 속에 구분된다. 우리가 세상에 무슨 일을 행하든, 그것은 나 자신에게도 행하는 것이다. 우리는 지금도 저 <선악을 알게 하는 나무의 열매>를 여전히 따먹고 있는 것이다.

창세기 신화는 <선악을 아는 것>이 마치 잘못된 것인 양 말하고 있고 또 그렇게 가르치고 있다.

"보라, 이 사람이 <선악을 아는 일>에(서) 우리 중 하나 같이 되었으니……" 그래서 신(神)들만이 먹을 수 있는 <생명나무 실과>도 따먹고 영생할까 하여 낙원에서 추방했다는 것이다.

["우리 중 하나 같이"라는 말이 있으므로 "신들"이라고 복수로 말해도 좋으리라. ("엘로힘"이라는 말이 복수형이라는 것은 다 아는 일이다.) 기독교 학자들과 목회자들은 <유일신(하나님, 일자성)>과 <전체성>을 관련짓기가 그렇게도 힘든 모양이다. 나누고 구분해야 - 좌뇌의 언어적인 것만 - <좋은 것>이라고 생각하는 모양이다.]

그러나 <남북 분단>이 없으면 남북통일도 없고, 먼저 이별의 아픔이 없으면 재회의 기쁨도 없듯이, 우선 추방(실락원)이 없으면 귀향(복락원)도 없다.

이것에 **"뱀이 가장 간교(奸巧)하더라"**의 의미가 있는 것이다.

예수는 말한다.

"뱀 같이 지혜롭고 비둘기 같이 순결하라."

<매끄러운 **언어**의 길>에서, <간사(奸詐)한 우리의 **마음**의 움직임>에서, 어떻게 하면 선악에 치우치지 않을 것인가?

그것은, 우선은 <나누고 구분하는 (전문성의) 말>보다는, <비슷한 말>과 <다른 분야(종교)일지라도 같은 의미의 말>을 찾아보는 일일 것이다.

그것이 **붓다**가 말하는 중도(中道)이고, 균형이고, 평형이고, 조화이고, 지혜이다. 간교를 <나쁜 말>로 보지 말라. 언어란 항상 (그 뜻이) 변(變)하는 물건이다. 적(敵)에게 사용할 때는 **간교**이겠지만, 나와 우리 편에게 사용할 때는 **지혜**이지 않겠는가!

약리학(藥理學)의 첫 시간과 마지막 시간에 들은 유명한 말이 생각난다. "약(藥)은 독이고 독(毒)은 약이다." - 약도 과용, 오용, 남용하면 독이 되고, 독도 <잘 쓰면> 약이 된다. 물론 잘 쓰려면 **지혜**가 필요하다.

기독교도들은 <하나님의 (나를, 우리를) 도우심, 보호하심>만 얘기한다. <유아적인 상태>에 머물러 있다. 왜 우리는 "나의 하나님. 나의 하나님! 어찌하여 나를 버리시나이까!"의 <하나님의 버리심>은 아예 생각하지도 않고, 경험하지(느끼지) 않는가!

"가장 간교(奸巧)하더라"

중도(中道), 균형(均衡), 평형(平衡), 조화(調和)는 말이 쉽지, **이것은 <세상에서 가장 하기 어려운 일>이다.** 그것은 쉽고 간단해 보인다. 그러나 내가 중도를 표방하면 우선 "회색분자"라는 딱지가 붙을 것이다. 우리는 이쪽 아니면 저쪽에 속해야 하고, 그것이 마치 나의 정체성을 밝히는 것처럼 보인다.

이 사회를 떠나 – 내가 늘, 익숙하게 사용하는 언어를 떠나는 것만큼, <내가 속한 사회>를 떠나는 것이 있겠는가! – 저 멀리 광야와 산 속으로 숨지 않는 한, 선택의 폭은 굉장히 좁다.

영성의 길을 어렵다. 우리는 **"뱀처럼 지혜롭게"** 가장 **간교하여야** 한다. 모든 곳에서 중도를 지켜라. **적어도 시도(試圖)는 해보라. 그러면 어떤 평온함이 자리 잡는 것을, 고요한 중심이 내부에서 자라는 것을** (어렴풋이) **느낄 것이다.**

어떤 일화가 떠오른다.

붓다가 어떤 마을을 지날 때, 사람들이 몰려왔다. 그들은 붓다를 반대하고, 그를 비난하고 욕을 했다. 붓다는 가만히 들었다. 그리고 말했다.

"나는 제 시간에 다른 마을에 가야 한다. 그러니 이제 가도 되겠는가? 그대들이 할 말을 다했다면, 나는 갈 것이다. 혹 할 말이 더 있다면, 돌아올 때 여기서 기다릴 테니, 그때 와서 빠짐없이 말하라."

그 사람들은 그냥 놀랐다. 그들은 잘 이해할 수 없었다. 그들은 그를 비난하고, 나쁜 말로써 욕설을 퍼부었던 것이다. 그래서 그들이 말했다.

"우리는 당신에게 무엇인가를 말하고 있는 것이 아니다. 우리는 당신에게 욕설을 퍼붓고 있다."

붓다가 말했다.

"그대들은 그런 것을 할 수 있다. 그러나 그런 것으로, 내게서 <어떤 반응>이 나오기를 바란다면, 그대들은 너무 늦게 왔다. 10 년 전에 그런 말을 가지고 왔더라면, 나는 반응하였을 것이다. 그러나 이제 나는 어떻게 행동할지를 배웠다.

이제 나는 내 자신의 주인이다. 그대들은 나를 동요시킬 수 없고, 그 어떤 것도 나를 동요시킬 수 없다. 왜냐하면 **나는 내 자신의 중심을 알기 때문이다."**

이 **<중심을 아는 것>이나 <중심에 있는 일>이 나를 주인으로 - <자유인>으로 - 만든다.**
그렇지 않으면 우리는 이리저리로 끌려가는 노예이다. 수많은 것의 노예이다. 내 주위의 모든 것이 나의 주인이다. 길을 가는데 멋진 차가 지나가면 우리는 그쪽으로 끌려가고, 아름다운 여자가 지나가면 우리는 그쪽으로 끌려가며, 누가 내게 듣기 싫은 소리를 하면 그쪽으로 끌려가고, 칭찬의 말을 하면 우쭐거리며 그쪽으로 끌려간다. 그렇게 많은 것들이 나를 이리저리로 끌고 가, 우리의 마음은 괴로움으로 이어지고, 우리의 삶은 고해(苦海) 그 자체인 것 같다. **자기 자신의 주인만이 괴로움을 초월할 수 있다.**

☯

<가장 간교(奸巧)한 이야기 하나>

이 책의 제목이 <이바구(입+아구)>이니만큼 이런 저런 이야기로 횡설수설……

예쁘장한, 한 순진한 처녀가 <**하나님**을 영접하고 싶어서> 그 방법을 물었더니, 사람들은 (세상과는 떨어져 사는) <사막의 은자(隱者)들>을 추천했다.

처녀는 배고픔과 어려움을 참으며 며칠을 걸어 사막에 도착했고 한 오두막이 보이자 그리로 가서 <**하나님을 영접하는 방법**을 가르쳐줄 성자(聖者)를 찾고 있다>고 했다. 그러자 은자들은 한 결 같이 그녀의 미모 때문에, 자신은 그 방법을 모른다면서 다른 곳에 가보라고 했다.

용감한, 한 젊은 수도자(修道者)가 그 동안 쌓은 자신의 내공(內功)도 시험해 볼 량으로…… 그러나 아뿔사! "**성**(性)"이란 <(이러저러한) **마음**(忄, 心)이 살아나는(生) 것>임을 몰랐던 것일까? 아니면 저 **요가 수트라**의 "무지(無知)는 <잠들어 있는 것들, 약하거나 억압되어 있는 것들>, <활성화되지 못한 것들>의 밭(창고)"이라는 말에 무지했던 것일까?

그래서 그는 <그 방법>을 찾는 구도(求道)를…… -"구(求)하라! 그러면 주실 것이요, 찾아라! 그러면 얻을 것이라." - 마침내 그는 <**하나님을 영접하는 최고의 방법**>을 찾았으니……

<**하나님을 영접하는 최고의 방법**>은 (우리가 **신** 곧 **하나님**을 영접하는 것을 방해하는 저) <**악마를 지옥으로 몰아넣는 것**>이라는 것을 말이다.

순진한 처녀는 어떻게 하면 그렇게 할 수 있는지 물었다.

"그건 곧 알게 되지. 내가 시키는 대로 하면 돼." 라며 그는 옷을 벗고 그녀에게도 벗으라고 했다.

처녀의 알몸을 마주하고 있는 그의 아랫도리에서 불뚝 솟아오르는 무언가에 깜짝 놀라는 처녀에게 "이놈이 바로 그 <악마>다! 이놈이 힘을 잃도록 <지옥> 속으로 몰아넣어야 한다!"고 했다. 물론 그 <지옥>은 그녀에게 있을 터.

(참고로 <지옥의 불>이 뜨거울수록 악마는 빨리 죽는다고 한다.)

그러나 지옥에서 죽었던(힘을 잃었던) 그 악마는 다시 살아 돌아왔고…… 처녀는 이렇게 고백했다고 한다.

"사람들이 **<하나님을 영접하는 일>은 기쁜 일**이라고 했는데, 정말로 그렇군요. 이렇게 **<악마>를 <지옥>에 몰아넣는 일**만큼 즐겁고 기쁜 일은 지금까지 없었어요. 아……"

<보카(福下)복음 3장 10절>에 나오는 말씀이다. (보카치오의 데카메론에 나오는 셋째 날 열 번째 이야기다. 잘 아는 대로, **보카치오**는 <신곡>을 쓴 단테를 우리에게 "살려낸" 사람이다.)

3. 사탄과 세라핌 – 유혹과 훈련

사탄이 보통 <대립하는 자>, <적대자>로 알려져 있어, 무언가 <사악(邪惡)하고 나쁜 것>을 말하는 것 같지만, 단지 <대척점(對蹠點)에 놓인 무엇>을 말하는 것일 뿐이다.

영어의 "Antagonist"로, <길항작용(拮抗作用)을 하는 것들>을 말한다.

예를 들어, 자동차에서 **엑셀러레이터**(가속장치)와 **브레이크**(제동장치)를 보자. 그것은 대립(對立)하는 기능(역할)을 한다. 우리는 **엑셀러레이터**를 밟아서 자동차가 앞뒤로 **움직이도록 하고**, 또 **브레이크**를 밟아서는 자동차가 앞뒤로 **움직이지 못하게 한다**. 그런데 어떻게 **엑셀러레이터**는 선하고 **브레이크**는 악하다고 말할 수 있겠는가?

사탄은 원래 그런 것이었다. 그런 의미가 차츰 우리 마음의 투사, 투영으로 <나를 반대하는 사람, 나의 생각과는 다른 사람들>을 비난하려는 것이, 그들을 "**뱀**, 용(龍), 악마, 이단(異端), **사탄**"이라고 몰아간 것이다. 왜 <나는 항상 옳은 것이고, 다른 사람은 틀린 것이라고> 생각하는가? 왜 그런가?

"칭찬은 고래도 춤추게 한다!"는 말이 있다. 유아적인 단계의 사람이나 나름의 실패로 축 처져 있는 사람에게는 때로 칭찬과 격려로 용기를 주는 것이 좋다.

그러나 <장성한 사람>과 그런 법기(法器)에게는 "수많은 새들이 내 길에 꽃을 뿌려놓는다 해도, 그런 칭송(稱頌)은 무의미한 것일 뿐"이고, 오히려 호된 질책과 비난이 용기를 줄 수 있다.

사탄은 우선 그런 <질책과 비난하는 존재>이다. (우리의 꿈에 등장하는 "**트릭스터**"가 그 예다.) 왜 우리는 다른 사람의 인정(認定)과 칭찬과 격려만을 기대하는가! 아무도 모르는 내 속에 그런 기대가 조금이라도 있다는 것은 아직도 나 자신이 어리고 유약(幼弱)한 구석이 있음을 나타낸다는 것을 모르는가!

우리는 때로는 악역(惡役)을 맡을 수도 있고, 또 <악역을 맡은 사람(사탄)>을 만날 수도 있다. <선한 역할을 맡은 사람들(천사, 종교인)>만을 만날 수는 없다. "양의 옷을 입은 - 양의 탈을 쓴 - 이리"도 많지 않은가!

[그리고 또 가만히 관찰하면, <선과 악의 경계>라는 것도 <그렇게> 명확하지 않다!

32

우리말에 "반하다"는 말이 있다. <어떤 사람이나 사물 따위에 마음이 홀린 것같이 쏠리다>는 의미로 비슷한 말로는 <열광(熱狂)하다>, <이끌리다>, <취(醉)하다> 등이 있다. 어떤 남자는 어떤 여성에게 반하고(열광하고), 또 인간은 신성(神性)에 접촉하게 되면 "반한다(취한다)." 왜 그런가? 그것은 서로 "반(反)하기" - 반대(反對)이기 - 때문이다.

우리가 연인, 시간 등을 "잃거나 놓치면(miss)", 그것을 "그리워하게(miss)" 되는 것에서도……]

또 어떤 이야기가 생각난다.

어떤 부자 집에 처녀 하나가 찾아와 하룻밤 묵어 가기를 청했다. 그 처녀가 너무나 아름다웠으므로 주인 남자는 당장 그렇게 하라고 했다.

그런데 처녀는 <그 언니와 늘 동행(同行)하므로> 같이 묵어야만 한다는 것이었다.

집주인은 그 언니에 대한 궁금증을 갖고, 그러면 언니를 본 뒤에 결정하겠다고 했다.

처녀가 <자신의 짝인 언니>를 데리고 왔을 때, 그 짝을 본 주인 남자는 어쩔 줄을 몰랐다. 그녀는 아름다움이 아닌 추녀(醜女)로, 역겨움 그 자체였기 때문이었다.

'아름다운 여인을 가까이 하기 위해서 저 더러운 여인을 내 집에 들일 것인가? 그리고 저 역겨움을 내가 어떻게 한시라도 견딜 수 있겠는가?'

집주인은 결국 아름다운 동생과 그 짝인 역겨운 언니를 받아들이지 못했다는 것이다.

불교의 <선악과(善惡果) 이야기>다. 선과 악은 짝이라는 것이다. 또 그것이 온전한 것이다.

우리는 <좋으신 하나님>만 찾는다. <나쁜 신>은 받아들일 수 없다. 그러니 그것은 악마일 뿐이다. 악신(惡神)이다. 그것이 지금까지의 기독교의 **사탄**이었고 **뱀**에게 지워진 저 <십자가의 짐>이었다.

예수 당시나, 그 이전이나, 그 후나······.

선악의 **딜레마**는, 언어가 있는 이상, 마음이 있는 이상, 우리를 곤경에 빠뜨리고 우리를 난처하게 할 것이다. **바로 내 속에 있는 이 <나의 악>을 어떻게 볼 것인가?**

자동차에는 **엑셀러레이터**와 **브레이크**가 동등하게 있어야 안전하고, 또 **그런 자동차가 완전하고 온전하다.** 달려야 하는 자동차에서 **브레이크**가 없거나 고장 난 경우를 생각해 보라. 생각만 해도 아찔할 것이다.

자동차에 엑셀러레이터와 브레이크를 작동하도록 만든 것은 우리 호모 사피엔스의 **지혜**(智慧)다.

예수는 말한다.

"그런즉 하늘에 계신 너희 아버지의 **온전**(穩全)하심과 같이 너희도 **온전하라**!"

사탄은 보통 유혹자(誘惑者)로 등장한다. **예수와 붓다**의 초기 훈련에서도 그것이 등장한다. (그리고 그것은 우리의 <조건화된 마음>, 이 <마음의 습성> 외에 아무것도 아니다.)

그러나 <좋은 유혹자>이기도 하다. 유혹(誘惑)과 인도(引導)는 같은 것이기 때문이다. 좋은 스승(의 역할)은 우선 제자를 자신에게로 유혹하는 것이다. 그리고 어느 순간 - 제자가 이제 독립해야 될 때, 그의 의지처(依支處)인 자신에게서 떨어져 나가도록 버린다. 그러면 그는 "나의 하나님, 나의 하나님 어찌하여 나를 버리시나이까!"라며 울부짖고……

(비갸나 바이라바에서 다루었다.)

어머니의 자궁 같은 에덴동산의 추방을 이끌어낸 **뱀**은 곧 **그리스도**로 우리의 <**지혜의 스승**>이었다. 영지주의가 그렇게 본 것은 옳은 것이다.

여호와 하나님의 인도(引導)도 그런 것이었다.

"**독수리**가 보금자리를 흔들어놓고 파닥거리며 떨어지는 새끼를 향해 날아 내려와 날개를 펼쳐 받아 올리고 그 죽지로 업어 나르듯"

우리는 그런 예(例)를 <영성(靈性)의 길>에서는 얼마든지 본다.

성경의 **뱀**이 <사탄>이라는 오명(汚名) 내지 누명(陋名)만 있는 것은 아니다.

구약 성경에는 이런 이야기가 있다.

이스라엘 사람들이 광야에서 그 <길로 인하여> 마음이 상(傷)하여 원망하니 "여호와께서 **불뱀**들을 백성 중에 보내어 백성을 물게 하시므로 이스라엘 백성 중에 죽은 자가 많은지라."

백성이 원망한 잘못을 고백하자 신(神)은 "**불뱀**을 만들어 장대 위에 달라. 물린 자마다 그것을 보면 살리라."고 했고, "**놋뱀**을 만들어 장대 위에 다니 뱀에게 물린 자마다 **놋뱀**을 쳐다본즉 살더라."는 이야기다. (**비갸나 바이라바**에서 다루었다.)

불뱀으로 번역된 말은 세라핌이다. 우리말 성경 이사야서에는 스랍으로 되어 있다.

"내가 본즉 주(主)께서 높이 들린 보좌(寶座)에 앉으셨는데 그 옷자락은 성전(聖殿)에 가득하였고, <스랍들>은 모셔 섰는데 각기 여섯 날개가 있어, 그 둘로는 얼굴을 가리었고, 그 둘로는 발을 가리었고, 그 둘로는 날며"

신(神)의 최(最)-근위병(천사)이 이들이라고 한다. 그만큼 <신성(의 본성)에 가깝다>는 것이리라. 네 날개로 그 얼굴과 발을 가리었다는 것은 무슨 의미이겠는가?

하여튼 이 여섯 날개의 **세라핌**이 저 "날아다니는 **불뱀**"의 모양으로 백성을 쳤고(물었고), 그다음은 "장대"에 **불뱀**의 형상(**놋뱀**)을 달아 쳐다본즉 살게 했다는 것이다.

[확실히 신은 <병(病) 주고, 약(藥) 주는 존재>인 것 같다.]

잘 아는 대로, 성경에서 광야(曠野)는 세상, 즉 <영성 훈련의 장(場)>을 말한다. 누군가 말했듯이 이 세상은 <신병 훈련소>이다. 그리고 그 훈련이 혹독할수록, 또 그 지옥 훈련을 이겨낼 때 쓸 만한 전사(戰士)는 태어난다. 우리는 저 황무지에서 피는 장미꽃을 볼 때 더 감동하며, (얕은) 개천바닥에서 용이 날 때 "개천에서 용 났다!"고 하는 것이다.

세라핌은 **불뱀**의 독(毒)으로 우리를 훈련시키는 교관(敎官)이다. 그 독은 때로는 질병으로, 때로는 재난으로, 때로는 불행으로, 때로는 가정과 사회의 어떤 위기로 오는 훈련일지도 모른다.

교회 다닐 때 읽은 것이다. 하나님은 우리에게 대략 네 가지로 말한다고 한다. 네 가지의 천사를 보내 우리를 가르친다는 것이다. 위기(危機, 고난), 노화(老化, 죽음), 경이(驚異), 훈련(訓鍊)으로 기억한다. 고난과 죽음은, 어쩔 수 없이 당해야만 하는 것일지도 모르지만, 경이와 훈련은 다르다.

경이는 어느 순간 내게 일어나는 경우도 있지만 얼마든지 개발할 수도 있다. 흔히들 말하는 영성 훈련이 썩 내키지 않으면, 가벼운 경이로부터라도 시작하라. 내 주위의 사람과 사물을 다시 바라보라. 하나하나를 마치 **처음인 것처럼 보라.**

사실 <이 세상에서 일어나는 모든 것>은 <나>를 위한 훈련 외에 아무것도 아니다. 그리고 또 <모든 것>이 방편이고…… 이 모든 것이 나의 스승이고, 교관이고…… 하늘이 보내준 천사들이다.

하여튼 세계의 신화들에서, **뱀**은 <불사(不死)의 존재>로, 때로는 엄격한 스승으로, 악명의 교관으로

38

<병 주고, 약 주는 존재>이다.

제 2 장

신경(Nerve, 神經=신의 말씀)

1. 인간 - "척추"동물 가문(家門)
2. 아, 내 몸의 이 뱀! - 리비도
3. **"인간의 아들은 들려야 하리니"**

나의 생각이
영적인 것이 되기를!

영적인 것은
중심으로 향하는 것

그 침묵의 한가운데
"아자 에카-파다" 있으니
- **외발의 태어나지 않은 자!**

- 필자의 기원(祈願) 2 -

1. 인간 – "척추"동물 가문(家門)

먼저 이진흥님의 <**지렁이**>라는 시 한 수를 간단하게 감상한다. (약간 고쳐 옮김)

**길바닥에 지렁이
기어가던 그대로
죽어 있다**

개미떼가 새까맣다

**길바닥에 지렁이
몸뚱이 남겨두고
어디로 갔노?**

아, 햇살 길게 내린다

이 세상의 모든 것은 <에너지의 **놀이**(현상)>이다. 정말로 그렇다. 에너지가 <이런저런 형태와 모습>으로 나타나고 또 사라지고 있다. <음식 에너지>로 몸을 만들고, 여러 가지 활동을 하게 하고, <열과 빛 에너지>로 추위와 어둠을…… 그리고 <정신과 영적인 에너지>로……

한때 <지렁이의 몸이었던 그 에너지>는 이제는 <개미떼의 에너지>가 되고……

그래서 지혜(智慧)는 "에너지(샥티)가 - <에너지 현상을 아는 일>은 - 신(神)으로 들어가는 문(門)"이라고 하는 것이다.

지렁이는 죽었으니, 이제 이것으로 끝인가? <저 몸뚱이를 꿈틀대게 하던 그 무엇>도 없어졌는가? 공(空)? 무(無)?

우리 역시 얼마 후면 <몇 십 년을 같이 살았던 남편과 아내>의 시신(屍身)을 앞에 두고서 혼잣말을 (속으로라도) 할지도 모른다.

"당신, 이 몸뚱이 남겨두고 어디로 갔노?"

아, 이런! 이런 우리의 <궁극적인 질문(質問)>을 위해, 시인은 의식(意識)의 저 햇살이 길게(영원히) 내리고 있다고 아주 간단명료하게 노래하는군요. 불교 용어로 만법유식(萬法唯識), 기독교 용어로는 <하나님 품안>.

우리 인간이 <척추동물문(門)-포유강(綱)-영장목(目), 사람과(科)-사람속(屬)-사람종(種)>에 속한다는 것은 잘 아는 바다.

무엇보다 <등뼈(척추)동물>이라는 것이다. 뇌의 진화(전개, 창조)를 추적하는 학자들은 우리 인간의 뇌는 **<지렁이의 뇌>, <파충류의 뇌>, <포유류의 뇌>**, 그리고 **<인간의 뇌>**의 순으로 발달되었다고 한다.

지렁이의 머리 부분에 있는 <아주 적은 수(數)의 신경세포>가 <맛과 **빛**을 감지하면서>, 인간의 뇌와 같은 믿을 수 없을 만큼 복잡한 구조로 진화(進化), 발전하게 되었다는 것이다.

우리의 **<지렁이의 뇌>**는 아득히 먼 옛날 인간이 척추동물로 진화하면서 단단한 등뼈 속에 보호되어 **<척수 신경>**으로 남아 있다. 그리고 **그것은 우리의 기본이자 근본(根本)이 되는 신경(뇌)이다.**

그러니 우리 인간은 신경으로 보자면, **<지렁이 가문>**이라고 할 수도 있다. 척추동물로 자랑(?)하는 그 척추에는 **<지렁이의 뇌>**가 있으니 말이다.

지렁이(earthworm)는 우리말로 디룡이, 지룡이, 한자말로는 구인(蚯蚓), 지룡(地龍), 토룡(土龍) 등 이름도 많고, 무엇보다 <암수한몸>이라고 한다.

지구라는 땅 곳곳을 뒤집으며(개발하며), 오염만 시키는 <지구벌레(earth worm)>인 인간에 비해, **지렁이**는 오늘도 흙을 부드럽게 하며 땅을 살린다.

척추동물로서 **지렁이**와 가장 비슷한 모습을 가진 것은 파충강(綱)의 **뱀**이 아닐까…… **뱀 이야기**에서 간단하지만 빼놓을 수 없는 것은, <허물을 벗는 일>로 <불사(不死)의 존재>로 알려진 것일 것이다. **구렁이**는 예부터 민간 신앙에서는 긍정적인 것으로 알려져 있다. 그리고 뱀의 **독(毒)**과 또 난생(卵生), 난태생(卵胎生)인 것도 신기하고……

그러나 그런 것은 지금 이 책에서 다룰 주제가 아니어서, "**구렁이** 담 넘어가듯이 넘어간다."

<**뱀**(파충류)의 뇌>에는 <망상활성화계>가 있어서, <끊임없는 정보가 망상조직을 활성화하여 대뇌를 깨어 있게 한다는 것>은 **그리스의 고르곤**(메두사) 신화에서도 볼 수 있다.

세계의 **뱀** 신화를 다 다룬다면, <필자의 뇌>는 <파충류의 뇌>의 망상(網狀)조직처럼 활성화되는 것이 아니라, 괜히 망상(妄想)만 활성화될 뿐이라, 그것도 여기서 그만두노라.

뇌(腦)가 무엇인가?

<신경세포(神經細胞)>의 집단을 뇌(腦)라고 한다. 혹시 "신경"이라는 한자어에 대해 생각해 본 적이 있는가?

나는 신경이라는 그 무엇에는 늘 마음이 편하지 않았다. 그 "신경"이라는 단어에는 신경이 쓰였다. 신경해부학이 그만큼 미지(未知)의 영역이었기 때문이었으리라. 지금도 그러하겠지만……

"Nerve(신경)"라는 해부학 명사가 나오면, 항상 형용사 "nervous"의 <신경질적인, 과민(過敏)한> 그 무엇도 나를 따라다녔다.

잘 알다시피, 해부학에서는 동맥은 적색, 정맥은 청색으로 나타내고, 신경은 "노랗게" 표현하는데, 신경 특히 뇌(腦)를 공부할 때면 나의 뇌(腦) 속이 온통 "노래지는" 것 같았다.

"신경이 신경을 공부하다니……" 어떻게 신경이 쓰이지 않겠는가!

돌이켜보면 그것은, 나로서는 **<생각(하는 일)>을 생각하는 것**이었고, **<생각하는 자>를 (한 대상으로) 알려고 덤벼드는 것**이었으니……

하여튼 필자의 <신경 수업>은 그렇게 지나갔다.

그런데 이제 와서 다시 그 뇌(腦)와 신경을 생각한다. <뇌(腦)에 대한, 인간의 지식>은 전보다 훨씬 증가했다. 좋은 일이다. 그러나 아직도 <뇌 과학>은 **<아는 자>**를 알기에는…… 몇몇 소수의 사람들이 있는 것 같기는 하나, 대개는 <인지(認知, 아는 일, 앎, 인식)>를 해명하는 데 그치는 것 같다.

그러나 이들도 <알려지는, 혹은 알려질 수 있는 대상>만을 다루는 우리 대부분보다는 굉장한 이들이다.

"신경(神經)"이라……

경(經)은 날실로, 천을 짤 때 <세로로 들어가는 실>이다. 한자어로는 경사(經絲)를 말한다. <가로로 들어가는 실>은 씨실로, 위사(緯絲)를 말한다. 그 경위(經緯)야 어찌되었든, 경(經)은 **산스크리트**에서 **"수트라"**로, 같은 뜻을 갖고 있으며, 경전(經典)을 일컫는다. 또 경전은 한마디로 <**신**(神)**의 말씀**>을 말한다.

그러니……
"신경(神經)"이 "**신경**(神經)"이라니……??!!

어찌 신경이 쓰이지 않겠는가!

"신경 쓰지 말라."는 우리말은, 어떤 것에 우리의 **에너지**, 노력, 마음, 생각, 정신, 관심, 주의력 등을 쓰지(기울이지) 말라는 의미일 것이리라.

그러니 신경을 한마디로 <모든 정신적인 에너지, 힘>으로 보면 되겠는가?

필자는 신경을 한마디로 **<신(神)의 말씀>**이라고 풀었다. 그리고 **<신의 말씀>**은 <모든 **만트라**(말)의 근원>이고, 에너지이고, 능력(힘)이니까 말이다.

[그런데, <그런 데> 너무 신경 쓰지 말라고요!

"그냥 (남들처럼 **골프**나 치고) 여행이나 하면서 재밌게 살면 그만이지……"

저도 그런 생각이 없는 것은 아니지만, 그러면 말입니다. 제 속에서 "'내가 다시는 **여호와**를 선포하지 아니하며 그의 이름으로 말하지 아니하리라.' 하면, **나의 마음이 불붙는 것 같아서 골수(骨髓)에 사무치니 답답(沓沓)하여 견딜 수 없나이다.**"던 저 **예레미야**의 말이 자꾸 떠오르고……

그렇다고 그런 예언자도 선지자도 아닌 저로서는 <신경 쓰지 말라>는 주위 사람들의 그런 충고(?)가 여간 신경 쓰이는 게 아닙니다.]

신경(Nerve)이 무엇인가?

물론 <단순한 생물학적인 물음>은 전혀 아니다.

<생명(生命)이 무엇인가?>와 같은 의미일 것이다. 생명은 너무 포괄적인 말이다.

인도에서는 "프라나"라는 말로 <생명과 호흡>을 동시에 나타낸다. <생명 에너지>, **생기**(生氣), 즉 <생명의 기운(힘)>이 프라나이다. **생명이 없는 것이 감각을 느끼겠는가?**

신경은 <온몸에 퍼져 있는 무엇>이라고 했으니, 어쩌면 신경은 **프라나**라는 <생명(감각)의 에너지가 흐르는 망(網)>이라는 "**나디**(Nadi)"를 일컫는 것일지도 모른다. [**나디**를 "기맥(氣脈)" 또는 '신경'으로 번역해도 무방하리라고 본다.]

군이 **컴퓨터**에 비교하자면, 전기(電氣, 생명)가 흐르는 '전선(電線)' 같은 것…… 혹은 무선(無線)일 경우는 전파(電波)의 "매질(媒質)" 같은 것……

[**컴퓨터**와 **스마트폰**을 늘 쓰고 있는 현대인들은 전기와 전파를 잘 안다고 생각한다. 그러나 실은 전기도, 전파도 전혀 모를지도 모른다. 잘 안다고? **생명인 한 인간으로 살아가지만, 생명이 무엇인지 잘 모르듯이**, 전기와 전파를 항상 사용하고 있다고 <전기와 전파 그 자체>를 아는 것은 전혀 아닐지도 모른다…… <전기에 관한 책이나 지식>이 아니라, <전기 그 자체>가 정말로 무엇인지 직접 관찰하고 체험할 수 있는 데까지 관찰하고 경험한 다음, 그 다음 필자의 말에 대답하라.]

우리의 <감각(신경)>은 신경세포를 통해, 신경을 통해 사물을 알아채고, <(운동)신경>을 통해 몸을 움직인다. 만약 신경이 마비되면(전선이 끊어지면) 우리의 심장중추와 호흡중추는 멈추고 우리는 죽게 된다. 전기가 나간 **컴퓨터**와 배터리가 나간 **스마트폰**과 같다.

그러니 신경계(神經系)가 얼마나 중요하겠는가!

이 책은 **뱀**, 바로 **내 몸의 이 뱀**, **신경**(神經)을 다루려는 것이다. 그리고 그것은 엄청난 힘을 가진 것이다. 실로 엄청난……

그리고 이 **뱀**은 척추동물인 우리 인간에게는 이 등뼈(척추) 속에 안전하게 있다. 머리뼈에서 꼬리뼈까지……

그래서 **하타 요**가는 등뼈를, 척추를 유연하고 또 활기차게 하려고 그렇게 힘쓰는 것이다.

척추는 <머리뼈(두개골)>, <목뼈(경추)>, <가슴뼈(흉추)>, <허리뼈(요추)>, 또 퇴화한 <꼬리뼈(선추, 미추)>로 되어 있다.

해부학에서는 척추를 경추부터 그 아래로 보나, **요**가에서는 머리뼈부터이다. **요**가가 더 정확하다.

2. 아, 내 몸의 이 뱀! - 리비도

(감각)신경이 살아 있으니, 우리는 볼 수 있고, 들을 수 있고…… (운동)신경이 살아 있으니 우리는 움직일 수 있고, 그녀에게로, 그에게로 다가갈 수 있다……

프로이트는 리비도를 '성본능, 성충동(性衝動)'의 의미로 사용했다. 그러나 우리는 그냥 "성욕(性慾)"이라고 하자. 이 성욕은 엄청난 것이다.

초기 기독교의 전개와 발달은 마치 이 성욕과의 전쟁처럼 보인다. 마치 초기 프로이트가 모든 것을 성(性)과의 관계로 보았듯이 말이다. 성욕이 남달리 강했던 것으로 보이는 어거스틴(아우구스티누스)은 성욕 자체를 사탄(뱀)으로 보았던 것 같다.

만약 어거스틴이 인도(印度)에서 태어났더라면, 그리고 <쿨라 계열>에 입문(入門)하여 그 가르침을 받았더라면…… 그러면 그런 기독교의 피비린내는 없었을 것이다.

성욕은 가장 다루기 힘든 것이다. 어떻게 본능을, "성본능(性本能, 리비도)"을 거스를 수 있겠는가! 무릇 본능이란 <타고난 것>을 말한다. 그리고 저 기독교의 <원죄 교리>라는 것도 기독교도들에게는 마치 본능처럼 보인다. 그러니 어떻게 그 원죄를 벗어날 수 있겠는가!

☯

파우스트의 처음에, 메피스토펠레스가 등장하는 장면은 많은 것을 암시한다. 조수 바그너는 늙은 스승을 생각해서 말한다.

"……이제 돌아가시지요! 벌써 **어두워져**, 공기가 싸늘해지고, **안개가 내리고** 있습니다. 저녁이 되니 비로소 집이 소중하다는 것을 느끼게 됩니다…… 그런데 무엇을 그렇게 보십니까? **어스름 속에서** 그 무엇이 선생님의 마음을 그렇게 사로잡습니까?"

"묘목(苗木, '처음')과 그루터기('마지막') 사이를 배회(徘徊)하는 <**검은 개**>가……"

"저는 아까부터 보았지만, <별것 아닌 것> 같은 데요."

그렇게 **어둠의 안개 속에서 나타난 <검은 개>**가 일단 <학생>으로 변형되어 나타나자, 파우스트는 노년의 학자(學者)답게 묻는다.

"네 이름이 무엇인가?(너의 본질은 무엇인가?)"

"**<언제나 악(惡)을 원하면서도, 언제나 선(善)을 창조하는 힘>**의 일부분이지요."

"그 수수께끼 같은 말은 무슨 뜻인가?"

그래서 저 <학문과 이성(理性)적인 마음>은 이제 <감성과 신화(神話)의 세계>로 수업(受業)의 장도를 떠난다. 제2부(部)의 1막 끝에서 메피스토펠레스는 <**어머니들**에게로 안내하는 **열쇠**>를 건네주면서 말한다. ("**어머니들**"? 이게 무슨 말인가?)

"이제 (**진리**를 찾으려고) 떠나기 전에 칭찬을 해 드리겠습니다.
당신이 '**악마(惡魔)**'를 잘 알고 계시는 것을 알겠군요. 자, 여기 이 **열쇠**를 받으시지요."

"이렇게 작은 것을!"

"일단 손에 잡으세요. 그것을 과소평가(過小評價)해서는 안 됩니다."

"손에 잡으니 커지는구나! 반짝반짝하면서 빛도 나는군."

"어떤 보물이 손에 들어왔는지 아시겠습니까? 이 **열쇠**가 <올바른 곳>을 알아낼 것이외다. 그 놈을 따라 내려가면 **어머니**들에게로 갈 수 있지요."

"'**어머니들**'이라! 들을 때마다 한 대씩 얻어맞는 기분이로다! 무슨 말이 그러한가?"

"<새로운 말>을 듣기 싫어할 만큼 옹졸하십니까? 언제나 <들어오던 말>만 듣기를 원하십니까?"

우리는 <익숙한 생각>, <내가 잘 아는 개념>을 좋아한다. 그러면 마음은 굳어져, <굳어진("죽은") 마음>이 된다. 말이 곧 생각이고 마음이니 말이다.
파우스트는 <이 수업(수련)>을 피하지 않는다.

"그러나 나는 <마비된(죽은 것 같은) 상태>에서 내 행복을 찾지는 않겠다.
전율(戰慄, **떨림**, 스판다)은 <인간이 가지는 가장 훌륭한 감정(感情)>이니라."

"모든 철학은 경이(驚異)로움으로 시작된다!"는

말을 굳이 새기지 않더라도, <내 주위의 모든 것을 "새롭고 떨리는 눈으로" 바라보지 않는 한> 우리는 사실상 죽어 있는 것이다.

메피스토펠레스는 수업을 진행한다.

"그럼 '내려가시오!' 혹은 '올라가시오!'라고 해도 되겠지요. 그것은 결국 같은 것이니까요. 활활 타오르는 <삼발이 향로(香爐)>가 보이면, 당신은 깊고 깊은 맨 밑바닥에 다다른 것이오."

아직 열쇠와 또 어머니, 삼발이 향로가 무엇을 말(상징)하는지 어렴풋할지도 모르겠다.

[삼발이 향로는 그리스 파르나소스산 델포이의 아폴론 신전에서 퓌티아(Πυθία)가 앉아 예언한 것으로도 유명하다.

아폴론은 예언의 땅 퓌토의 뱀 퓌톤(Python)을 죽여 껍질을 벗기고, 그 재를 세계의 중심을 가리키는 돌기둥 옴파로스 밑에 묻었다.

그리고 퓌토를 델포이로 바꾸고, 퓌톤의 껍질로 덮은 삼발이 향로(세 발 솥)를 통해 예언(신탁)을 내렸다.

그리고 가이아(대지)의 대변자였던 퓌톤의 죽음을 애도하여 8년마다 퓌티아 제전을 열었다고 한다.

필자는 그 퓌토의 폐허에 서서 **퓌톤**과 **퓌티아**를 그려보며 현기증과 울컥함에 절로……]

☯

카타 우파니샤드와 스베타스바타라 우파니샤드 에는 이런 말이 있다.

"<(엄지) **손가락만한 푸루샤**>는 가슴의 중간에 거하며, 과거와 미래, 현재의 주인이다.

이 <**손가락만한 푸루샤**>는 <**연기가 없는 불**>과 같으며, 오늘도 내일도 동일할 것이다. 확언하건대 그가 곧 **브라흐만**이다."

"**루드라**는 오직 **하나**요, 결코 다른 것이 없나니, **브라흐만**은 자신의 힘으로 세상을 통치한다. 그는 모든 생명체를 창조하고, 모든 생명체가 살도록 이 세상을 유지하고, 다시 그것을 흡수하도다.

신들의 창조자요, 모든 힘의 근원이요, 모든 것의 지배자인 **루드라**는 태초에 <**히란야-가르바**(황금의 **자궁**)>를 만들었도다. 그 **루드라**가 <그런 지혜>를 주기를!

나는 어둠 저 너머에서 태양과 같은 **빛**을 내뿜는 지고의 **푸루샤**를 아노라. 진실로 그를 아는 것이 죽음을 건너는 길이니, 다른 길은 없노라.

그는 모든 사람의 **가슴**에 머물고 있으며, 또한 모든 곳에 편재하는 이이니, 그 이름을 '**쉬바**'라고 하노라.

이 **푸루샤**는 참으로 위대한 **주**(主)다. 그는 삶의 추동력이고, 근원적 힘이며, 빛이고, 영원불변하다.

이 **푸루샤**는 <(엄지) **손가락만한 내재아**(內在我, **안타라-아트마**)>로 **가슴** 속에 거하는데, 가슴으로 영으로 인지되느니.

이 **푸루샤**는 <과거에 있었던 것>, <미래에 있을 모든 것>이다. 그는 불멸의 주인이며, 음식을 먹고 자라는 모든 생명체의 주인이다."

<**손가락만한 푸루샤**>는 <**불**처럼 뜨겁지만, 안에 **물**을 가진(그래서 "**연기가 없는**")> 브라흐만이다. 그것은 그 절정에서 "태양과 같은 **빛**을 내뿜는다." 그래서 경전이 말하는 "브라흐만의 기쁨"은 참으로 <브라흐만의 기쁨>인 것이다.

물론, **히란야·가르바**는 저 노자의 <골짜기 신> 즉 **곡신(谷神)**의 다른 이름일 것이다.

☯

우리는 리비도라는 말을 들으면 즉시 '성욕' 내지 '성적 본능'이라고 속으로 되뇌면서 그것을 안다고 생각한다. 그리고 거기에 대해서 더 깊이 들어가지 않는다.

도대체 **리비도**가 무엇인가?
성욕이라는 것이 정말로 어떤 것이겠는가?

구약성서의 <묵시(默示) 문학> 다니엘서를 보면 재미있는 이야기가 나온다.

<유대("찬양", "찬송") 민족>이 바벨론에 포로로 잡혀갔을 때, 그곳의 <**모두가 하나 되는 의식(儀式)** - 높이 육십 **규빗**, 너비 육 **규빗**의 **금신상(金神像)** 에다 나팔, 피리, 수금, 삼현금, 양금, 생황 등 모든 악기를 동원한 제의(祭儀)>를 강요받자, **다니엘**의 세 친구는 당연히 그런 것을 무시하였고, 그들은 결박(속박)되어, <평소보다 일곱 배나 더 뜨겁게 한 풀무(furnace)>에 던져지는 형벌을 받는다.

그런데 그들은 불타지 않았다는 것이다. 이것을 어떻게 읽을 것인가? 묵시, 계시(啓示), 환상, 꿈은 상징으로 혹은 은어(隱語)로 읽어야 한다.

그때 느부갓네살 왕이 놀라 이르되

"우리가 결박하여 **불**(furnace, **fire-pit**) 가운데 던진 자는 <세 사람>이 아니었느냐?

내가 보니, <결박되지 아니한 네 사람>이 **불** 가운데로 다니는데 상(傷)하지도 아니하였고, 그 넷째의 모양은 <신(神)들의 아들(the Son of the God)>과 같도다." 하고

"나와, 이리로 오라." 하매, **불**(furnace, '**화덕**') 가운데에서 나온지라.

본즉, **불**이 능히 그들의 몸을 해하지 못하였고, 머리털도 그을리지 아니하였고, 걸옷 빛도 변하지 아니하였고, **불** 탄 냄새도 없었더라.

느부갓네살이 말하여 이르되

"<사드락과 메삭과 아벳느고의 **하나님**>을 **찬송** 할지로다."

참고로, 그들은 그곳에서 (강제로) 개명되었다. - 사드락의 본명(本名)은 "하나냐(여호와께서 주셨다, 하나님의 은혜)"이고, 메삭의 본명은 "미사엘(누가 하나님이 될 수 있는가?)"이고, 아벳느고의 본명은 "아사랴(그를 여호와가 도우심)"이다.

굳이 <**불** 속의 세 친구>의 의미를 풀어보면,

<**신**(神)이 은혜로 주신,
　신(神)이 될 수 있는,
　또 **신**(神)이 도우시는> 그 무엇……

이 정도의 암시로 그치려고 한다. 비밀은 비밀로 남는 것이 좋으니까 말이다.

☯

또 사도행전에 보면 재미있는 이야기가 나온다.

오순절(五旬節)이라는 명절에 예수의 제자들이 - **여자**(女子)들과 <예수의 **어머니** "마리아(높이 들린 자)">와…… 약 120명 - **다락방**(upper room)**으로 올라가** 마음을 같이하여 오로지 기도(祈禱)에 힘쓸 때…… 그날 홀연히 하늘로부터

<급하고 강한 **바람 같은 소리**>가
온 집에 가득하고,
<**불의 혀** 같이 갈라지는 것>이
각 사람 위에 임하여 있더니

저희가 다 성령(聖靈)의 충만함을 받고
성령이 말하게 하심을 따라
<다른 방언>으로 말하기 시작하니라.

마리아는 <**위로** 높이 들려져 올린 자>를 말하고,
다락방(휘페로온)은 <휘페르("**위에**, 너머, **upper,
beyond**")>에서 왔다.

다락방의 휘페로온은, 그리스 신화에서 소위 저
<황금시대>를 이루는 거인(巨人, Titan)들의 하나인
휘페리온과 같이 휘페르에서 온 말이다. 티탄들은
가이아("**땅**" 어머니)와 우라노스("**하늘**" 아버지)가
낳은 신들이다.
휘페리온은 "**높은 곳을 달리는 이**"라는 뜻으로
여(女) 티탄인 테이아("**신성한, 여신**")와 결혼하여
헬리오스(**해**), 셀레네(**달**), 에오스(**새벽**)를 낳았다.
나중 요한계시록에는 **해**와 **달**과 **새벽별**은 여러
상징으로 등장한다.

하여튼 티탄 12 신의 형제자매들처럼 120명의 사람들이 오로지 묵상 기도나 명상에 힘쓸 때……

홀연히 하늘로부터, 저 알 수 없는 허공으로부터 들리는 것도 같고 보이는 것도 같은……

<바람 같은 소리>와 **<불의 혀 같이 갈라지는 것>**은 우리를 저 <환상과 (창조적) 상상의 세계>로 이끈다.

그리고 우리는 <한 가지 사실(진실)> 즉 "진리"를 **<여러 가지로>** - **불의 혀** 같이 "갈라지게" 표현할 수 있다.

문학, 예술, 종교 등등의 <불의 (다른) 글롯사이 (혀) 즉 다른 방언(상징, 표현)>으로 말이다.

☯

리비도에 대해서는 앞에서 추천한 **융**의 『상징과 리비도』의 제2부(리비도)만이라도 읽어라.

융은, **프로이트**의 이른바 성욕(性慾)의 **리비도**를 <정신적 에너지>로까지 승화시켰다.

식욕(食慾)은 나쁜 것도 좋은 것도 아니다. 전기(電氣) 에너지는 좋은 것도 나쁜 것도 아니다. 그냥 에너지일 뿐이다.

성욕(性慾)은, 성 에너지는 나쁜 것도 좋은 것도 아니다. 인간에게 주어진 것으로, 그냥 에너지일 뿐이다.

성이 무엇인가? 아니, 성욕이 무엇인가?

<생(生)의 철학자>라고 부르는 니체는 말한다.

"<잡것('인간 말종')들>에게는 저들을 태워버릴 천천히 타오르는 불길.
<벌레 먹은 장작들과 악취 나는 누더기들>에게는 언제라도 욕정에 불을 붙여 김을 내게 하는 화덕.

<자유로운 마음을 지닌 자>에게는 순진무구하며 자유로운 것, 지상 낙원의 행복(지복), 온 미래가 현재에 바치는 넘쳐흐르는 고마움.
<사자의 의지를 가진 자>에게는 대단한 강심제, 경외의 마음으로 아껴온 포도주 중의 포도주."

그러나 그는 서둘러 말한다.

"그러나 나, 나의 말과 생각들 둘레에 울타리를 치리라. (개,) 돼지들과 광신자 무리들이 내 정원에 침입하지 못하도록!"

도대체 성욕이란 무엇인가?

다시, 이 책은 그런 것을 정의하려는 것이 전혀 아니다. 이 책은 내 몸에서 일어나는 바로 이 성욕, 이것을 느끼고, 이것을 알아채면서, 이것이 어떻게 변형(變形)되는지를 지켜보자는 것이다.

그것이 **"아, 내 몸의 이 뱀!"**이라는 (혼자만의) 외침이다. 거창한 말로, <실존적(實存的)으로> 접근하자는 것이다. <생(生)의 철학자>로서만이 아니라, <생(生)의 수행자>로서 말이다.

제 3 장부터 전개될 **"쿤달리니"**라는 **뱀**은 우리가 **<실존적으로> 접근하지 않는다면**…… 정말이지 이 책은 쓰레기에 불과할 것이다.

☯

<신통찮은 소고(小考) 하나>

프랑스의 **미셸 푸코**는 <성(性)의 역사>란 책을 썼다. 사후(死後)의 출판을 포함해 전부 4권이다. <책의 제목>이 역사(歷史)인만큼 <충분히> 짐작할 수도 있겠지만…… 그 책에서 그는 말한다.

"그렇다면 **오늘날 철학(哲學)은** – 내가 말하고자 하는 것이 <철학적 활동>인데 – **무엇인가?** 그것은 <**사고(思考)에 대한, 사고의 비판(批判)하는 일**>이 아니겠는가. 그것은 또 <사람들이 알고 있는 것에 대해 (정당성을 부여하는 대신에) 어떻게 얼마만큼 **다르게 생각하는 것**이 가능할지 알려고 하는 일>이 아니겠는가."

[필자는 <오늘날 철학(현대 철학)>을 잘 모르나, <다르게 생각하는 일>은 성경이 말하는 회개(悔改, **메타노이아**)와 닮은 것 같다. 그러나 필자는 <참된 철학, 신학, 예술>의 목적은 <다르게 생각하는 일> 너머로, 인간을 정화(淨化)하는 <**올바른 생각**>으로 이끄는 것이어야 한다고…… 각설하고,]

성(性)은 <"**살아 있는**" 무엇>이다. 지금 이 시간 에도 <살아 있는 생명체> 혹은 **생명** 그 자체다. 잘 알다시피, 생명체가 죽어 화석으로 잘 보존된다면 우리는 거기에서 "정지된" <생명의 흔적>은 읽을 수도 있다.

그러나 생명은 <살아 "움직이는" 그 무엇>이다. 현대의 용어로 "에너지"나 트리카의 용어로 "샥티" 곧 "스판다"를 말한다. - 에너지는 <움직이는 것>, <움직이는 힘>을 말한다. - 그리고 성(性, 섹스)은 **상키야** 말로는 "**스파르샤**(접촉)"의 영역, 곧 감각적 경험의 일이다. "(지금) **닿아서 느끼는, 알아차리는 (이) 힘**"이다.

"최근 **프랑스** 사상가들이 <철학의 지형>을 크게 바꾸어 놓았다."며 <현대미학 강의>에서 진중권은 이렇게 말한다.

" …… <현대 예술>은 <철학>과 상보적인 관계를 이루고 있다. 오늘날 전시회 **카탈로그**에서 작품의 빈약성과 (오히려) 철학의 풍성함을 보는 것은 이 때문이다."

시(詩)와 예술의 세계는 <느낌의 세계>, <우뇌의 세계>이고,
철학의 세계는 <언어의 세계>, <좌뇌의 세계>다!

필자는 미학이란 것도 잘 모른다. 그러나 <좌우 뇌의 동시 활성>은 좋아하지만, 좌뇌의 우월은……
그것은 **비갸나 바이라바**에서부터 쭉 다루어온 필자의 어떤 목표다.

" …… **우리 뇌의 변화는 거의가 오른쪽 뇌에서 시작된다.** 그것은 많은 명상 수련자에서, <비(非)-언어적인, 감성(感性)과 직관을 담당하는 **우뇌>가 계발되어서**, <주로 일상에서 사용하는 외향적이고 긴장으로 가득 찬, 언어적인 논리, 합리적인 사고를 담당하는 **좌뇌>의 거의 끊임없는 우위를 누르고, 균형을 잡기 때문이다.**"

필자가 바라는 이 책의 목적은 마치 화석과 같은 <성의 역사> 등의 담론을 – 그것은 생각과 생각의 연속들이다. 어떤 의미에서는 필요하다. – 말하려는 것이 전혀 아니다!

(푸코, 미안하외다. 내, 잠시 미쳤더랬소. 이 마음 좀 **푸고**, 그 대신 <광기의 역사>는 잘 읽으리다.)

필자는 <지금 "살아 꿈틀거리는" 이 무엇>을…… 어쩌면 <"생각이 끊어진" 그 순간의 상황>을……

그것이 "**아, 내 몸의 이 뱀!**"이라는 필자의 절규이다. 그리고 그것은 어떤 탄식(歎息)일지도 모르고 혹은 저 "**차맛카라**"일지도 모른다.

3. "인간의 아들은 들려야 하리니"

니체의 <디오니소스의 송가(頌歌)>에는 필자의 시선을 끄는 - 니체를 읽으며 눈물 흘리는 - 시가 한 편 있다.

물론 디오니소스는 <술과 광기의 신>만이 아닌, 필자가 **비갸나 바이라바**에서 말한 "좌뇌가 의식적이라면 우뇌는 무의식적이고, 좌뇌가 명시적이라면 우뇌는 암시적이고 시적(詩的)이라고 할 수 있다. 좌뇌를 **로고스**와 **아폴론**이라면, 우뇌는 **뮈토스**와 **디오니소스**라고 할 수 있다. 더 비교한다면, 좌뇌는 <남성적인 뇌>이고, 우뇌는 <여성적인 뇌>라고 할 수 있다."의 우뇌(右腦)로 읽어야……

디오니소스의 슬픈 출생 이야기……

디오니소스는 <제우스(**빛**, 프라카샤)>와 <**인간인** 테베의 공주 세멜레>의 아들이다. 헤라는 세멜레를 질투하여 유모로 변신하여 세멜레로 하여금 자신의 애인이 정말 제우스(**신**)가 맞는지 묻도록 만든다. 그래서 세멜레는 제우스에게 본모습을 보여 달라고 했고, 스틱스 강에 맹세한 제우스는 어쩔 수 없이 그렇게 한다. **인간**인 세멜레는 그 **빛**에 타 죽으며, 그때 세멜레는 이미 임신한 상태인지라, 제우스는 태아를 자신의 허벅지에다 넣고 기른 다음, 아이가 태어나자 숨겨서 <여자처럼> 키운다.

이 아이가 <디오니소스(Διό+σνυσος, 제우스의 **누이**, 비마르샤)>이다.

☯

횃불

여기, 바다 사이 섬이 생겨난 이곳
<희생(犧牲)의 바위> 하나 우뚝 솟은
이곳 검은 하늘 아래
차라투스트라는 그의 **횃불** 높이 밝히노니
난파(難破)한 뱃사람들을 위한 **횃불** 신호,
응답하는 사람들을 위한 질문 신호라

잿빛 몸통의 이 **불꽃**은
- 차가운 먼 하늘로 욕망의 혀를 날름거리며
더욱더 순수한 저 높은 곳을 향해 목을 내뻗는 -
초조(焦燥)하여 곧추선 한 마리 **뱀**
이 징표를 나는 내 앞에 놓노라

이 **불꽃**은 내 영혼(靈魂) 그 자체라
물릴 줄 모르고 새로운 먼 곳 찾아
이 조용한 **작열**(灼熱)은 위로, 위로 타오르누나
왜 차라투스트라는 짐승과 인간에서 도망갔는가?
무엇 때문에 그는 갑자기 땅에서 달아났는가?
여섯 고독(孤獨)을 그는 이미 알고 있었나니 ―
바다마저도 그를 고독으로 다 채우지 못했으니
섬이 그를 일으켜 세워, 산 위 **불꽃**이 되었노라
이제 <일곱 번째 고독>을 찾아
그는 낚싯대를 머리 위로 던지도다.

난파한 뱃사람들이여! 별들의 파편들이여!
그대 미래의 바다여! 끝없는 하늘이여!
온갖 고독을 찾아, 나 이제 낚싯대 드리우노라
이 초조한 **불꽃**에 응답할지니
높은 산 위 어부(漁夫)인 내게 불잡힐지니
내 <일곱 번째, 최후의 **독존**(獨存)>이여!

    위의 시에서 **리비도**는 **횃불**, **불꽃**, **뱀**으로 나타
난다.
    바다는 일단 무의식의 저 침묵의 바다이면 좋고,
고독은 고독이고……

니체는 그 무엇을 그렇게도 찾는다.

이 **불꽃**은 내 영혼(靈魂) 그 자체라

이 초조한 **불꽃**에 응답할지니
높은 산 위 어부(漁夫)인 내게 붙잡힐지니……

그를 위해 눈물 떨구며…… <일곱 번째, 최후의 고독(孤獨)>을 "**독존(獨存, 카이발야)**"으로 풀어서 그의 영혼에 바친다.

☯

<**꿈 공부**> 약간…… [이미 <꿈(무의식) 공부>를 많이 하신 분들은 이 부분은 건너뛰어도 좋다.]

어느 날 밤 내가 <원형적인 꿈>을 꾸었다면…… 예를 들어, **뱀**과 **용**, 그리고 **해**, **달**, **별**과 관련된 어떤 꿈을 꾸었다고 하자.

원형(Archetypus)은 <동류 혹은 유사한 관념을 만들어내는 어떤 타고난 성향>을 말한다. 우리는 각자가 서로 떨어져 있는 외로운 섬들이 아니라 - 섬들은 바다 저 밑에서는 땅으로, **하나**로 연결되어 있다. - <**집단 무의식**>으로 연결되어 있다. 그것을 "**신(神)**"이나 "**하나님**", 혹은 "**알라야.비갸나**" 즉 "장식(藏識)" 등등 무엇이라고 불러도 좋다. 하여튼 그 <**집단 무의식**>이 만들어내는 어떤 괴이(怪異)한 꿈을 <원형적인 꿈>이라고 하자.

리비도 혹은 성욕, 성본능, 더 나아가 <생명력>, **프라나**, <생명 그 자체>…… 그러니 그것은 우리의 꿈에서는 <원형적인 것>으로 - 즉 <인류 공통적인 것>으로, <신화적인 것>으로 - 나타난다.

분석심리학의 **융**은 리비도의 상징화는
① <유추적인 것>으로는 **해**(태양), **불꽃**, **빛** 등등 으로 나타나며,
② <인과적인 것>으로는
<은혜를 베푸는 **해**를 통해> - 구약의 <마지막 책>인 말라기("여호와의 사자")는 이렇게 선언한다.
"내 이름을 경외하는 너희에게는 <공의로운 **해**>가 떠올라서……"
신약의 <첫 책>에서 **예수**는 이렇게 가르친다.
"하나님은 그 **해**를 악인과 선인에게 비추시며, 비를 의로운 자와 불의한 자에게……" -

혹은 <도구, 유례를 통해> - **남근(男根)과 뱀** 등
으로 - 나타나며,

③ <행위적인 것>으로는, <**황소**의 수태 시키는
힘>, <사자나 수퇘지처럼 위험한 것>, <**당나귀**처럼
욕정적인 것> 등등의 수많은 모습으로 나타난다고
한다.

☯

신약 성서의 <마지막 책> - 완성이라는 의미로 -
요한계시록은 말한다. <**하나님이 사랑하는 사람**이
본 환상(幻像)의 기록>은 <읽는 자>에게 많은 것을
암시한다. - "**읽는 자는 깨달을진저.**"

나 요한은…… "밧모"라 하는 섬에 있었더니……
성령에 감동되어 **내 뒤에서** 나는 나팔 소리 같은
큰 음성을 들으니…… **몸을 돌이켜**…… **돌이킬 때**

일곱 금 **촛대**를 보았는데, **촛대** 사이에
<인자 같은 이>가 발에 끌리는 옷을 입고
가슴에 금띠를 띠고
그의 머리와 털의 희기가 흰 양털 같고 눈 같으며
그의 눈은 **불꽃** 같고
그의 발은 풀무불에 단련한 빛난 주석 같고

그의 음성은 많은 물 소리와 같으며
그의 오른손에 일곱 별이 있고
그의 **입**에서 좌우에 날선 검이 나오고
그 **얼굴**은 **해**가 힘 있게 비치는 것 같더라

밧모(Πάτμος)의 원래 이름은 "Letois"로, **달**의 여신 셀레네의 노력으로 <바다(**무의식** 세계) 바닥에 가라앉아 있던 섬>이 떠올랐다는 아름다운 신화를 갖고 있다.

["Letois"의 Leto는 <λήθη(레테, 망각)>와 어떤 관련이 있는 듯……]

마치 제주 해녀들이 <바다에 나가 돌아오지 않는 남편이나 아들이 깃든 곳, 자신들도 나중 그들을 따라 떠나게 될 곳>으로 믿는, 전설과 환상의 섬, 피안의 섬인 저 <이어도>와 같았으리라……

그러니 저 <동양의 나이 많은 한 죄수(**요한**)>가 무의식의 바다에서 환상을 건져 올린 것은 어쩌면 당연한 일이고……

저 <(어스름한) **달**의 땅> 혹은 유배지(流配地)의 한밤중에, 그 어떤 외로움에 젖은 한 노인이 <**해**의 (힘 있는) **얼굴**>을 그 <마음(상상)의 눈으로 보는 것>을 한번 상상해 보라!

굳이 김만중의 <구운몽> 등등을 예로 들지 않더라도, 유배지 혹은 감옥(監獄)은 명작(名作)을 탄생시키는 곳이다.

그리고 우리의 이 몸을 유배지라고 여긴 이들은 이것을 초월하고자 그렇게 애썼던 것이고……

인도의 **쿤달리니**는 <그런 것>이다.

[**"내 뒤에서"**와 **"몸을 돌이켜"**, **"돌이킬 때"**는 필자의 『**소와 참나 이야기**』에서 다루었다.]

☯

연금술(錬金術)에서도 **용**(龍)과 **뱀**은 <심리적인 변형의 과정>의 상징이다.

<미트라스의 제의(祭儀) 신화>를 보면 <바위에서 태어나는 **미트라스**는 프리기아 모자(고깔모자)를 쓰고 있고, 물의 기적(Water Miracle)은 **미트라**가 바위에 번개를 내리치거나 화살을 쏘아 바위로부터 물이 분출되는 것>을 말한다.

[**베다**(Veda)의 **미트라**는 <바람의 신>으로 <맹세, 저주의 신>이다. <**미**(매다)+**트라**(수단)>의 뜻으로, 계약, 약속, 맹세, 친구, 악수(握手)의 의미를 포괄하여 동맹(Union, 합일)을 의미한다.]

다음에 나올 **아라니**는 **프라만타**의 다른 말이다. 제의(祭儀)에서 <**불**을 일으키는 도구>로, 두 개의 나무토막을 말한다. 하나는 <남성의 **남근**>을, 다른 하나는 구멍이 뚫린 나무로 <여성의 **음문**(陰門)>을 나타낸다. 남성의 **남근**에 열기(熱氣)가 불타오르고, 여성의 **음문**에서는 **불**(아그니)이 탄생한다. 우리가 잘 아는 인도의 신화처럼 우유의 바다를 "휘젓고", 또 **아라니**를 "문지르고" "마찰(摩擦)을 계속하면" 어찌 **불**이 생기거나 오르지 않고, **암리타**(소마)가 솟아나지 않겠는가!

<아래 **입**>이든 <위의 **입**>이든, **입**이 **말**(언어)과 **불**과 관련 된다는 것은 분명하다. 성경의 다윗은
  "여호와……의 코에서 연기가 오르고
  입에서 **불**이 나와 사름이여
  그 **불**에 숯이 피었도다"라고 하고
  이사야는 "그(여호와)의 **입술**에는 분노가 찼으며 그의 **혀**는 맹렬한 **불** 같으며"라고 하며,

앞에서 인용한 사도행전에서는 "<**불의 혀** 같이 갈라지는 것>이 각 사람 위에 임하여 있더니…… 저희가 다 성령의 충만함을 받고 다른 방언으로 말하기 시작하니라."고 하고,
  야고보서는 "**혀**는 곧 **불**"이라고 한다.

리비도라는 말은 아마 산스크리트어의 테자스에 잘 맞을 것이다. 그것은 **불**, **광채**, **빛**, **작열**, **열기**, **힘**, 에너지, **생명력**, <남성의 **정자(精子)**> 등등을 말한다.

아무튼 저 <요한의 환상(幻像)들(요한계시록)>은 <일곱 교회>의 "완전한 **정화(淨化)를 거치면서**" − <신(神)의 **두루마리**의 일곱 **봉인(封印)**>과 또 <일곱 천사의 **나팔**>, <일곱 진노의 **대접(그릇)**> 등으로 − 대단원의 막을 내린다. ("**읽는 자는 깨달을진저.**")

내가 새 하늘과 새 땅을 보니
처음 하늘과 처음 땅이 없어졌고
바다도 다시 있지 않더라

내가 보매
<새 예루살렘>이 하늘에서 내려오니
신부가 **신랑**을 위하여 단장한 것 같더라

내가 들으니
보라 하나님의 장막이 사람들과 함께 있으매
하나님이 그들(사람들)과 함께 계시리니

하나님은 친히 그들(사람들)과 함께 계셔서……

잘 아는 대로, **바다**는 무의식으로 읽으면 좋고 - **바다**에서 먼저 한 **짐승**이 올라왔고, 그다음 **땅**에서 올라온 **짐승**으로 연결된다. 이들은 **신(神)**을 거의 훼방하는 수준이다. <요즘 말>로 하자면, 영성이나 **의식(意識)**, 명상 같은 것에는 도무지 관심 없는, 마치 **짐승** 같은……

신랑은 **신성**의 그리스도를, 또 <새 예루살렘>인 **신부**는 <정화(淨化)된 사람들>을 가리킬 것이고,

<하나님이 우리와 함께 거하심>은 임마누엘 곧 <**신(神)**의 내재성(內在性)>을 말한다.

혼인은 <남과 여의 결합>, <**하나님(신)**과 사람의 합일>을 말한다.

환상의 중간쯤에서 **예루살렘**(평화의 곳)은 **소돔**(태움, 심판, 정화)과 **애굽**(옛날 노예로 살던 곳)과 같았으나, 하늘에서 내려오는 <새 예루살렘>으로 <참 정화>, <자유>, <진정한 평화>가 선포된다.

그리고 "**하나님은 친히 사람들과 함께 계셔서**" 이제 <초월성과 내재성이 동시성으로 완성>된다. 니밀라나와 운밀라나, 크라마 무드라……

이제 사람이 곧 하늘인 것이다. 인내천(人乃天) 말이다.

[신약성서에서 제대로 쓸 만한 **돌**은 요한계시록 뿐이다. 그런데 **마틴 루터**와 **칼빈**(칼뱅)은 이 책을 무시하여 내버렸고……

또 지금까지의 주석이란 것들도 그저 그런 것들 뿐이고……

"건축자들이 '버린 **돌**'이 집 모퉁이의 **머릿돌**이 되는" 것은 옛날의 일만은 아닐 것이다.]

☯

"**초인**(超人)"을 초조(焦燥)하게 기다리며 살았던 니체는 말년에 그의 **그리스도** 즉 **차라투스트라**를 통해 말한다.

이런 것이 삶이었던가!

오 인간이여 느껴보라
저 깊고 깊은 밤이 그토록 은밀하고 섬뜩하게
또 진지하게 내게 말 걸어오고 있음을

아! 아! 세계는 깊다
낮이 생각한 것보다 더 깊다고 노래하는
깊은 밤 맞이하는 임종(臨終)의 도취적 향기……

나는 신(神)이 아니며 신의 지옥도 아니라
그것의 아픔은 깊다

아픔 또한 기쁨이며, 저주 또한 축복이러니
한 순간이라도 "너, 참 아름답구나!"고 했다면
그것은 되돌아오기를 바라는 것……

나, 죽어 소멸(消滅)하리니
순식간에 무(無, 허공)로 돌아가리라
그러나
나 얽혀 있는 이 매듭은 회귀하리니
영원 회귀(永遠回歸)하리라
저 **태양**과 **대지**와 이 **독수리**와 **뱀**과 함께

"**초인**(Übermensch)"은 무엇이며, "이 **독수리**와
뱀"은 무엇인가? "그 무엇"이 그에게 <적(敵)-그리
스도(Anti-Christ)>를 부르짖게 했는가?

"**멈춰라. 너, 참 아름답구나!**"라는 말로 시작해
그 말로 막을 내리는 저 **파우스트**……
"전통적 기독교의 속박에서 벗어나려는" 순수한
독일의 거인(巨人) 파우스트를 널리 소개한 괴테는
"시동(詩童)"의 입을 빌어 말한다.

보세요!
저는 가장 값진 선물을
두루두루 뿌렸습니다

제가 뿌린 **불꽃**은
이 사람 저 사람 머리 위에서
작열(灼熱)하고 있습니다

이 **불꽃**은
한 사람에게서 다른 곳으로 튀기도 하고
어떤 사람에서는 그대로 머물고
어떤 사람에게서는 달아납니다

아주 드물게
어떤 때는 불길이 순식간에 타올라
불꽃의 향연이 펼쳐지기도 하지만

대부분은 알아채기도 전에
다 타서
완전히 사라져버립니다

　　니체를 비롯한 많은 이들이 뿌린 <영감(靈感)과 직관(直觀)의 그 **불꽃**들>……

그리고 괴테는 <그런 시심(詩心)을 가진 이들>을
위해 위로와 충고의 말을 건넨다.

오직
네가 맑은 눈으로
- 시인(視人)으로 -
명료(明了)함을 볼 수 있는 곳

네가 너의 주인(主人)이 되고
자신만을 믿을 수 있는 곳

진(眞), 선(善), 미(美)만이 마음에 깃드는 곳

그 <고독(孤獨)의 땅>으로 가라
- 거기서 너의 세계를 창조하라

☯

니체의 저 <'적(敵, 안티)-그리스도'의 반대>, 즉
<그리스도>라는 예수는 말한다.

"인자(人子)도 들려야 하리니"

옛날 광야에서 <장대에 달린 **불뱀**처럼> 자신도 들려야(올라가야) 한다는 것이다.

[그가 십자가에 달리는 것을 예언한 것으로(만) 읽어서는 안 된다. 그가 십자가에 달리고, 그것을 쳐다보든지, 아니면 그 구속(救贖)의 보혈(寶血)을 믿는 것으로 구원을 얻는다는 말이 전혀 아니다.

또 <그런 기독교 교리>을 다루는 것은 이 책의 주제가 전혀 아니다. **비갸나 바이라바**에서 다룬 것이다.]

인자(人子)는 <인간(사람)의 아들>을 말한다.
그래서 필자는 말한다. 아니 성경은 말한다.

"인간의 아들은 들려야 하리니"

어디로……? **"장대"**, **십자가**(十字架), **막대(기)**, **척추**(脊椎)……??

우리는 위와 같은 예비지식(?)을 가지고……

이제 우리 인자(人子)를 들어올리는, 인도(人道)와 인도(引導)의 - <인간이 가야할 길>과 또 <그 길을 안내하는> - 인도(印度)가 말하는 **"뱀 이야기"**를 릴리안 실번의 도움으로 살핀다.

다시 말해, 저 **프로이트**의 성욕(性慾)에서 출발한 리비도가 융의 <정신적 에너지>를 거쳐, <영적인 에너지>로, 더 나아가 저 <**신성(神性)의 에너지**>로 어떻게 변형되는지를 살펴볼 것이다.

<**에너지의 귀향(歸鄕)**>이라고 할까……

아니면, 예수가 말한 저 <**불뱀으로 들려야 하는 것**>, 즉 <**"그리스도"라는 신성이 오르는 것**>……

아니면, <**"쿤달리니"라는 뱀의 상승(上昇)**>……

제 3 장

쿤달리니라는 뱀

1. "스판다" - 우주의 춤과 음악

<클래식(Classic, "최고 수준의") 음악>에서
  "베토벤은 <(거대한) 산맥(山脈)> 같고,
    모차르트는 <(아기자기한) 정원(庭園)> 같고,
    슈베르트는 <(그 중간인, 포근한) 숲> 같다."는
말이 있다고 한다. (그런 것도 같다.)

<카시미르, 저 최고 수준의 영성(음악)>에는
  "히말라야 산맥(山脈)과 같은 것,
    스리나가르의 정원(庭園)과 같은 것,
    그리고 달 호수(湖水)의 그 포근함 같은 것"이
있다.
    [카시미르="물(무의식)에서 벗어난 땅",
    스리나가르="고귀한 도시", 달="호수"]

파우스트에서 악마(혼란, 우뇌)의 수업을 받는 <좌뇌의 노년 학자(파우스트)>가 사랑(우뇌)에 눈을 떴을 때, 그는 <어린 연인(그레첸)>과 말다툼(?)을 한다.

"당신은 미사에도, 교회에도 안 가시고……
　(도대체) 하나님을 믿으시나요?"

저 기독교의 <교부(敎父)>보다 더 낫다는 의미의 "박사(博士)" 파우스트는 그만 말이 막힌다.

"<가슴에 (신을) 느끼고 있는 사람>이……
　그런 감정에 젖어 성스러운 기분을 느낀다면
　그것을 '지복, 사랑, 전체성'이라고 부르든……
　이름(말)이란 안개나 연기와 같고……
　그런데(그러한데)
　어째서 내 식대로 말해선 안 된단 말이오?"

그러나 오직 교회만 아는 <어린 연인>은 말한다.

"그런 말을 들으면 그럴듯하다는 생각은 들어요.
　하지만 늘 무엇이 잘못된 것 같은……
　그것은
　당신이 기독교를 믿지 않기 때문인가 봐요."

나중 괴테는 메피스토펠레스의 입을 빌어 오히려 우리를 다그친다.

"<언제나 들어오던 말>만 듣기를 원하십니까?
<새로운 말>은 듣기도 싫어할 만큼
마음(생각)이 그렇게 좁습니까?
그렇게 옹졸(壅拙)하십니까?"

아직 <"상징"이라는 말>도 잘 모르는데, 생소한 <산스크리트 말>과 또 그 말의 상징이 난무(亂舞)하는 곳으로 들어간다.

그러나 너무 걱정하지 말라.

<종교의 언어>가 상징이라는 것도 사실이지만, 카시미르 쉐이비즘은 그 <상징을 벗어난 언어>로 말하고 있다는 것도 사실이기 때문이다.

<종교(사랑)의 언어>라는 것은 곧 <우뇌(느낌)의 언어>를 말한다.

1. "스판다" - 우주의 춤과 음악

인간과 우주의 내밀한 중심에서 <곧은 축(軸)>인 쿤달리니는 인간의 모든 힘(에너지)을 끌어당기고 또 펼치고 있는 바로 그 근원이다. 그러나 **트리카, 크라마, 카울라** 전통에서는 **쿤달리니** 그녀를 통해 얻는 굉장한 능력보다는 그녀가 주는 **평화**(平和)와 살아 있는 **조화**(調和)를 강조한다.

그럼에도 불구하고, **쿤달리니 요가**(수행)로 깨어나는 이 신비의 **에너지**는 흔히 우리가 말하는 믿음 너머의 <엄청난 힘>으로 나타나는 것이어서 위험을 감수하는 것 없이는 다룰 수 없다.

쿤달리니의 일탈(逸脫)은 우울과 <온전하지 못함(정신이상)>으로 이끌기에 흔히 "귀신 들린 것"으로 부른다. 성경에도 **예수**의 친척들이 그를 "미친 것"으로 생각하여 잡으러 왔다고 한다. 그리고 현재도 그런 현상을 알지 못하는 곳에서는……

그러므로 그녀의 비밀을 정확히 알기 위해서는, <그런 지식을 "아는"> 스승의 도움을 구해야 한다.

그런 것이 없이, 무지한 스승을 따라 **쿤달리니**를 깨우는 일은 재앙(災殃, 비극)만 가져올 것이라는 것은 자명한 일이다.

인도(印度)의 스승들이 이 모든 수행을 왜 신비로 가리려고 했는지 이해하는 것은 어렵지 않다.

그래서 비교(秘敎)로 – "비밀(라하샤)" – 알려진 수행이기 때문에 체계적이고 명확함을 주는 작품은 없다. <그런 스승>만이 그 신비를 꿰뚫을 수 있고, <진실하고 헌신적인 제자>의 **쿤달리니 에너지**에 작업할 수 있다. <그런 식>으로 전통은 유지되지만, 일반 사람들에게는 그 접근이 허용되지 않는다.

그 어슴푸레함은 이 비밀의 신중함만은 아니다. <**신성** 즉 **전체성**(全體性)의 경험>을 가리키는 이 수행은 <**호흡**>, <**말**과 그 음소(音素)>, <"**옴**", "**소**" **만트라**>와 또 <그와 관련된 여러 가지>를 다루는 저 **트리카**의 형이상학을 모르고는 이해한다는 것이 가능하지 않기 때문이다.

쿤달리니는 우리의 지성으로는 파악될 수가 없고 또 기술될 수도 없다. 이 책뿐만 아니라 이 세상의 책 전부가 나서더라도…… 아직 그녀를 경험하지 못한 이들에게는, 그녀는 마치 **생명처럼 단순하다**. 그녀는 <모든 생명의 근원인 무엇>이다. **그렇지만 생명을 무엇이라고 정의할 것인가?**

쿤달리니에 관한 대부분의 책은 그 **경험**(經驗)과 관련되지 않는다. 대부분은 정신적 어려움의 산물, 심리적 공상, 오랜 집중으로 오는 과로의 현상을 기술하고 있다. 소수에서 자발적인 경험과 일관된 수행은 그 자신이 바라던 경험과 어느 정도 유사한 증상을 낳을지도 모른다. 그러나 그것은 <"낮은" **쿤달리니**와 관련된 예비적 징후>일 뿐이다. 호흡이 목구멍의 뒤로부터 척추 기저에 위치한 중추까지 내려간다. 참된 **쿤달리니**는 중추를 통해 <에너지가 위쪽으로 흐르는 것>이다. 이 상승은 인생을 온통 그것에 바친 **요**기에서도 가장 비범한 성취이다.

<**쿤달리니**를 위쪽으로 성공적으로 이끄는 일>은 쉬운 일이 아니다. 왜냐하면 **심오한 신비의 삶**은 그 발달을 위해 <**쿤달리니** 상승의 지식과 수행>을 요구하지 않는 반면에, 이 수행은 <**진정한 신비의 삶**> 없이는 완전한 만족에 이를 수 없기 때문이다.

쿤달리니의 자발적인 깨어남과 상승은 <**기억과 생각의 밑바탕 상태**>를 유지하는 것으로 가능하게 된다. <**기억과 생각의 밑바탕 상태**>라는 것은 소위 집중(명상)과는 전혀 관계가 없다.

생각의 도움으로 **쿤달리니**를 오르게 하려는 것은 참으로 모순된 일이다. 이 깨어남은 정신적 활동이 사라질 때 일어날 수 있기 때문이다.

여기서 다루는 작품들은 **아비나바굽타**의 **탄트라 알로카**와 **자야라타**의 그 주석, **비갸나 바이라바**,

파라 트리쉬카, 말리니비자야와, 또 크세마라자의
주석과 여류시인 랄라의 노래 등이다.

이런 작품들은 우리가 잘 아는 저 <하타 요가의
책들>이나 <불교 탄트라> 등과는 전연 다르다는
것을 알아야 한다.

<의식적인 에너지>로서, 쿤달리니는 생명(삶)을
다스리는 두 가지 흐름의 근원이다. 광의(廣義)로,
<프라나(생명 에너지)>와 <비랴(생산적 정력)>이다.
프라나는 <에너지의 확장의 면>을, 비랴는 그것의
<금강석 같은, 요지부동의 강함>을 나타낸다. 그것
들은 <내밀한 생명력(오자스)>의 두 가지 현현이다.
오자스로부터 그것들은 독특한 향기(사마라샤)의
한 에너지 속으로 섞인다. - <내면의 신비의 삶>과
<본능적 삶>이 어우러져 생겨나는 지복(아난다)!

그래서 비랴 즉 <실질적인 힘>은 효능(效能)의
모든 형태를 포괄하고, 모든 종류의 열정(熱情)을 -
연인의 것이든, 예술가의 것이든, 아니면 신비가의
것이든 - 불어넣는다.

이 쿤달리니 수행은 쿨라 체계에서 지지하는, 그
자체로 완전한 <에너지의 방편(샥토파야)>이다. 또
우리의 이 몸을 포함하기 때문에 <개체적인 방편
(아나보파야)>이기도 하다.

아비나바굽타는 탄트라 알로카에서 세 가지의 중요한 길을 기술한다.

(그리고 그것은 탄트라 사라에서도 동일하다.)

3장에서는 <쉬바의 길(샴바보파야)>로, 만트라 "아함(나)"을 다룬다. 아함은 아(쉬바), 하(에너지), ㅁ(개체)가 합쳐진 것이다. 여기에서 쿤달리니는 <우주적인, 제한 없는 에너지(푸르나-쿤달리니)>로, 쉬바와 구별되지 않는다.

4장에서는 <에너지의 길(샥토파야)>을 다루는데, 직관(直觀)과 신비의 통찰(洞察)의 에너지, 그리고 <상승하는 쿤달리니(우르드바-쿤달리니)>와 상승을 증가시키는 자연적 원인(사랑과 열정)을 기술한다. (이 책에서는 제 6 장 "신(神)의 길"에서 다룬다.)

5장에서는 행위의 <개체적인 길(아나보파야)>을 다루는데, <호흡 에너지(프라나-쿤달리니)>와 관련되는 수행자의 경험의 측면을 자세하게 기술한다. (이 책에서는 제 4 장 "신(神)의 힘"에서 다룬다.)

☯

<"스판다" - 쉬바의 춤>

쉬바 즉 <존재하는 모든 것들의 유일한 핵심>은 또한 <춤의 주(主)(나타라자)>이다. 그의 많은 손 가운데 하나는 북을 가지고 있다. **북소리의 진동은 시간과 공간을 만들어내는 것으로 우주를 생기게 한다.** 그리고 다른 손은 <흡수의 불>을 휘두른다.

춤의 움직임은, <현현의 불꽃들>이 그를 두름에 따라 그의 핵심(**의식**)을 감추고, 반면에 <흡수의 불>이 모든 것을 없앰에 따라 핵심을 드러낸다. 이 이중의 활동의 중심에 고요하게 서서, **<모든 힘의 자리>로서,** 그는 무감각하게 가장 격렬한 에너지를, **가장 적대적인, 가장 길항적인 움직임을 펼친다.** 즉 방사와 흡수, 은폐와 은혜, 확장과 수축.

<춤의 주(主)>는 팔방을 돌며, 그의 회전 안에서 우주 전체를 지원한다. 그 우주 바퀴의 축(軸)은 - 그 주위에서 움직임이 일어나는데 - 춤추는 몸짓의 강도에 비례해 확고부동하게 된다. 우리는 **쉬바**가 그 머리를 잡고 있는 뻣뻣해진 **뱀**을 본다. 그것은 <조절된 쿤달리니>를 말한다.

쉬바는 그 에너지(**샥티**)와 더불어 <나눌 수 없는 전체(全體)>를 이루는데, 우주 전체에 이 우주적인 춤의 리듬을 전한다. 쿤달리니 에너지는 그러하여, **삶(생명)에서 모든 리듬의 근원이다.** 어떤 수준도 그것을 피할 수 없다. 그것은 **신성의 박동**이다. -

그것은 특권을 가진 표현이고, 모든 단계를 다시 만들어낸다. - 인간과 우주 안에서 **놀이**를 하는 그 역할을 이해하기 위해서는 이 **에너지**를 고려해야 한다. **아비나바굽타**는 말한다.

"**쉬바**는, 의식적이고 자유이고 투명한 본질인데, 항상 진동하고 있으며, 이 지고의 **에너지**는 <감각기관의 끝부분>까지 도달한다. 그때 **쉬바**는 **지복** 외에 아무것도 아니다. '그'처럼 우주 전체가 진동한다. 진실로, 나는 어디에서 윤회(輪廻)라는 텅 빈 메아리가 자리를 잡는지 보지 못한다."

[<감각기관의 끝부분>은 뒤에서 몇 번 언급되는 끝이 뾰족한 <**희생의 국자**> 등과 비교하라.]

그러므로 **쿤달리니 에너지**는 진동 외에 아무것도 아니다. - <방사의 강렬한 파동>, <흡수의 더 미묘하고 미묘한 진동> - 극(極)-초고주파의 진동이다.

현대의 물리학자들은 <통일의 원리(통일장 이론, 초끈 이론)>로서 진동과 그 근본 역할의 중요성을 밝힌다. 그러나 이 책은 현대 물리학을 설명하려는 것이 아니다. 약 천 년 전에 **카시미르** 신비가들은 진동을 말하고 있다. 그들은 그것의 힘과 그것의 여러 형태를 알고, 정확하고 구체적인 묘사를 통해, 그 존재를 인식하려고 했다.

그들은 떨림(찰랏타)을 말했고, 갑자기 펼쳤을 때 주먹의 진전(震顫)을 말하고, 물의 표면에서의 첫 파동(波動)을 말했고, 얼얼함(피필리카, 따끔거림)을 말했다. 진동과 관련되는 용어는 아주 풍부하여, 그 의미들의 미묘한 양상은 잘 번역될 수 없다.

어근 <스판드(진동하다, 떨리다)>로부터 나오는 명사 **스판다**, **스판다나**는 포괄적인 용어이고, **파리스판다**는 <강렬하고 완전히 미묘한 진동>을, 또 **니스판다**는 <주어진 한 대상 안에서 진동의 총합>을, **스푸랏타**는 <빛나는 진동으로 **의식**의 번쩍임>을 나타내고, **나다**와 **드바니**는 강렬한 공명을 말한다.

이 **스판다**는 우주적 형태에서뿐만 아니라 개인적 형태에서도 **쿤달리니 에너지**의 현현이다. 왜냐하면 그것이 깨어날 때는, 강력한 진동의 형태로 몸에서 현현하기 때문이다.

일반적으로, 진동(떨림)이란 삶의 모든 현현에서 <**열정**(熱情)과 **열광**(熱狂)>에 해당하며 인도에서는 <**뜨겁고 강렬한 가슴**>을 "**사-흐리다야**"라고 한다. 반면에 <진동의 부족>은 사람을 의심(疑心)과 의기소침(意氣銷沈), 무력감(無力感)으로 이끈다. 그것은 **에너지**를 고갈시키고, 사람을 무능하게 하고 황폐하게 만든다.

<"스판다" - 우주의 음악>

<쉬바의 춤>은 **신성의 가슴**의 그 원초적 리듬을 암시한다. 그의 박동은 우주에서 각각의 움직임과 또 모든 움직임을 일어나게 한다.

<쉬바의 춤>은 카시미르 쉐이비즘의 근본적인 개념을 잘 보여준다. <의식적인 **빛**(프라카샤)>과 <신성의 에너지의 진동으로서의 자신을 **알아채는 일**(비마르샤)>인 **쉬바** 말이다.

파라 트리쉬카는 "**가슴**"을 <**참나**(얼 나)의 핵심>, <바이라바의 본질>, <(그와 동일한) 지고의 여신의 본성>이라고 말한다. 그 **가슴**의 중심에, 이원성에서 자유로운 <"**뵤마**" 혹은 "**카**"라고 부르는 공간>이 있는데, 그것은 태초의 진동인 **스판다**와 동일하다. **아비나바굽타**에 따르면, 이 영원하고 비할 데 없는 **가슴**은 <**의식**의 고요하고 강렬한 중심>이다. <우주적인 수용처>로, 그 안에서 모든 우주가 태어나고 또 철수된다. 그는 말한다.

"<**카**>로부터 **지복**의 비-이원적 상태가 밀려오고, 거기에서 사람은 진동 즉 **스판다**를 얻는다. 그리고 **스판다**를 얻는 것은 능력을 얻는 것이다."

신성의 세 가지 에너지의 끝없는 확장과 수축의 근원에서 <분화되지 않은 **알아채는 일**이면서, 편재하고 또 미묘한 진동(파리스판다)>인 <**바이라바의 가슴**>은 - 가슴, 진동, 솟구침, 열정, 파도는 모두 동의어이다. - **평화와 지복의 영역이다**. 왜냐하면 진동은 대양의 파도처럼 **의식**에 거하기 때문이다. **알아채는 일**의 파도가 없으면, 거기에는 수정 같은 부동만 있을 것이다. **의식**의 대양이 아니다.

유사하게 고요하고 항상 순수한 신비의 **가슴**은, 그것의 박동은 살아 있는 모든 것을 "**살아 있게**" 하는 것으로, <**빛**의 쉬는 곳>이고, 그럼에도 여전(如前)히 <분화되지 않은 (자신을) **알아채는 일**이 쉬는 곳>이다.

<휘젓기 - 크쇼바>

인도의 신화에는 <우유의 바다>를 "휘젓는다"는 표현이 나온다. 그리고 거기서 어떤 것이 만들어져 분출되고……

창조적인 분출(비사르가)은 지복으로 흘러넘치는 여신의 에너지가 **바이라바**에 의해 "휘저어질 때" 일어난다. 이 "휘젓기"가 에너지의 흥분과 동요를 일으킬 때, 우주가 점차 출현한다. **하나**인 **의식**이

파도와 유사하게 리듬(진동) 안에서⋯⋯

실재하는 모든 것이 실은 신성 에너지의 리듬과 그것의 편재하는 진동 외에는 아무것도 아니기에, 트리카와 카울라 체계는 물질과 영(靈), 몸과 영혼, 소우주와 대우주를 반대하지 않는다. 그러나 어떤 수준에서 다른 수준으로 자유롭게 전달되는 하나의 본래의 리듬(진동)을 인식한다.

『프라턔비갸 흐리다얌』에서 크세마라자는 <다섯 가지 역동적인 공간>을 통해 흐르는 저 <에너지의 폭포수>를 웅장한 서사시로 그린다. 그것은

① <공간적인 무한성>에서 출발하여
② <(방사의 중추인) 가슴의 공간>을 통과하고
③ 그다음 <(창공의) 빛나는 미묘한 공간>과
④ <여러 공간적 방향>을 통해
⑤ 마침내 <땅의 공간>에 도달한다.

그는 그것을 다음과 같이 기술한다.

"① 바메슈와리라는 즉 <의식의 힘(칫-샥티)>은, 그녀가 우주를 '토(吐)하고' 또 삼사라의 '반대의' '역방향의' 길을 가야 하기 때문에, 그녀 자신을 <묶인 주체(파슈)>의 상황(조건)으로 나타낸다.

② **케차리**로 <전지(全知)한 **의식**의 위치>에서 <제한된 경험자>로 감소되고,

③ **고차리**로 <내부의 (정신적) 기관>을 부여받고,

④ **딕차리**로 <(외부의) 감각 기관>을 받고,

⑤ **부차리**로 <외부의 대상>에 한정된다.

케차리는 <카 혹은 **아카샤**(공간)에서 움직이는 무엇>을 말한다. 카 혹은 **아카샤**는 **의식**(意識)의 상징이다. 여기 **샥티**를 **케차리**로 부르는데, 그녀의 영역이 **의식**이기 때문이다.

고차리는 그녀의 영역이 <내부의 (정신적) 기관>이기 때문이다. 고는 움직이는 것을 말한다. 광선, 소(牛), 감각은 **고**로 알려져 있는데, 움직이기 때문이다. **안타-카라나**는 <(정신적) 감각의 자리>이고, 움직임 속에 있다. 그것은 역동적(力動的)인 우수한 <영적(靈的)인 기구>다. 그러므로 **고차리**의 영역에 있다고 한다.

딕차리는 딕 즉 공간(空間)에서 움직이는 **샥티**다. <외적인 감각>은 공간의 의식을 가져야 한다. 그러므로 <외적인 감각>은 **딕차리**의 영역에 있다고 한다.

부차리의 부는 존재계 즉 세상을 의미한다. 그러므로 <(세계의) 대상들>은 **부차리**의 영역이다.

<개체적인 경험자>, <그의 정신-신체적인 힘>, <그의 경험의 대상>은 여기서는 모두가 여러 가지 **샥티** (차크라)로 기술(표현)되었다.

안타-카라나[<내부의 (정신적) 기관>]의 세 가지 면은 **붓디**, **아함카라**, **마나스**다.

붓디는 확인(確認)하고,

아함카라는 자신을 몸 등과 동일시(同一視)하고, 경험들을 자기 자신으로 동화(同化)한다.

마나스는 사물을 이것 혹은 저것으로 결정(決定) 짓는다.

그러나 <**파티**(해방된 영혼) 단계>에서,

샥티는 그 자신을 **칫-가가나-차리**로서 나타낸다. 그 핵심은 <우주적인 행위자성(行爲者性)>이고,

고차리로 나타날 때는 그 핵심이 <분별하지 않는 것> 즉 <단일성>의 확인(確認)으로 구성되고,

딕차리는 <분별하지 않는 것> 등의 인지(認知)로 구성되고,

부차리는 사물을 자신의 사지(四肢)처럼 <다르지 않는 것>으로 나타내는 것으로 구성된다.

이 모든 것이 '**파티**'의 가슴 위로 열려 있다."

<가슴으로의 회귀(回歸)>

가장 낮은 것에서 시작해 모든 수준의 에너지의 휘젓기에서, 이제 **쉬바**는 철수의 과정을 통해 나누어진 에너지를 평화로운 중추의 초기의 진동으로 회수한다. 모든 리듬이 <에너지와 연합한 **의식**>의 거대한 **리듬**으로 용해될 때, **쉬바-샥티**의 동일성은 실현된다.

그러므로 가장 강렬한 **쿤달리니**의 깨어남과 상승이란 여러 수준에서, 차례로 어느 정도 철수되는, **점차적인 재통합(再統合)의 과정**이다. 마치 <하나가 다른 것 속으로 미끄러져 들어가는 막대들>이나 <하나가 다른 것 속으로 들어맞아 그것을 감싸는 러시아 인형 **마트료시카**("**어머니**")>처럼 말이다.

철수의 모든 단계에서 모든 것은 한 점(빈두)으로 환원되고, **쿤달리니**가 중앙 통로(**수슘나 나디**)를 통해 중추에서 중추로 오르는 동안 그것으로부터 더 큰 실재들이 뿜어져 나온다. **파라 트리쉬카**는 그것을 아름다운 구절로 노래한다.

<그 안에 우주 전체가 빛나는 것>,
<모든 곳에서 스스로 빛나는 무엇>,
그 <번쩍이는 빛> 홀로 **실재의 핵심**이러니
(그것 홀로 **지고의 가슴**이러니)

비라와 요기니 그 들의 성교(性交)에는
지고의 기쁨으로 가득한 <수슘나의 가슴>이,
<확장과 수축이 펄떡이는 그 가슴>이 있나니
그것을 그리며 명상(冥想)할지어다.

쉬바와 샥티의 합일, 루드라와 요기니의 합일,
이것이 "야말라" 즉 우리의 모든 힘의 근원이다.

묶인 주체의 조화를 이루지 못하는 모든 리듬에
동조하면서, 쿤달리니는 스판다의 원초적 리듬을
다시 찾는다. 그래서 전체를, 그들 리듬의 각각에
주는 <고요하고 미분화된 힘>을 획득한다. 그것의
각 효능은, 창조성을 위해, 그것이 어떤 특성이든,
<두 가지 반대적(길항적) 움직임 사이의 균형>인
비랴보다 다른 어떤 것이 아니다.
그러므로 쿤달리니의 수행이란 두 극단 사이의
교차점을 발견하고, 거기, 박동의 바로 그 가슴에
견고하게 확립되는 것으로 이루어진다. <아슬아슬
하게 균형을 잡고, 한쪽에서 다른 쪽으로 신속하고
미묘하게 움직이는 것>, 그것이 없으면 거기에는
어떤 진동도 없다.

우리는 프라나 에너지로 <날숨과 들숨 사이의
완전한 균형>을 다루고, <비랴의 균형된 상태>도

볼 것이다. 그것은 진동으로부터 성행위 능력으로 이끄는데, <순수와 불순의 교차점>, <영웅적 존재 (비라)에서 보이는 성적 **흥분과 이완 사이**>에 위치한다.

그러니 삶(생명)의 모든 **리듬** 뒤에는 몸과 우주에 편재하는 **<하나이고 똑같은 진동>**이 있다. <스판다 형태로 경험되는 가장 신비한 힘>으로부터 <보통의 정력>까지 모든 수준에서 울리는 **<하나이고 똑같은 힘>**이 있다.

쿤달리니의 경험은 **<내면으로 돌아서는 일>**이고, <원초적인 **리듬**을 되찾기 위해 모든 에너지를 동조 (同調)하는 일>이다. 그것은 이원성에서 단일성으로 한 **리듬**에서 다른 것으로의 통과가 첫 휘젓기에서 잡혀진 흥분의 타오르는 불을 통해서이지만, 쉼이 없이 항상 방사와 철수의 똑같은 과정을 따라 실현되는 것을 알아채게 한다.

그때 우리는 삶의 모든 수준에서 반복적인 주제처럼 다시 또 다시 일어나는 똑같은 구도(構圖)를 관찰한다. 그것은 설명에 어떤 단조로움을 주지만, 진동에 기초한 이런 과정의 우주적 중요성을 강조하는 것이기도 하다. - 그리고 그것은 우리에게 <처음이자 마지막 자유>인 명상(冥想)을 준다.

빈두가 한 점만을 표현하여 그것에서 그것들이 나왔다가 그것 속으로 그것들이 돌아가는 반면에, <극단의 두 점(비사르가의 점)>은 분리와 회귀의 이 쌍둥이 운동을 표현한다. - 즉 단일성과 힘의 장소로, <금강석 같은 강함의 장소>이자 <**의식**의 곳>이다.

일찍이 **리그 베다**에서 희생의 불이 피어오르는 곳은 (불을 지피는) 두 나무막대기 **아라니**의 마찰로부터였다.

후에 **카시미르** 경전에서 위대한 희생은 <**참나**에 대한 봉헌>, 모든 제한을 태우는 <지고한 **의식적 주체**의 불 속으로의 봉헌>이 된다.

ॐ

<**어머니** 쿤달리니에게 바치는 노래>

< 1 >
오 **어머니**
당신은 모든 기관을 가진 몸 전체를
외부뿐만 아니라 내면도
<**의식의 허공**>으로 가져오나니
그것은 죽음의 카란키니입니다

104

< 2 >

오 **어머니**

당신이 <흙>에서 <원초적 본성>까지

모든 수준의 실재를 흡수하고자 할 때

당신은 <만트라**의 형태**>를 떠맡고

입을 크게 벌리고 서 있나니

그때 당신은 분노의 크로다니입니다

< 3 >

오 우마……

그녀는 덮개가 없는

텅 빈 <**의식의 하늘**>에 자리 잡고

<진동의 형태> 안에 분화 전체를 가져

전체로써 뒤섞노니

이 바이라비가 당신입니다

< 4 >

미묘한 몸의 찌꺼기를 흡수하는

저 <**의식의 불**>은

그 화염 속에서 분화를 핥고 삼키나니

오 **어머니**

거대한 힘으로 핥으며

렐리하니를 경험하는 것은 당신입니다

< 5 >

오 **여신**이여

당신은 **말씀**에서부터 보통의 말까지

모든 언설을 부수고 있나니

모든 덮개를 벗어나 **쉬바**의 거처에 이르고

<의식의 하늘을 움직이는 자>로

자신을 드러냅니다

오 **어머니!**

당신은 번개의 섬광처럼 치솟고

불, 해, 달의 광채를 열심히 삼키는

이 쿤달리니입니다

당신이 카에서 중앙 통로를 통해

샴바와-싯다 빈두까지 당신의 길을 깨뜨릴 때

당신은 케차리입니다

위의 노래는 **마헤슈와라난다**의 **<의식의 창공에 빛나는 달빛>**이란 "칫-가가나-찬드리카"의 일부분이다.

여러 **무드라**(태도)에 대한 헌사인, 이 찬송가는 **<다섯 싯다 무리에 해당하는 다섯 가지 신비스런 태도(무드라)>**를 묘사하며, 기리고 있다.

얼나를 재인식하고 **지식**(영적 경험)을 부여받게 되면, 그들은 <각자 자신의 특정한 **무드라**에 따라, 다른 **차크라**로부터 출발하는 **쿤달리니**의 상승을 통해> **전체**(全體) 안에서 융합을 얻는다.

앞의 것들과 비교하면, **케차리 무드라**는 초월적이다. <완전히 펼쳐진 에너지>는 저 무한의 **의식**, 카에서 방해받지 않고 떠돈다. <내면화한 **의식**>도 <외부화한 **의식**>도 더 이상 구별되지 않기 때문에, 그런 **싯다**는, 겉으로는, 더 이상 보통 인간 존재와 구별될 수 없다.

의식 안에서 "봉인하는" **무드라**가 <어떻게 단계적인 차이가 없이 그 일을 하며>, 또 <**싯다**가 즉시 **전체**(全體)를 회복할 수 있는지를 보여주기 위해>, **마헤슈와라난다**는 그것을 <기적의, **사랑의 나무**>에 비유한다.

저 <천상의 나무>
알아채는 일이라는 강한 가지로
이미 **가슴**의 영역에서 완전히 자랐도다
그 꽃은 <빛나는 **황홀**>이고
그 열매는 <진정한 지복의 **신나는** 기쁨>이라

우주의 **만세반석**, 기반(基盤)인 이 **가슴**으로부터 쿤달리니의 축(軸)이 오른다.

그래서 <기어오르는, 땅 속의, 모호한 에너지>가 <공간을 통해 자신의 길을 뚫는, 부동(不動)이면서 활기찬 기둥처럼>, 그 싹을 쑥 내밀고, **땅**(몸)에서 **하늘**(영성)을 뿌리 내린다.

그다음 케차리로, 그것은 **무한한 의식의 하늘**로 날아오르고, 완전히 자유롭게 움직인다.

☯

쿤달리니에 관한 문서들은 신비를 지니고 있다. 현자들은 체계적이고 철저한 설명은 피한다. 왜냐하면 그들은 직접적인 경험에는 아주 부유하지만, 그것을 드러내는 것에는 너무나 조심하며, 그것을 지키기 때문이다. <신비와 계시>의 이 이중성은 <**잡으려는 순간, 뒤로 물러나버리는** 어떤 보물>의 매혹적인 인상을 준다.

쿤달리니를 통해, 그의 에너지의 주인인 요기는 <인간 존재가 자신 안에 그의 주권, 지복, 효능의 근원과 고갈될 줄 모르는 창고를 가지고 있음>을 보여준다. 쿤달리니의 <**통합하는 그 엄청난 기능이 절정에 달하는 것**>은 <신비의 효능> 안에서다. - 이것이 <전승(傳承)의 요지>다.

☯

자신의 신성화한 에너지의 힘과 미묘함을 통해, 스승은 차츰 제자의 흩어져 있는 에너지를 내면화하고 활성화한다. 제자의 **쿤달리니**를, 다르게 표현하자면, **<마치 현악기가 그 진동을 사방으로 전파하듯이>** 깨운다.

음차(音叉) 즉 **소리굽쇠**처럼 자신의 **쿤달리니**를 쳐서, 스승은 **으뜸음**을 준다. 그는 **"바른 주파수"** 즉 자신(**신성**)의 **고유 진동수**를 전달한다.

(혹시 중학교 때인가 물리학에서 배운 <공명>과 <맥(脈)놀이 현상> 등을 기억하는지……

범종(梵鐘)이 "우~웅~우~웅"하며 소리가 커졌다 작아졌다 하며 긴 여운을 남기는 현상 말이다. 그 <맥놀이 현상>은 **<진동수가 거의 같은 두 소리가 중첩된 결과>**라고 배웠다.

현악기에서도 **<음높이가 거의 같은 두 현(絃)을 동시에 소리 내면>** <맥놀이 현상>이 관찰된다.)

스승의 **쿤달리니** 에너지 **음역(音域)**이 <근본적인 진동의 모든 조화로운 진행>을 취(取)할 때, 그는 제자가 그에게 일치하는 <특정한 범위의 조화로운 **음계(音階)**>에 정확히 동조할 수 있도록 한다. 그는 제자에게 <초기 자극>과 **<조성(調性)**[조화로운 음색(音色), tonality]> 둘 다를 전한다.

그래서 스승에 의해, 스승에 동조(同調)된 제자의 쿤달리니는 바퀴(차크라)에서 바퀴로 오르고, <더 미묘하고 미묘한 스판다의 **화성학(和聲學)**> 쪽으로 음계를 올린다. <마치 동조(**튜닝**)된 어떤 악기가, 단순한 울림(공명)을 통해, 다른 악기를 **동음(同音)**으로 진동하게 할 수 있는 것처럼>, 스승은 이제 **제자의** 깨어난 그 **가슴**을 끊임없이 공명(共鳴)하게 만들어, 그의 <(소리에) **귀 기울이는 소질(적성)**>과 <**청력(聽力)의 예민함**>을 변형시킨다.

제자는 <자신의 **공명의 능력**>이 증가되고, <그의 **조성(調聲)의 음역**>이 **증폭되는 것을 경험하면서**, 완전한 융합이 성취될 때까지, 스승이 주는 것들을 <항상 확장하는 **의식**>과 함께 받는다. 그 안에서 모든 음표는 단 <하나의 음표>로 녹아들고, 스승과 제자는 이제 <하나의 악기(樂器)>, <하나의 음악>, <하나의 **의식(意識)**>이 된다.

<**쉬바의 춤**>, "스판다", <**우주의 음악**>이라는 그 무엇 말이다.

☯

우주의 춤과 음악이라는 장을 마치기 전에……

우리의 뇌는…… 저 지렁이의 머리 부분에 있는 <아주 적은 수(數)의 신경세포>가 **<맛과 빛을 감지하면서,** 우리 인간의 뇌와 같은 믿을 수 없을 만큼 복잡한 구조로 발전하여 시각(視覺)과 청각(聽覺)의 맛을 즐기게 되었다고 한다.

그러나 청각(소리)을 위한 것이었던 **폰**(phone)이 **스마트**하게 되자, 어느덧 시각(視覺)을 위한 것이 더 많아지게 된 것처럼…… <동굴 미술(시각)> 등에 비해 그 역사(기록)가 짧은 <서양 음악사(청각)>를 보아도 그런 것 같다. 소리는 문자(기호)나 악보, CD 등이 없는 시절에는 보관될 수 없었다.

성악(聲樂)이든 기악(器樂)이든, 보다 고전적 음악이든 낭만주의적 음악이든, <귀를 위한 것>은 당연하게 <눈을 위한 것>으로도 향한다. **오페라**가 그런 것이다. 그러면 청각적인 것은 아무래도 시각보다 <이차적인 것>으로 밀리게(?) 된다. 그것이 우리가 흔히 쓰는 말에도 "견물생심(見物生心)"은 있어도 "청물생심(聽物生心)"은 없는 이유다. 우리는 <나의 이 두 눈으로 보는 것>을 더 좋아하고 또 믿는다. 실제로 우리 현대인은 **에너지**의 80%를 눈을 통해 사용한다고 한다.

그러나 <음악(음향, 소리)이 없는 영화>를 생각해 보라…… 그래서 필자는 <배경 음악>을 아주 좋아 한다. 교회 다니던 시절, 필자는 성가대를 하면서 남성 저음인 베이스를 했다. 그 베이스가 무엇보다 <기초(Base)인 것>, <배경(Back-ground)인 것>이 좋았다. 요즘도 필자의 하루는 **컴퓨터**를 켜는 순간 <배경 음악>을 넣는 것으로 일상을 시작한다. (물론 <음악 자체>를 중시하는 입장에서는 그렇지 않을 수 있겠지만……)

그리고 잘 알다시피, <**듣는** 음악, 소리, 말>로는 우리의 이 <상상과 환상의 세계>를 맘껏 펼칠 수 있다. 상상력이 좋은 사람에게는…… 그러나 그렇지 못한 사람에게는 그 상상력을 시각화하여 보여주는 것이 좋을 것이다. 그래서 필자는 **베토벤**도 좋고, **베르디**와 **바그너**도 좋다. 아마 바그너가 지금 살아 있다면, 그는 종합예술이라는 영화감독을 했을지도 모른다. 그러면 영화음악까지도 손댔을 것이고…… 이제는 영화음악도 음악의 한 **장르**가 아닌지……

니체는 <바그너의 경우>에서 말한다.

"음악이 정신을 자유롭게 한다는 것을 사람들이 알까요? 사유에 날개를 달아준다는 것을? 음악가가

될수록 더욱더 철학자가 된다는 것을? …… **세계가 마치 산위에서 내려다보듯 내려다보입니다.**"

니체는 말한다. "바그너가 구원(救援)의 문제보다 더 심사숙고한 것은 없다. 그의 **오페라는 구원의 오페라다.**" 바그너가 평생을 추구한 것은 그 구원이었다. 니체는 아마도 바그너의 마지막 작품인 <파르지팔("순전한 바보")>을 보고 바그너에게서 결정적으로 돌아선 것 같다. 그 파르지팔의 마지막 대사는 이렇게 노래한다.

"Höchsten Heiles Wunder!
 최고의 멋진 구원을!

Erlösung **dem** Erlöser!
(Redemption **to** the Redeemer!)
구원자**에게** 구원을!"

나중 <바그너**의 추종자들**>은 그의 묘비에 헌사(獻辭)하면서 이 말을 - "구원자에게 구원을!"을 - 그냥 그대로 사용했다고 하고, <**다른 많은 이들**>은 그것을 고쳐 읽으려고 했다고 니체는 전한다.
"<**다른 많은 이들**>은 정말 기이하게도 그 비문을 조금 고쳤습니다."

"Erlösung **vom** Elöser!

(Redemption **from** the Redeemer!)

구원자**로부터** 구원을!"

"그리고 사람들은 안도의 한숨을 내쉬었습니다." 라고 밝힌다.

필자가 보기에, 니체는 이 일화를 소개하면서 그 자신이 어떤 안도의 한숨을 내쉬는 것 같다.

니체는 <니체 대(對) 바그너>에서 <위험으로서의 바그너>를 말한다. 물론 그 위험은 "교활한 **방울뱀** (즉 바그너)에 물려도 해(害)를 전혀 받지 않을" <삶(生)의 충일(充溢)에서 고통 받는 자>가 아닌 <삶(生)의 빈곤(貧困)으로 고통 받는 자들>에 대한 것임을 말하고 있다.

필자는 니체가 <니체 대 바그너>의 마지막에서 이렇게 말하는 것을 읽는다.

"아마도 **진리**(實在)는 <자기의 근저(根底)를 보여 주지 않을 이유를 갖고 있는 여자>가 아닐까? …… 그 이름은 그리스어로 바우보(Βαυβώ)가 아닐까? 아, 그리스인들은 **삶**(生)을 이해하고 있었다. …… 그들은 표면에 머무른다. 깊이가 있기 때문이다."

바우보는 바보(Βαβω)라고도 하며, 그리스 신화에 나오는 "엘레우시스"의 여인이다. 데메테르(농업의 여신)가 하데스(지하, 즉 죽음의 신)에게 빼앗긴 딸 페르세포네를 찾으려고 온 세상을 헤매다가 지친 몸으로 마침내 엘레우시스에 왔는데, (데메테르는 <어떤 과거>가 생각난 듯) 바우보가 음식을 권해도 먹지 않으므로 바우보가 <자신의 그 근원(根源)를 드러내어> 여신을 웃게 하고 대접했다는 이야기다.

[이런 이야기는 한때 우리네 풍습에도 있었다고 한다. 온 마을에 <한발(旱魃, 가뭄의 신)>이 들고 괴질(怪疾)로 농작물과 자식이 죽어갈 때, 우리네 여인(바우보)들은 그 마지막 수단으로 – 남자들은 방안에 숨어 있었다. - 월경의 피가 묻은 속곳을 장대에 달고(근원을 드러내고) 양푼 등을 두드리며 온 동네를 돌았다고 한다. <바보들의 행진>?]

"파르지팔"이라는 이름의 뜻인 <(순전한) 바보>, 그리고 <아래 입>, 곡신(谷神)의 바우보(바보)……
[그리고 탄트라 사라의 의식(儀式)에 나오는 저 정체불명의 "바우샷"도 그렇고…… 바우치에 살며, (바보) 바우로 살아가는 필자에게는 이 모든 것이 그냥 혼돈이다! 저 혼돈의 땅 인도에서 벌어지는 <쉬바("치우바")의 (그 밤의) 결혼 행진> 같다.]

니체는 어쩌면 <무의식적으로> "바우보"라는, 그 (신화의 땅) 그리스말에 끌렸는지도 모른다. 융이 니체의 <그런 경우>를 말하고 있기 때문이다.

[엘레우시스? 그러면 오르페우스도 생각나고……그리고 <엘레우시스의 땅> 저 엘리시움! <**신화의 세계**>는 그 끝이 없다.]

니체가 "바우보 **신화**"를 언급하는 것과 - 사실, 니체는 디오니소스를 우리에게 소개했고, 그 자신 **차라투스트라**라는 **신화**를 만들고 있었다. - 그의 글로 봐서, 필자는 그에 대해 이제 안도의 한숨을 내쉴 수도 있을 것 같다.

필자는 **바그너**의 내면을 잘 모른다. 그러나 이 일화를 통해 - "최고의 멋진 구원을! 구원자**에게** 구원을!" - 필자는 **파라 트리쉬카**에서 <정화하는 자(구원자, **쇼다카**)>, <정화(구원, **쇼다나**)>, <구원되어야 할 것(**쇼댜**)>을 다루었다는 것과 또 <보다 거친 것>이 <구원되어야 할 것>이고 <보다 미묘한 것>이 <구원자>로, 이 관계는 **아눗타라**(**지고**)까지 간다는 것을 상기(想起)할 뿐이다.
파라 트리쉬카에서 **아비나바굽타**는 말한다.

"<정화하는 자>도 또한 정화되어야 한다. 자신 안에서 다르다는 생각이 일어나는 한, 그것 또한 속박이다."

🌀   🌀   🌀

이제 쿤달리니를 다루며

제 4 장 <신(神)의 힘>에서는 프라나 쿤달리니(숨 뱀)라는 샥티(신의 힘)를,

제 5 장 <신(神)의 놀이>에서는 <그 신비의 뱀 속으로 들어가는 놀이>를,

제 6 장 <신(神)의 길>에서는 <전체성(全體性)의 길>로서 <비밀 의식(儀式)>을 다룬다.

제 4 장

"신(神)의 힘"

1. 그 신비의 뱀 앞에서
2. 프라나 쿤달리니 - "숨 뱀"

　뱀의 <가장 무섭고, 강력한 **힘**>은 아마 **독**(毒)일 - 그 "**입에서 나온 것**"일 - 것이다.
　우리 인간에게 <가장 무섭고, 강력한 **힘**>은 아마 어떤 것에 대한 **중독**(中毒)일 - 그 "**독**(毒) 가운데 있는 일"일 - 것이다.
　(읽는 자는 <여러 가지 의미>를 읽을진저)

　그 <**독** 있는 **뱀**(스승)>을 **독사**(毒蛇, 毒師)라고 한다.
　우리말의 "**독사**" 발음과 비슷한
　그리스어 "**독사**(δόξα)"는
　영광(榮光), **위엄**(威嚴)을 뜻한다.

　아, **독사**(毒師)의 독사(**영광**)여!

베르디의 오페라 <나부코>로서 유명한, 구약의
느부갓네살은 "신(神)의 힘"과 능력을 찬양한다.

참으로 크도다 그의 이적(異蹟)이여
참으로 능(能)하도다 그의 놀라운 일이여
그의 나라는 <영원한 나라>요
그의 통치는 대대(代代)에 이르리로다

(신의 힘과 능력은)
땅의 모든 사람들을 없는 것 같이 여기시며
(신의 통치와 놀이는)
하늘의 군대에게든지 땅의 사람에게든지
그는 자기 뜻대로 행하시도다 - 다니엘 4장 -

다니엘은 <하나님(신)이 판단하신다>는 뜻으로,
<우리 인간이 섣불리 판단하지 말 것>을 말하고,
느부갓네살은 <경계(境界)를 지킨다>는 뜻으로,
바벨론 왕으로서 국경(國境)은 확장했으나, 내면의
경계는 지키지 못해 <이성(理性) 없는 자>가 되었
다가, "7 년(영성)"후에 온전하게 되었다.
참고로 바벨론은 <신(神)의 문(門)>이란 뜻으로,
바빌루(바벨, 혼란)에서 왔고, **우리가 그 문(門)에서
경험하는 일은 <우리가 늘 쓰고 있는 말의 터무니
없음(혼란)을 느낀다>**라는 뜻이다.

1. 그 신비의 뱀 앞에서

<우리 몸의 뱀, 심층의 뱀>

그 이름이 암시하듯이, <꾸불꾸불한, 소용돌이인 것>이 몸 안에서 나선(螺線)모양으로 활동을 않고 있다면, 그것은 똬리를 튼 **뱀**과 비교될 수 있을 것이다. 마치 **뱀**처럼 그것의 **독(毒) 때문에, 그것은 두려움의 대상이 되고, 모든 사악한 힘을 상징하게 된다.** 그녀가 우리 안에서 움직이지 않고 있는 한, **쿤달리니**는 우리의 모호하고 무의식적인 힘과 관련되어 <유독(有毒)한 것>이 된다. **그렇지만 그것이 깨어나 통제 하에 있게 되면,** <생산적(창조적)인 것>이 되고, 진정한 힘을 준다.

쿤달리니는 자신의 독을 쏜다는 방식에서 뱀과 닮았다. 뱀은 물려고 할 때, 그 꼬리로 몸을 둥글게 만들어 지지하고 머리를 전후좌우로 흔든다. 그렇지만 <바로 서게 되면(몸을 쭉 뻗으면)> 그것은 더 이상 전혀 위험하지 않다. 똑같이 쿤달리니가 나선 모양을 풀고 오르게 되면 - "**막대처럼 곧게 되면**" - 그녀는 해롭지 않을 뿐만 아니라, **사악한 성격은 변형되어, 값을 매길 수 없는 보물로 증명된다.**

독의 모든 효과가 제거되었을 때, 영광과 힘은 **비샤**라는 말이 의미하듯이, 몸 전체로 퍼지기 시작한다. 그것은 이중의 의미로 <구석구석 스며들어 죽음을 일으키는 "**독**">과 <"(모든 곳에) **편재(遍在)하는**" 불멸(不滅)의 넥타(암리타)>를 말한다.

어떻게 **독**을 더 나은 것으로 만들 수 있겠는가? 두 가지 해결책이 있다. 첫째는 독을 소화하는 것, 둘째는 자신의 통제 하에 창고에 보관하는 것이다. 이것이 **쉬바**의 신화에 나오는 의미다. 그는 우유의 바다를 휘저을 때 처음 나온 **독**을 마시고 그것을 그의 목 안에 간직한다. 그리고 그 바다의 부(富)를 신들에게 주었다. 그래서 **쉬바**의 목이 시퍼렇게 된 것이다.

유사하게 **요기**는 신성의 넥타로 변형되어진 것을 정화된 그의 몸에 간직한다.

그러므로 **쿤달리니**는 인간의 몸에 감추어져 있을 때도, 또 의식적인 핵심을 다시 얻어 기질과 성향들을 활성화하여 우주 쪽으로 향할 때도 <에너지의 저장고>로 보인다. 그녀는 **요가**의 다양한 기법을 위한, 최고의 신비적 경험을 위한 기초가 된다.

(그리고 **아브라함 매슬로우**와 **융**의 <자아(**자기**)실현>이라는 그 무엇을 위한 것이 되고……)

<모든 보물의 최고 - 불사(不死)>인 **뱀**과 또 그 안내자로서 **쿤달리니**는 **베다**(Veda)에서 찬양하는 고대의 **심층의 뱀**, **아히르부드냐**를 생각하게 한다.

부드냐는 <바닥, 기초, 심층>을 말한다. 이 말은 또한 "**몸**"과도 관련이 있다. **부드냐**는 <기초(**몸**)에 거(居)하는 것>, <심층(**무의식**)으로부터 온 것>을 말한다. 마치 **몸(부드냐)이 호흡을 가지듯이**, <물을 함유하는 대기(大氣, 우주)라는 심층> 말이다.

이 **뱀**은 대지, 하늘, 태양, <우주 수호자(**리타**)>로도 언급된다. 그것은 **아디티**("개성이 없는") 곧 <**아디탸**의 어머니>처럼 고대의 신성의 경배와 관련되고, **아수라** 즉 <보물의 수호자>와도 관련된다. 그 중 <**심연의 신비한 뱀**>으로 자주 언급되는 것은 <**아자 에카-파다(외발의 태어나지 않은 자)**>이다. 아마 그것도 다르지 않을 것이다.

그 영역의 깊이는 **대지의 깊이**일 뿐만 아니라, **대양의 깊이**이고, 구름과 안개를 가진 **대기의 깊이**이다. 그것 밖으로 선을 베푸는 근원이 솟구친다. 그다음 **아히르부드냐**는 우주를 둘러싼다. 그 자신 안에 우주를 감싼다.

베다 의례 동안에 **브라만** 사제의 희생의 자리는 "불가해한 지식"을 부여받는데, 이렇게 말한다.

"그대는 모든 것을 둘러싸는 태양이라
그대는 <외발의 태어나지 않은 자>라
그대는 깊은 대양(大洋)의 뱀이라."

시인과 현자들은 이 고대의 신성에 관한 지식을
그렇게 비밀로 간직하여, 리그 베다의 시기에서도
그 열쇠를 잃어버렸다고 한다. 그 시기의 초기에
<전쟁의 신, 소마에 취한 자> 인드라는 아수라와
아디탸를 타도하고 보물을 훔쳐 그 숭배자들에게
준다. 동시에 근원의 수호자 <아히 뱀>은 용(龍)이
되고 인드라와 그 부하들에게 패한다.
  (<아히르부드냐>는 쉬바의 다른 이름이다.)

우리는 인도의 다른 신화에서 쿤달리니에 대한
어떤 암시를 본다. 구전(口傳) 서사시에서 우리는
비슈누가 아난타 즉 무한(無限)이라고 하는 우주의
뱀 아디-셰샤의 여러 겹의 나선에 쉬면서 태초의
물의 한가운데서 잠자는 것을 본다. 그것은 대지를
감싸고 유지하는 그다.
  또 아마도 아리안의 인도(印度) 이전, 카시미르
지방의 명망 있는 나가를 볼 수 있다. <신성의 뱀>
이었든 <신비가인 현자>였든, 천국의 암브로시아를
감춘 채, 그는 <비교(秘敎) 성격의 탁월한 지식>을
가졌다고 한다.

그러나 **쿤달리니**와 관련한 신화의 **뱀**을 언급하는 것은 **카시미르 쉐이비즘** 체계에서 이 상징의 채택 때문이다. 나중에 다룰 최고의 입문에서 꿰뚫기가 있는데 - "**뱀의 꿰뚫기(부장가-베다)**"라고 한다. - 에너지가 번쩍이는 속도로 머리꼭대기까지 오르고, 다섯 겹 후드의 **코브라**의 형태로 삶(생명)과 함께 강렬하게 진동하며 **지복**의 꽃을 피운다.

그러므로 그것은(**그**는) 머리 위로 활짝 펼쳐진 <우주적 **드와다샨타**>를 상징한다. 수행자의 모든 에너지는 이 단계에서 편재(遍在)하고, 우주 전체로 펼쳐진다.

<생명의 숨 쿤달리니(프라나 쿤달리니)>는 방사 (창조) 자체보다 앞서며 - "**마하 프라나**"라고 한다. - 그것에서 실재(**탓트와**)의 수준들이 나타난다.

<우주적 전개(**창조**)의 새벽>에 처(處)하여, **그녀는 아직도 대상적 현현의 첫 고동일 뿐이다.** 단순히 <밖으로 드러나려는 경향>. 그래서 "**아디-코티**" 즉 <근원에서 처음인, 시초의 점(點)>이다.

크세마라자는 프라탸비갸 흐리다얌에서 **의식**이 어떻게 <**생명** 에너지>로 변형되는지를 보여준다. **의식**은 <가장 내밀한 **실재**>이고, <우주적인 근원>이더라도, **의식**(삼빗)은…… (그 유명한 표현처럼)

"처음에, 삼빗은 프라나로 변형된다."
"프락 삼빗 프라나 파리나타."

여기의 **프라나**는, 프라나 바유의 이름이 아닌, <**원초적**(原初的)**인 생명** 에너지>를 말한다. **의식**은 "프라나"로 변형되고 - 위에서 말한 "마하-프라나" - 점차로 물질화(物質化)된다.

그것은 **마야**의 단계에서 자신의 진정한 본성을 숨기고, 이른바 **프라나 샥티**의 역할을 받아들이고, 하강의 순서로 **붓디**, 몸 등에서 쉬고, 수천수만의 <**나디**의 길>을 따른다.

거기에서도 즉 개체의 단계에서도 그것은 주로 <**마드야마-나디**의 형태>로 남는다. 그것의 실체는 **프라나 샥티** 형태의 **브라흐만**이다. 마치 **팔라사** 잎의 중늑맥(中肋脈)처럼, <**브라흐마란드라**로부터 **아도-박트라**까지> 바르게 있다.

그것은 <**마드야마-나디**> 혹은 <**중심 나디**>라고 하는데, 모든 기능이 그곳에서 일어나고 그곳에서 쉬기 때문이다.

<중추(차크라, 휘도는 바퀴)와 나디>

쿤달리니의 상승을 알아보기 전에, 우리는 우선 <요가의 생리학>을 알아보는 것이 필요하다.

(그러나 여기서는 흔히 접하는 **하타 요가**의 후기 문서나 **우파니샤드**와 또 최근의 **탄트라**를 따르지 않는다.

트리카는, **하타 요가** 체계의 일곱 **차크라** 대신, <**다섯** 가지 중요한 **바퀴**>만 다룬다.)

카시미르 쉐이비즘의 "차크라(**휘도는 바퀴**)"는, 흔히 집중을 위해 사용하는 그림 같은 묘사보다는, "**경험을 통해서 그들에게 알려진**" <**살아, 움직이는 (박동하는) 중추**>이다. 쿤달리니가 상승하는 동안 요기는 중심축을 따라 위치한 각 중추에서 활발한 소용돌이를 경험하기 때문에 그것을 "**소용돌이치는, 휘도는 바퀴**"라고 한다. 거기에서 신성의 에너지는 퍼져나가고 몸 안에서 활동적이 된다. 각 바퀴는 뚜렷한 수의 **바퀴살(빛줄기)**을 갖는데 몸 전체로는 50 개가 있다. 이 **바퀴살**은 <**퍼져나가고 진동하는** 에너지의 상징>으로, 나중 **요가**와 **탄트라** 체계에서 문자, 소리, 형상, 색깔, 기능과 관련 있는 꽃잎이 된다.

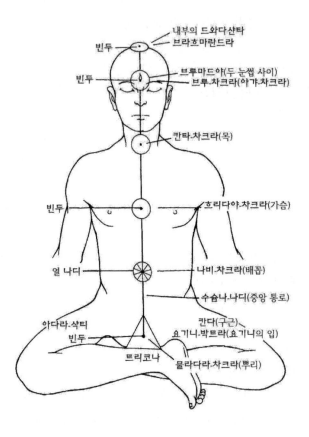

<다섯 차크라>

우주적 드와다샨타(천 개 바퀴살)

내부의 드와다샨타
브라흐마란드라

빈두

브루마드야(두 눈썹 사이)
브루·차크라(아갸·차크라)

빈두

칸타·차크라(목)

빈두

흐리다야·차크라(가슴)

열 나디

나비·차크라(배꼽)

수슘나·나디(중앙 통로)

아다라·샥티

칸다(구근)
요기니·박트라(요기니의 입)

빈두

트리코나

물라다라·차크라(뿌리)

※ **차크라**는 <에너지 중추> 즉 <**휘도는 바퀴**>를,
그 바퀴살은 곧 <(에너지의) **빛줄기**>를 말한다.

이 바퀴들은 <거친 몸(육체)>에 속하는 생리적인, 정적인 중추가 아니고, **<미묘한 몸(마음)>에 속하는 힘의, 역동적인 중추이다.** 오로지 **요**기만이, 만약 그가 몸에 속했다면, **쿤달리니**가 깨어 오르는 동안 정확하게 그 위치를 찾아낼 수 있다.

각 중추 사이에는 <세 손(세 주먹) 호흡 크기의 공간>이 있다. 각 중추들은 <**생명** 에너지(프라나 **샥티)의 미묘한 흐름**>인 **나디**로 – 단순히 통로만이 아니다. 그러나 편의상 기맥, 통로(通路)라고 하자. – 서로 연결되어 있다. 이 에너지**의 흐름(나디)**은 중추로부터 출발하여 몸 전체로 퍼지고 침투하여, 그 수가 72,000이라고 한다. 그 가운데 세 가지가 두드러진 것으로 **이다**, **핑갈라**, **수슘나**이다. 앞의 둘은 중앙 통로인 **수슘나**의 왼쪽과 오른쪽에 위치 하고, **수슘나**는 <왕(중심)의 길>로서, **마드야-나디** 라고도 한다.

연(蓮)의 실(섬유)처럼 섬세하여, 이 길은 불같은 신성의 통로이다. 이 길을 따라서 **쿤달리니**가 정상 까지 오른다. 이 길은 텅 비어 있고, 어떤 장애물도 없다. 왜냐하면 호흡이 진동하고 또 다시 의식적이 되고, 그래서 그것의 우주적 핵심을 회복하는 것은 오직 진공(허공) 안에서이기 때문이다.

이 **나디**를 따라 모든 중추가 있다. 하나가 다른 것 위에 위치하며, **쿤달리니**는 오르는 동안 그것을 뚫어야 한다.

보통 사람에서는 이 바퀴들이 돌지도 진동하지도 않는다. 그것들은 풀거나 떼려고 해도 할 수 없는 엉킨 상태를 형성하고 있다. 그래서 "매듭(**그란티**, 결절, 結節)"이라고도 하는데, 영(靈)과 물질을 매듭 짓고 엉키게 하여 <에고(개아)의 느낌>을 강화하기 때문이다.

이 결절 중에서 어떤 것들은 - **물라다라**와 **브루** - 쉽게 느슨해지거나 풀려지지 않는다. 그것들은 환상으로 짠 무의식적 **콤플렉스(삼스카라)**를 함께 구성한다. **과거의 무게와 그 경직은 영적인 힘이 통과하는 데 그만큼 엄청난 어려움을 준다.**

(1) 뿌리 중추(물라다라 혹은 물라부미 차크라)

첫 번째 **바퀴** <뿌리-받침(**물라-아다라**) 중추>는 척추 기저에서 <주요한 **에너지의 흐름**>의 교차점에 있다. 그것은 두 개의 개구부를 가지지만 동시에 작동할 수 없다. 하나가 닫히면 다른 것은 열린다.

그것은 삼각형에 비유될 수 있을지 모른다. 만약 그 꼭짓점이 아래로 향해 있다면 - 그래서 이름이 "**아도-박트라**(아래의 입)"다. - 그때 영적인 힘은 성적(性的)인 생활로 소멸된다(허투루 쓸 것이다). 호흡과 정액처럼 하향의 길을 따른다.

반면에 만약 **요기**가 삼각형을 뒤집어 꼭짓점이 위로 향한다면, "**메드라-칸다**"라고 부르는 개구부는 성기관의 기저에서, 중앙 통로(**수슘나**)로 들어가는 정력을 주는 강함을 허용한다.

이 삼각형은 **트리코나** 즉 "삼각형의 **성소**(聖所)" 이다. 왜냐하면 그것은 세 가지 신성의 에너지로 구성되기 때문이다. **의지**, **지식**, **행위**.

[꼭짓점이 위로 향하는 역전된 삼각형을 "**요기니-박트라(요기니의 입)**", "**구햐-스타나(비밀의 자리)**" 라고 부른다.

칸다는 "구근(球根)"으로, 배꼽 아래 다섯 손가락 호흡 길이에, 남근(男根) 위 두 손가락 호흡 길이에 위치한다.]

<꼬여진 것>이 깨어나기 전에, 누워 있는 곳이 이 뿌리 중추이다. 거기서 그녀는 점(빈두) 둘레로 세 바퀴 반(半)이 꼬여 있다. 빈두는 **쉬바**를 상징 하며 정력의 정수(비랴)이다. 그녀는 머리로써 중앙 통로의 접근을 막고 있다. <**그녀의 잠**>은 우리의 "무지(無知)"라는 속박으로, 우리 **인간이 몸**(육체)**을 자신으로 여기도록 눈멀게 한다.**

그때 그녀를 "(그릇)받침 에너지(아다라-샥티)"로 부르는데, 우주의 모든 요소를 포함하고 있기 때문이다. 그러나 그녀가 잔다고 하더라도, 잠에 떨어져 있는 인간과 세상의 생명을 "받치고", "지탱하고" 있다.

<잠자고 있는 쿤달리니>는, 인간이 그 에너지를 성적인 동요(動搖)에서 소모할 때는, 인간 존재의 <생명력을 파괴하는 독("비샤")>을 내뿜는다.

그러나 그녀가 활발하게 되어, 순수하고 완전히 초점을 맞춘 에너지가 최고로 통치하면, 이 독은 <편재(遍在)하는 힘("비슈")>으로 변형된다. 그래서 우주성(보편성)에 접근하는 입구가 된다.

(비샤의 어근 비슈는 <먹다>, <소멸하다>, <가득 채우다>의 뜻이 있다.)

(2) 배꼽 중추(나비 혹은 마니푸라 차크라)

두 번째 바퀴는, 배꼽 부위에 위치하는데, 교환의 중요한 중추이다. 열 개의 바퀴 살(빛 줄기)로부터 <열 가지 중요한 흐름(나디)>이 솟아오른다.

(위 <열 가지 중요한 흐름>으로 이다, 핑갈라, 수슘나, 간다리, 하스티지바, 야샤스비니, 푸샤, 알람부사, 쿠후, 샹키니가 있다.)

(3) 가슴 중추(흐리다야 혹은 아나하타 차크라)

세 번째 가슴 중추에서 에너지는 매우 미묘하게 된다. **쿤달리니**가 깨어나자마자 이 중추는 그 힘을 자동적으로 다른 곳으로 이전한다.

가슴 중추를 따를 때, 사람은 **물라다라**와 **브루-마드야**의 깨어나는 일과 관련된 많은 어려움에서 안전하다.

쿤달리니가 어떤 중추에서 깨어나더라도 그녀는 그들 모두에 동동하게 현존하기 때문에, 항상 움직이려고 선택하는 곳은 **가슴 중추**로부터이다. **아비나바굽타**에 따르면 <(여러) 호흡의 혼합>과 <호흡 다음의 합병>은 가슴에서 일어나기 때문이다. 모든 것이 거기에서 모여질 때, 사람은 지복을 즐긴다.

(4) 목 중추(칸타 혹은 비슛디 차크라)
(5) 눈썹 중추(브루-마드야 혹은 "아갸 차크라")

네 번째 중추인 **칸타**는 목의 기저 혹은 목구멍 뒤에 위치하고, 다섯 번째 중추인 **브루-마드야**는 두 눈썹 사이에 위치한다.

[그러나 먼저, 사람의 머리에 있는 <**차크라**에는 포함되지 않은 중요한 지점>을 살핀다.

① **랄라타**, ② **탈루**, ③ **트리베니**가 그것이다.

① **랄라타**는 앞이마의 중간에 있고,

② **탈루**는 구개(입천장) 뒤쪽에 있는데, **람비카** 혹은 **람피카-스타나**, 구개수(口蓋垂, 목젖), 또는 "**차투슈파다**"라고 한다. 왜냐하면 그것이 네 가지 길의 교차점에 있기 때문이다. <보통의 호흡(의 길)>에서는, 하나는 허파로 내려가고 하나는 기관(氣管)을 통해 올라온다. <내향화한 호흡에 특화된 두 길>은 보통 사람에게는 막혀 있고, **요기**에게만 **수슘나**로 접근하게 하는데, 하나는 뿌리 중추까지 내려가고(이를 통해 **아다-쿤달리니**는 **물라다라**까지 움직인다), 다른 하나는 높은 중추까지 올라가는데 **우르드바-쿤달리니**가 뒤따른다. 에너지가 **탈루**에 도달할 때, 그녀는 견갑골(어깨뼈)까지 내리비추는 천 가지 광선을 발생한다고 한다.

공기(空氣)는 여기에서 응고한다. 그리고 호흡은 본질에서 변하여 가볍고 **공**(空)하게 되기 때문에, 그것은 평화와 즐거움의 근원이다.

③ **트리베니**, 삼각형은 삼위성(三位性)이 만나는 곳에서 발견된다. <**불**, **해**, **달**>과 <**우다나**, **프라나**, **아파나**> 등……]

미묘한 중추인 **브루-마드야**("**눈썹 사이**", 眉間)는 생명 에너지를 위해 아주 어려운 통로를 제시한다. **그 너머로 가려면**, 사람은 **사마디에 대한 지배력을 가져야 하며**, 훌륭한 스승의 도움을 받아야 한다.

비갸나 바이라바는 **브루-크쉐파**(브루를 깨는 것) 혹은 **브루-베다**(브루 꿰뚫기)라는 잘 알려진 방편을 다룬다. (**하타** 요가에서는 **샨무키 무드라**로 알려져 있다.)

머리의 모든 구멍을 막아라.

"두 손으로 머리에 있는 모든 감각기관의 입구를 막고, **두 눈썹 사이**에 있는 <무한의 공간(빈두)> 속으로 들어가라(집중하라)."

브루-마드야까지의 여러 중추를 호흡 에너지로 채우기 시작하여, **이 중추가 집중된** 에너지로 **포화 상태가 되고, 사마디가 외부의 세계로 그 확산을 방지할 때, 그때 눈썹을 약간 수축해서 <브라흐마 란드라를 얻기 위해 가로질러야 할 좁다란 장애물 위로> 이 에너지를 즉시 투사해야 한다!** 만약 그가 생명의 힘을 나를 수가 없고, 머리꼭대기 쪽으로 보낼 수 없다면, 숨은 콧구멍을 통해 소멸된다.

세투는 들숨과 날숨의 흐름을 억제하는 장애물일 뿐만 아니라 <두 눈썹 사이 중추(브루-마드야)>와 **브라흐마란드라**를 연결하는 "**다리**"이기도 한다. 이 두 중추는 무지한 사람에서는 연결되어 있지 않다. 그러나 **요기**에게서 생명력은, 일단 바람직한 방향으로 돌려지면, **다리**를 가로질러 앞이마의 중간에 있는 **랄라타**에 도달한다. **요기**에 의해 아주 귀하게 성취된 이 상태로부터 확산된 **지복**과 강렬한 열이 일어난다. **지복**을 즐기자마자 모든 기능은 멈추고, 에너지는 머리 내부로, <천 개의 바퀴살 중추(**사하스라라**)>까지 퍼진다. **삼사라**와 더불어 그 묶임이 깨지기 때문에, 그녀는 순수한 <**의식**의 에너지>로 변한다.

만약 **빈두**라는 말이 **브루-마드야**를 나타내는 데 사용된다면, 그것은 이 중추가 뚫어졌을 때, 거기에 억눌리고 축적된 **에너지**가 해방되어 <**눈부신 빛의 점**>이 나타나기 때문이다. "불꽃처럼 미묘한 불이 번쩍인다." 이것이 "**빈두**"로, <**크기가 없는, 무한의 점**>이다. ─ 그러므로 이원성으로부터 자유롭다. ─ 그 안에 힘의 최대 최고치가 집중되어 있다.

만약 **주의가 그 순간 그 위에 있다면**, 에너지가 앞이마의 중간에 도달하여 용해될 때, 그때 사람은 **의식(意識)의 광휘 속에 흡수된다**. 세 가지 점은 ─

<가슴 빈두>, <두 눈썹 사이의 **빈두**>, <**브라흐마 란드라 빈두**> - 그것들이 **쿤달리니**의 상승의 완성에서 그녀에 의해 연합됨에 따라, 하나로 용해된다.

<점진적인 태도> 즉 <눈을 감은 흡수와 눈을 뜬 흡수가 번갈아 일어나는 국면>이 확립되는 것은 이 **브루**로부터이고, 이 **브루**로부터만이다.

[<점진적인 태도>는 **크라마 무드라**로, **니밀라나 사마디**와 **운밀라나 사마디**의 두 국면을 갖는다. 이런 것이 진정한 점수(漸修)가 아닐지……]

처음에, **에너지**가 **브루**로 올라갈 때 숨은 코를 통해 갑자기 밖으로 나가버린다. 눈을 뜨고 사람은 숨을 들이쉰다. 그다음 눈을 감은 채, **쿤달리니**는 완전히 직립하여 강력한 **에너지**의 거대한 흐름으로 나타난다. 눈을 뜰 때, 세상은 **중독**(中毒, **구르니**, 도취, 황홀)을 일으키는 새로운 기쁨으로 가득하다. 우주적 **쿤달리니**가 자동적 활동을 다시 얻을 때, 사람은 끊임없이 이어지는 밀물과 썰물의 - 방사와 철수라는 - 이 <생명의 우주 바다>의 조수(潮水)를 즐긴다. **요기**는 자연히 **운밀라나 사마디**(눈을 뜬 흡수)에서 쉬며 **자갓-아난다**(최고의 우주적 **지복**)를 즐긴다. 그에게는 모든 것이 **지복**에 잠겨 있고, 또 **지복** 외에는 아무것도 아니다.

앞이마의 중간에 있는 **랄라타**에서 **쿤달리니**는 **브라흐마란드라**의 입구를 발견하고, 그녀의 여행은 끝에 이른다. 거기에서부터 에너지는 **지고**가 되고, 또 편재(遍在)하게 된다.

"쿤달리니 각성이 **물라다라 차크라**에서 일어나 **아갸 차크라**로 올라가면서, 우리의 <**지렁이의 뇌**>, <**파충류**의 뇌>, 그리고 <**포유류**의 뇌>인 변연계의 원시적이고 동물적인 에너지 회로를 자극한다.

그다음 에너지는 시상(視床)으로 올라가면서 대뇌 피질의 모든 부위를 동시(同時)에 자극한다. 그것은 <사용되지 않고 잠재되어 있는, 뇌의 다른 부위의 기능>을 깨우는, 이른바 <환상 회로(環狀回路)>를 형성한다.

이제 에너지가 저 <**아갸 차크라의 중심 부위**>에 이르면서 두뇌 전체는 저 <**단일 단위로!**> 진동하기 시작한다." (즉 "**전체성**(全體性)!" 말이다.)

<브라흐마란드라 혹은 드와다샨타>

드와다샨타는 세 가지 장소와 관련된다.

① 외부에 있는 것으로, <코로부터 세 손의 호흡 거리>인 보통의 숨이 사라지는 곳이다.

② 내부에 있는, **브라흐마란드라**("브라흐만의 틈 혹은 구멍")이다.

머리의 곡선을 따라 <**브루-마드야**로부터 열두 손가락 숨의 끝>인 두개골의 꼭대기에 있다. 이것은 <**사마디** 안에서 자신을 깨달은 **요기**>에게 속하는 것이고, <우주적 **쉬바**>가 아니다. **구르니**(중독)의 강하게 진동하는 상태는 이 꿰뚫는 것을 가리킨다.

(**아트마-비압티**이지만, **쉬바-비압티**는 아니다.)

③ 두개골 위로, <지고의 **드와다샨타**>이다.

<**브라흐마란드라**에서 열두 손가락 호흡 거리>에 있고, <"모든 것에 편재하는 **쉬바**"와 동일시된 자>에게만 알려져 있다. 그것은 더 이상 몸과는 관련되지 않는다. 그것은 <우주적 **드와다샨타**> 혹은 <1,000개의 **바퀴살**(빛줄기)을 가진 **바퀴**(차크라)> **사하스라라**이다. 그것은 <엄청난 에너지>, <영원한 현존>으로, 어떤 노력을 통해서는 얻을 수 없다.

그것은 유동적이고, 신성의 **넥타**를 확산시키지만 창공(蒼空)처럼 안정적이다. 두개골 위에 위치하여, 그것은 <**빈두**와 **나다**의 융합>, <**쉬바**와 에너지의 융합>으로 구성된다. 그것들은 한편에서는 **빛**이고 다른 편에서는 **강렬한 공명**인, 절대적 **실재**(實在)의 두 가지의 (동일한) 면이다.

전통에 따르면, **드와다샨타**는 <끊이지 않은 **지복**으로 빛을 발산하는 **보름달**>에 비교된다. 내적으로, 눈부신 빛의 삼각(트리슐라)은 **의지**, **지식**, **행위**의 세 가지 에너지를 나타낸다. 거기에 <**엄청난 허공**(虛空)>이 미묘한 빈두 혹은 **함사**, <**쉬바의 자리**>로서 영광스럽게 빛난다. 모든 환영(幻影)으로부터 자유롭고, 그 안에서 **참나**가 완전히 실현된다.

그런 상태의 자연스런 불안정성을 극복하려면, 생각을 이 <탁월하고 걸출한 **허공**>에 견고히 확립해야 한다. 거기에서는 모든 동요(動搖)가 영원히 진정된다. 그러므로 **드와다샨타**를 영원한 처소로 삼고, 자신의 **에너지**를 거기로 마음대로 이끌 수 있는 사람은 살아 있는 동안 해방을 얻는다.

☯

요기의 경험은 **바퀴**와 삼각으로 실증(實證)된다. **바퀴**는 에너지가 우선 집중되고, 그다음 방사하는 <**에너지 중추**>이다. ① **뿌리 중추**에 모인 에너지는 ② **배꼽 중추** 쪽으로 모여들고, 열 가지 흐름으로 퍼져 나간다. 다음 그것은 ③ **가슴 중추**에서 모여 견갑골까지 방사하고, ④ **목 중추**에서 모여 머리의 양쪽으로 올라 ⑤ **눈썹 중추**에 모이고, 거기에서 **브라흐마란드라**로 확장한다.

각 **바퀴**는 <세 가지 추가 요소>를 포함한다.

① 각 **바퀴** 주변의 **칼라**로, <언설의 수준>에서 **산스크리트** 알파벳의 음소(音素)나 문자(**바르나**와 **마트리카**)에 상응하는 미묘한 **에너지**가 있다.

② **나다** 즉 <강렬한 공명(共鳴)>인 광선으로, <에너지가 바깥으로 향하든, 혹은 **쿤달리니**가 상승하는 동안 안쪽으로 향하든> 그것에 의존해, 중추로부터 주변으로 혹은 주변에서 중추로 방사한다.

③ 각 **바퀴** 중심의 **빈두**로, <확장이 없는 점>은 **수슘나** 혹은 중앙 통로에 거한다.

<쿤달리니의 수행>은 몸과 생각과 언설의 모든 **에너지**를 하나의 강력한 진동의 흐름 속으로 섞기 위해서 그것들을 다시 묶는 경향이 있다. 그것은 그것들을 중심 즉 **빈두**로 운반한다. 그다음 그것은 **쿤달리니**의 불에 용해되면서 **나단타**(소리 진동의 끝)가 되어, **나다**는 위쪽으로의 흐름, 즉 <**수슘나**의 흐름> 속으로 변환된다. (이것이 <내면의 **쿰바카**>이다.)

똑같은 것이 다음 중추에서도 반복된다. 그곳의 **빈두**는 차례로 깨어나고, 더 높은 중추의 **빈두**와 연합한다. 이 통합의 과정은 하나의 유일한 **빈두**가 있는 곳까지 계속된다. **참나**는, 조화롭게 섞인 모든 에너지를 부여받는데, **파라마 쉬바**와 동일시된다.

그러나 만약 에너지 중의 하나라도 잃고 있다면, 요기는 높은 영적 성취의 상태에 있다고 하더라도, "묶인 자(파슈)"로 남는다. 자신의 **모든** 에너지의 "**주(主, 파티)**"가 아니기 때문이다.

이제 **산스크리트** 알파벳의 첫 문자(**a**)와 마지막 문자(**ha**)가 어떻게 **마트리카**를 구성하고, 어떻게 그것들이 단 한 점, **빈두(aṃ)**에 용해되어 풍성함을 가진 **아함**(Aham, "**나**")을 만드는지를 이해할 수 있다. 거기에서는 **쉬바**와 **샥티**가 동일하여, 하나의 **파라마 쉬바**로 용해된다. 그러므로 위대한 **만트라** "**아함**"의 중요성은 **트리카** 체계의 열쇠이다.

삼각형은 에너지의 삼중성에 대한 **트리카** 체계의 상징이다. **불, 해, 달**은 삼각형의 각 꼭짓점에 해당하여 <**아는 자**(주체)>, <지식>, <알려지는 대상>을 나타내고, 또 <세 가지 중요한 **에너지** 통로>, <세 가지 중요한 호흡> 등을 나타내기도 한다.

보통 사람들은 그들의 **삶**을 이다와 핑갈라 나디 사이를, 아니면 <지식>과 <알려지는 대상>, 혹은 <들숨(아파나)>과 <날숨(프라나)> 사이를 오가면서 보낸다.

초기 단계에서, **수리야(해)**와 **소마(달)**는 아그니 즉 **<아는 자의 불>** 속으로, 또한 **수슘나** 즉 중앙 통로 속으로와, **우다나** 즉 <(상향의) 수직적인 숨> 속으로 용해된다.

그 세 가지가 깨어나고 섞여서, 삼각형의 중심에 있는 **빈두**, 그들에게 에너지를 주는 생명의 핵심에 도달하고, **쿤달리니**를 상승하게 한다. 요기는 **물라 다라, 브루-마드야, 브라흐마란드라**에서 삼각형의 경험을 즐긴다.

[<**물라다라, 브루-마드야, 브라흐마란드라**에서 삼각형의 경험>을 각각 **트리코나, 트리베니, 트리 슐라(三枝槍)**라고 한다.]

보통 호흡의 과정에서는 **사마디**의 상태가 전혀 없고, 낮은 곳의 삼각형과 높은 삼각형의 만남은 결코 있지 않다. 그러나 보통 사람도 [성교(性交) 등에서] 호흡이 낮은 중추로 내려가 낮은 삼각형에 가볍게 닿을 때, 성적인 근원에서 미묘한 즐거움을 경험할 수 있다. 그러나 **쿤달리니**가 상승한 **사마디** 속에 있는 **요기**에서 낮은 삼각형은 높은 삼각형을 만나기 위해 위로 움직인다.

우리가 잘 아는 대로, 처음에 **물라다라**에서 낮은 삼각형의 꼭짓점은 아래로 향하고 있지만, **요기**가 그 자신을 모을 때, 그것은 위쪽으로 향하게 된다.

이것은 **수슘나**의 흐름이 낮은 삼각형을 **브루**까지 운반한다는 것을 의미한다. 거기에서 두 삼각형은 뒤집어져 하나가 된다. **브라흐마란드라**에서 그것은 여섯 점의 모습, 육각형을 형성하는데, 그 중심으로 **빈두** 즉 <**쉬바**와 그의 **에너지**의 자동적인 일치를 위해 유일무이한 점>을 가진다. 이 상징은 사람이 어떻게 <그들의 분리될 수 없는 결합으로 형성된 육각형을 떠나는 것이 없이> 한 삼각형에서 다른 삼각형으로 이동할 수 있는지를 보여준다.

[**쉬바**와 그의 **에너지**의 자동적인 일치는 **삼푸타** 즉 "감싸는 것"으로, 그것은 현기증(**구르니**)을 일으킨다.]

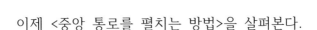

이제 <중앙 통로를 펼치는 방법>을 살펴본다.

꼬여진 형태로 우리 안에 감추어진 **쿤달리니**를 깨우기 위해, 어떤 **카울라**는 구체적인 수행을 하는 것을 개의치 않는다. 그러나 그 수행은 **하타 요가** 수행자가 사용하는 기법과는 공통점이 전혀 없다.

왜냐하면 **카울라**는 노력, 즉 <의지력을 강하게 하는 것>과 <호흡과 사정(射精)을 갑자기 멈추는 것> 등을 거부하기 때문이다.

그들의 순수하고 내적인 수행의 요지는, 그것들 각각이 특정한 양상의 영적인 **에너지 놀이**를 하는 것을 알지 못하면 파악할 수 없다. **<"하나"이면서 똑같은 우주적 힘>이 언설, 호흡, 생각, 진동과 또 다른 여러 현현으로 나타난다.** 그것은 <씨앗 문자(마트리카)>와 **쿤달리니**의 두 가지 측면으로, 마치 우주의 방사와 흡수처럼, 인간의 몸에서 작동하고 있다.

카시미르의 신비가들은 여러 가지 방법으로 중앙 통로를 꿰뚫는다. **<생각의 용해>, <샥티의 수축과 확장>, <바하의 단절**(프라나와 아파나의 멈춤)>과 **<시종점(始終點)의 명상>** 등.
프라탸비갸 흐리다얌 18절에서 다루었다. 여기서는 **<호흡(프라나)과 관련한 방법>**만을 다룬다.

호흡을 중지하는 일은 훈련으로 일어날 수 있다. 그것은 많은 경전에서 말하는 대로 호흡을 잡거나 늘이는 것 등을 포함하는데, 어떤 경전은 호흡의 휘젓기를 강조하고, 어떤 경전은 호흡을 <소리를

읊조리는 것>과 연합하는 것(웃차라)을 강조하는
등 여러 가지 형태의 집중이 있다.

이 모든 수행의 온전한 의미를 평가하기 위해서,
우리는 <호흡의 바로 그 **본질**>과 인도(印度)에서
그것에 주어진 중요한 위치를 알아야 한다.

인도의 "프라나"와 "프라나-샥티"라는 말의 뜻은
"**의식(意識)**", "**생명**", "**에너지**", "**호흡**", "들숨과
날숨" 등으로, 우리에게는 서로 다른 개념이지만
인도에서는 그 공통분모로 보인다. <의식적인 우주
에너지>로부터 <바로 우리 몸의 이 생명력>까지다.
그러니 그것의 성격은 그 말을 고려하는(생각하는)
수준에 따라 다르다.

**그것이 자신을 <들숨과 날숨의 쌍둥이 움직임>에
고정하자마자, 그것은 무의식적이 되고, 인식기관과
감각기관은 그것에 의존하게 된다.** 그다음 사람은
(곧) 전체적으로 <그것들(과)의 소원(疏遠)하게 하는
충동> 하에 있게 된다. 그렇지만 그런 무의식적일
때도 호흡 에너지는 **의식(意識)**에 멱을 감고 있다.
그러므로 **의식**은 그 <자동화 시스템>으로부터 자유
롭고, 더 미묘하고 정제된 것으로 만들 수 있어서,
이원성과 관련된 무의식은 차츰 물러나고 <생명의
호흡>이 순수 **의식**의 그 본성을 회복한다.

프라나가 보통 우리의 **몸**의 생명과 **호흡, 생각, 감각기관**의 생명을 취(取)하기 때문에, 그것에 대한 통제를 얻는 것은 곧 이들 모든 것에 대한 통제를 얻는 것이다.

이를 위한 여러 수행은 미묘함의 정도에서 다양하다. 이들 수행으로 호흡은 보통의 과정으로부터 떠난다. 보통의 날숨(**프라나**)은 가슴으로부터 시작해서 <코에서부터 열두 손가락 호흡의 거리>에서 끝나고, 또 들숨(**아파나**)은 그 외부로부터 가슴으로 움직인다.

[사실은, 가슴으로부터가 아니라 구근(球根)에서 시작하지만 우리는 그것을 알아채지 못한다.]

요기가 <그의 호흡을 그 근원이 되는 점에 유지하는 것으로> 숨이 쉬고 지지되는 이 <두 지점>을 알아채게 된다면 – 그것들이 쉬고 있는 허공에 – 그때 이 숨들은 내향화가 되고, 에너지로 충전되어 <중앙 통로(**수슘나 나디**)>로 급등하게 된다.

비갸나 바이라바는 말한다.

데비여!
숨이 들어와 나가기 전, 그 순간을 알라.

"본성이 <창조하는 일>인 **파라-데비**는 <내쉬는 숨>과 <들이마시는 숨>으로 나타난다. 마음을 그 두 생성점에 고정함으로써 <완전의 상태>가."

그 순간에 들숨과 날숨이, 보통은 균형(均衡)이 아닌데 (보통은, 인간의 호흡이 **이다**와 **핑갈라**에만 머문다.) 한 지점에서 안정되어 진정될 때, 서로를 중화하고, 교차점에서 균형이 되어 용해된다. 즉 <중앙 통로>에서 "평형(平衡, 동등, **사마나**)"으로 알려진 단일한 호흡으로 대체되기 위해 사라진다. 속에서 그것은 **열** 가지 중요한 **나디**를 가득 채우는 생명 **에너지**를 모은다.

<수직의 오르는 숨(**우다나**)>이 되면서, **에너지**는 빗나감이 없이 **쿤달리니**로서 상승한다.

호흡이 가슴으로부터 최고의 중추로 자동적으로 오를 때, 그것은 <편재(遍在)하는 숨(**비아나**)>으로 바뀐다.

[**찬도기야 우파니샤드**는 <수직의 숨(**우다나**)>과 천정(天頂, zenith)의 일치를 말한다. 제 6 장에서 다룬다.]

만약 우리가 다음에 무엇이 따를지 이해하기를 원한다면, 이런 것이 명심해야 할 것이다.

<꽉 찬 것(풍부함)**>과 <텅 빈 것**(허공)**>이 하나의 단일한 경험으로 섞이는데**, 왜냐하면 만약 요기가 들숨과 날숨인 두 극의 교차점에서 분화되지 않은 풍부함에 거하면, 에너지의 불확실성에서, 호흡의 자동적인 보유(정체)는 허공의 경험이 따르기 때문이다. **비갸나 바이라바**는 들숨과 날숨의 끝에서 두 가지 허공에 대한 수행을 꾸준히 할 것을 말한다. 이것은 중앙 통로에 있는 허공의 발견으로 이끌며, 그것을 통해 신성화된 **에너지**는 최고의 중추에서 **쉬바**와 연합한다. 거기에서 경이로운 핵심(**실재**)은 그 자신을 드러낸다.

비갸나 바이라바는 말한다.

숨이 나가고 들어오기 전, "그곳"을 느껴라.

"만약 호흡의 형태인 **에너지**가 들어가지도 나가지도 않는다면 – 최고의 중추에서 <이원성으로부터 자유로운 것>이 꽃필 때면 - 그것을 통해 절대적 핵심(**실재**)이 회복된다(드러난다)."

[시인 **카비르**는 "**중심**에 대하여"라는 장(章)에서 **<중간**(中間)**의 허공>**의 중요성을 노래한다. 그것은 모든 지지(支持)를 결여하기 때문이다.

"카비르, <중심(中心)에 선 그>는
즉시 존재계의 험한 바다를 건넜으니
거기는 극단에 매인 마음은 익사하는 곳이라
카비르, 이원성을 포기하고 단일성에 매여라
그것들은 고통의 근원과 또 평안의 근원이니
그 들이 다 곧 괴로움이라

불새는 <무한의 공간>에다 둥지를 트나니
땅과 또 하늘로부터도 알맞게 떨어져
항상 **중간(中間)**에 거(居)함이라
지지(支持)가 없음이 그 믿는 바니"

그러므로 그 (둥지를 트는) 나무는 <경계(境界)
없는 허공(虛空, 우주)>까지 치솟는다.]

<우다나의 불>이 내면화되고 바람직한 방향으로
돌려지자마자, 생각(비칼파)의 이원성은 용해되고,
그것은 **비아나** 즉 <우주적 생명>의 측면을 떠맡고,
<절대적 **실재(實在)**>의 접근을 준다.

그리고 또 <어떤 음소를 읊조리는 것으로 오는>
호흡 정지(보유)도 언급하자.
모음 <아(A)>의 아주 짧은 발음에서 - 코의 공명
이나 숨이 나가는 것 없이 - **처음 순간에 오로지**

집중하거나, 마음을 비사르가 즉 <공허에서 끝나는 미약한 기음(氣音, aḥ, ":"]>의 마지막 순간에 고정하거나, <모음 없는 자음>을 읊조린다면⋯⋯

이 모든 경우에서 <갑작스런 호흡의 정지>는 <(산만한) 생각의 정지>를 일으킬 수 있다. 그리고 그 이원성이 끝나자마자 남는 것은 <절대적 소리 (침묵)의 풍부함>, <(참) 지식(앎, **의식**)의 쏟아짐>, <무한한 평화>이다.

크세마라자는 그의 **프라탸비갸 흐리다얌** 18절의 주석에서 **갸나-가르바**를 인용한다.

마음이 조절된 사람의 <가슴의 연꽃>에서,
모음 없이 <카>를 발음하는 것으로
그의 두 나디의 흐름은
제어되고 고요할 것입니다.
그의 맹목(盲目)은 사라지고,
그의 지식(知識)은 싹틀 것입니다.

오, 세계의 어머니시여.
그것은 파슈에서라도
파라메샤성(性)을 낳기에 적합합니다.

<호흡 휘젓기(만타나)>

"요기는 그 몸을 <휘젓는 호흡>으로 가득 채우는 것으로 시작하고, 그다음 그것을 안에서 유지한다. 그는 보통 그것이 움직이는 관(管)의 바깥 위쪽으로 자연스럽게 흐르는 프라나(날숨)를 끌어당기며 그때 그것을 <중심 통로>로 들어가게 만들고 그리고 또 자연스럽게 아래로 흐르는 아파나(들숨)의 상승을 일으킨다. 마침내 프라나와 아파나는 중심 통로를 통해 상승한다."

아비나바굽타는 <호흡 휘젓기>를 두 아라니로 <희생(犧牲)의 불 일으키기(휘젓기)>와 비교한다.

"완전히 집중된 요기는 가슴에서 소마, 수리야, 아그니의 상호작용을 명상한다. 두 아라니의 마찰(摩擦, 휘젓기)을 통해, 그의 명상으로부터 <위대한 바이라바의 불>은 <수직의 숨(우다나)>의 형태로 불타오른다. 우다나는 <가슴의 희생의 화덕>에서 싹이 난다. <지고의 주체>와 동일한 이 <타오르는 불>과 함께, 그는 <아는 자>, <지식>, <알려지는 것>을 명상해야 한다. 그것은 삼위(三位)의 전체에 관한 것이다."

[**아라니**는 <다른 것 속에서 도는, 속이 빈 나무 막대기>로, **샤미** 나뭇조각으로, 마찰(摩擦)의 열로 희생의 불을 지피는 데 쓴다.]

마치 **들숨과 날숨이 <중앙 통로>로 들어가듯이, 요기는 온 힘을 <의식의 불>에 집중해야 한다.** 즉 <에너지로 가득한 그 **주체**>에 말이다. 그는 내면화되고, 그다음 <에너지의 - 지고든, 지고가 아니든, 그 중간이든(**파라, 아파라, 파라-아파라**) - 삼위>와 함께 호흡의 삼위를 혼합한다.

희생의 불 두 막대기는 **비사르가**의 두 점에 상응한다. 그것은 <지고한 진동의 형태(스푸랏타)>에서 <**지복**의 에너지(아난다 샥티)>와 또 이 세상에서 내보이는 <**행위**의 에너지(크리야 샥티)>이다.

쉬바 수트라 2장 3절 "**지식의 정수(精髓)인 그 무엇이 만트라의 비밀**"의 주석에서, **크세마라자**는 <공기와 **불**과 또 알맞은 태도를 통해> 쿤달리니를 더 활발하게 할 목적으로 어떤 수행을 언급한다.

그때 그는 <**쉬바**의 상징>이자 <정력이 집중된 점(點)>, 빈두로 휘저어질 때, 쿤달리니가 깨어나는 생생한 이미지를 묘사하는 **탄트라-사드바와**의 한 구절을 인용한다.

"<미묘하고 지고한 에너지(파라 샥티)>,
뱀인 양 똬리 틀고 잠자고 있고나

그 몸속에 달과 해, 열넷 세계(모음)뿐 아니라
저 한 점(點) 빈두를 감싸 품고 있으나
중독(中毒)된 자처럼 감각이 없구나

그녀……
그 <몸속의 빈두> 곧 쉬바로 휘저어질 때
지식 가득한 공명(共鳴)으로 깨어나리니

이 <휘젓는 일>,
눈부신 불꽃(빈두) 어른거리기까지
몸속(자궁)에서 끊임없이 소용돌이쳐야 하리
저 <미묘한 에너지(쿤달리니)> 오르듯……"

<가슴 빈두>는 쉬바, 생명력, 일반적인 힘이고,
특별하게는 <만트라의 힘>이다. 쿤달리니는 샥티
이다. 그들의 통일되는 마찰로부터 소리 에너지의
여러 가지 면이 나온다.

그녀의 의식을 회복하기 위해, 에너지는 경전이
말하듯이 "소용돌이치는 힘으로 휘저어져야 한다."
<브라마-베가>에서 베가는 빠르고 힘찬 움직임을
말하고, 브라마는 소용돌이를 나타낸다. 다른 말로,

<이원적인 생각을 죽이기 위해> 여기서는 맹목적인 힘이 필요하다! 그리고 이런 식으로 <비칼파로부터 자유로운, 본래의 스판다>를 회복한다. (<성행위의 경험>으로, 잘 살펴보고 또 돌이켜보라.)

그런 진동은 그 효능이 그것의 극(極)한 활기로 인한 것이어서, 그것은 <모든 구별 너머, 형언할 수 없고, 분화되지 않은 에너지>의 **전체성**(全體性)을 아우른다.

그래서 **그런 휘젓기가 강렬하고 맹목적인 욕망에 의해 계속해서 있게 되면**, 그것은 <(시각적) 이미지 혹은 느낌이 없이>, <결과에 집착하는 것이 없이> - 즉 **생각이 없이** - **있(게 한)다**. 왜냐하면 잠깐의 의심(생각)이라도 <꼬여진 것(뱀)>이 깨어나는 데는 방해물이 되기 때문이다.

이 휘젓기는, **쿤달리니**가 상승할 때 소리와 의미 사이의 모든 구별이 사라졌듯이, <순수한 지식의 고동(니나다)>과 더불어 **요기**에게 인식될 수 있는 번쩍임(**불꽃**)을 낳는다. **요기는 빈두**, **정력적인 힘 때문에 자신 안에 풍부한 생명을 느낀다**. 그것은 <꼬여진 것> 안에 위로 오르는 에너지로 현존하고, 그녀가 완전히 설(직립할) 때까지 그녀를 휘젓는다. 그리고 그녀는 상승을 시작한다.

아비나바굽타는 탄트라 알로카 7장 3-22절에서 쿤달리니의 상승을 <느려지는 호흡>의 수행과 관련 짓는다. 그러나 하타 요가의 그런 유사한 수행과 비교하여 트리카의 탁월성은 명확하게 될 것이다.

하타 요가가 바퀴(차크라)에 집중하는 것을 추천하는 반면에, 트리카는 호흡에만 집중하도록 한다. 바퀴(중추)의 자극이란 자동적으로 <정화된 호흡의 움직임>을 따르기 때문이다. 마치 **소로 물방아를 돌려 논밭에 물을 대는 저 농부처럼**, 그는 물방아 바퀴를 돌리는 **소**에만 관심이 있을 뿐, 물방아의 물받이에 물이 채워지거나 비워지는 것에 대해서는 걱정하지 않는다. 똑같이 **오로지 <호흡에 집중하는 일>은** 중추(바퀴)와 관련된 경험의 자동적인 연속을 유발하는 데 충분하다. 그것은 중추를 통해 흐르는 의식적인 에너지에 비례한다. 이 일을 위해 **요기는 호흡하는 시간을 길게 하는 것으로** 서서히 호흡의 수를 줄인다. 그의 **호흡이 아주 미묘하게 되었을 때,** 그는 모든 중추에서 다양한 감각을 경험한다.

(탄트라 사라 제 6 장 <외적인 수행>에서 자세히 다룬다.)

☯

카시미르의 랄라는 <호흡 조절과 또 쿤달리니와 관련된 수행>을 생생한 이미지로 노래한다.

마음의 고삐 바짝 당기고
열 나디로 흐르는 그 생명을 늘렸다.

그때 초승달 넥타는 흘러내려
내 온 존재로 퍼지고
허공(虛空)이 허공으로 녹아들었다.

브라흐마란드라의 달은 시원한 넥타를 추출하고, 쿤달리니가 상승하여 꼭대기에 도달할 때, 허공 즉 <모든 비칼파로부터 자유로운 상태>를 얻는다.

37 절은 <숨을 잘 통제하는 사람>은 굶주림이나 갈증을 더 이상 느끼지 않는 것을 말한다.

일부 불명료한 연(聯)은 요기가 경험한 열(熱)을 암시한다. 랄라는 궁금하다.

두 가지 숨이 있어
둘 다 <구근(球根) 도시>에서 일어나누나.
그런데
왜 하(hah)는 차갑고, 하(hāh)는 뜨거운가?

그녀는 답한다.

배꼽 영역은 원래 불처럼 뜨거우니
거기서 생기(生氣) 나아가 목으로 오르고
[그리고 입에서 하(hāh)로 나오며]
브라흐마란드라에서부터 흐르는 강(江)을 만나니
[그것이 입에서 하(hah)로 나오니]
하(hah)는 차갑고, 하(hāh)는 뜨겁구나!

    <두 가지 숨>이 구근으로부터 온다고 하더라도 들숨은 차가운 반면, 날숨은 뜨겁다. 두 가지 숨이 갑자기 만날 때, 브라흐마란드라의 **달**이 차가움의 근원이기 때문에, 뜨거운 것은 차가워진다.

    랄라는 두 번이나 대장장이가 다루고 통제하는 **풀무**를 언급한다. 요기는 <그의 **프라나**를 조절하는 동안> 공기로 "**허파 풀무**"를 채워야 한다.

숨으로 **풀무**를 채워라
대장장이가 하듯이
그러면 쇠는 금(金)으로 바뀌리니
이제 새벽이니, **친구**(親舊)를 찾아라.

    4절에서 **풀무**는 찬양과 지식의 **등불**을 밝히는 데 사용된다. 그리고 그 희미한 빛, 순수하게 내적인 것이 그녀의 존재 전체를 채운다.

천천히, 천천히 **풀무**의 숨을 멈추고
내 안에 (지식의) **등(燈)불** 지피니
진정한 나의 **본성** 내게 드러났도다.

내면의 빛을 밖에서 키질하여
어둠에서 (진리를) 붙잡을 수 있었고
아주 단단히 잡았노라.

다른 연에서 **낮**은 **날숨**, **밤**은 **들숨**에 비유한다.

낮은 지나고 **밤**이 올 것이라
땅의 거죽은 하늘로 확장되리니
새 **달**의 날에, **달**은 월식(月蝕)의 악마를 삼킨다.
<생각의 기관>에 있는 **얼나**의 조명(照明)이
쉬바에 대한 참된 예배(禮拜)라.

라후, 즉 <해와 달을 삼키는 일식(日蝕), **월식의
악마>는** 한정된 **주체**를 나타내는 반면, <**빛나는
달>**은 **최고의 주체**이다. 그는 낮과 밤의 교차점에
머물며, 그때 거기서 **라후**를 삼킨다. 달의 **넥타**를
삼킨 <**무지(無知)의 악마>**는 <**브라흐마란드라의
달>**이 조명하는 **지고의 주체**에 의해 그의 차례에서
"잡아먹힌다." 그다음 모든 환영의 구별과 한계는
사라지고, 하늘과 땅이 하나가 된다.

랄라는 다른 연에서 선언한다.

내 생각의 말(馬)은 내 가슴의 하늘을
눈 깜짝할 새 구만리(九萬里)를 달리누나.
현자는 안팎 생기 바퀴로 어거(馭車)할 줄 아나니
자기실현의 말고삐로 말을 장악하노라.

　　마지막 두 줄을 다르게 읽으면,

말고삐로 말을 모는 방법을 모르면
안팎 생기의 마차 바퀴 산산조각나리라.

　　랄라는, **옴 만트라**의 도움과 더불어, **쿤달리니**의
상승과 관련이 있는 <배꼽 중추>에 집중하는 것을
지지한다. **사하자 쿰바카** 즉 <자동적인 호흡 정지>
동안, 생각은 **쉬바** 속으로 흡수된다.

배꼽에서 오르는 과정에 꾸준한 자는
옴(ॐ) 말고는 달리 아무 것도 없지만
쿰바카는 브라흐마란드라까지 다리를 놓는구나
마음에 오직 하나의 만트라를 지니나니
천 개의 만트라가 무슨 유익이겠는가?

　　[<다리를 놓는 일>은 앞의 **브루-크쉐파**를 보라.]

사실 프라나바 "옴"은 <전체(全體)>로 취(取)해 그 만트라 안에 포함된 모든 덕목을 부여받았다. 랄라는 말한다.

프라나바(옴)의 도움으로
랄라는 자신 속으로 흡수되고
<영혼의 빛>과 연합하여
죽음의 두려움이 사라졌노라.

그녀는 또한 호흡에 대한 <옴의 지고의 능력>을 노래한다.

몸의 모든 문(門) 닫고
도둑인 프라나, 잡아 가두었다.
가슴의 방안에 단단히 묶고
옴이라는 채찍으로 세차게 때렸다.

옴과 하나 되었을 때
내 몸은 몸서리치는 석탄(石炭)불이 되었다.
여섯 교차로(交叉路) 뒤로 하고
<곧은 참 길>로 들어섰다.

그리고 나, 랄라
빛의 안식처(安息處)에 이르렀노라.

[초기 **우파니샤드** 중 가장 늦은 것인 **마이트리 우파니샤드**는, 최고의 **요가**는 <호흡과 음절 옴과 (이 세상) 모든 것의 결합>이라고 말한다(6:25).

쿤달리니에 대한 암시는 21절에서 더 분명하게 드러난다.

"'**수슘나**'라는 기도(氣道)가 있어 호흡이 오르고, 입천장(탈루)을 관통한다. **수슘나**가 호흡, 음절 **옴**, 생각(마음)과 결합할 때, 사람은 위로 올라가도다.

혀를 입천장 쪽으로 젖혀, 감각기관을 통일하고, **신**(神)이 **신**을 명상한다면, 거기엔 더 이상 자아란 없고, **절대**(絶對)가 드러나리니."

27절에서 비교(秘敎)의 핵심을 다음과 같이 압축한다.

"<**가슴**의 공간>, <보물>, <**지복**인 **지고**(至高)의 거주지>, 그곳이 곧 우리 자신이며, 우리의 **요가**(의 목적)이고, 또 불과 해의 광채(光彩)로라."

그래서 7장 11절은 말한다.

"진실로 <**가슴**의 공간>의 에테르('**카**')의 핵심적 형태는 <불과 해, 그리고 호흡>의 세 가지로 나타나는 <지고의 광채>라.

음절 '**옴**'은 <**가슴**의 공간>의 에테르의 핵심적 형태라, 그것을 통해 이 광채가 심연(深淵)으로부터 나타나고, 상승하고, 숨을 쉬노니, 진실로 여기에 **브라흐만**을 명상하는 영원한 기반(基盤)이 있노라.

이 광채는 숨 쉬는 자 안에 <빛이 내뿜는 열기>로 거하나니, <수많은 가지를 가진 큰 나무처럼> 하늘로 (열기가) 연기처럼 솟구치노니,

그것은 물속에 넣은 소금과 같고, 끓는 **버터기름** 속의 열기와 같고, <명상하는 자의 의식의 확장>과 같도다.

그런데 왜 그것을 섬광(閃光)이라고 하는가? 두루 번쩍거리기 때문이라, 온 몸을 비추느니라.

이것이 음절 **옴**으로, 이 <지혜의 힘>을 예배해야 할 이유이니라."]

랄라는 **옴**을 <(그녀의) 가슴에 거(居)하는 불멸의 자동적인 소리(**아나하타**)>와 동일시한다.

<방해받지 않는 **소리**>,
<절대적 공허의 **원리**>,
그의 거처는 **공**(空)이라
이름도, 색깔도, 족보도, 형태도 없으니
소리와 점(點)으로 자신을 자신에게 반영하노라
그것 홀로 **그**에게로 오를 **신**(神)이라

진실로 **그**는, <침묵의 **만트라**> 그 "**나**(아함)"에
초점을 맞추어 <**빈두**(점)>, <**나다**(**소리**)와 하나인
쉬바>, <행위 안에 있는 의식적인 **에너지**>를 인식
할 때 깨어난다. **그**는 원하는 바에 따라 다스린다.

랄라는 다시 말한다.

<**브라흐마란드라**를 성소(聖所)로 아는 자>는,
<(가슴에서 일어나) 코에서 호흡으로 태어나는
'방해받지 않는 **소리**(아나하타)'를 아는 자>는
자신에 대한 망상(妄想)을 떨치고
자신을 **신**(神)으로 여기노라.
그러므로 달리 누구에게 예배하겠는가!

랄라의 <원초적 소리>와 **옴** 음절에 대한 암시는
스왓찬다 탄트라 같은 고대의 **탄트라**의 빛 안에서
이해될 수 있다. 우리는 나중에 **호흡, 소리, 진동**이
자동적으로 내향화하고 **진정되는** 동안, <에너지의
정화의 단계>를 자세히 다룰 것이다.

[비갸나 바이라바의 방편 중 "**귀를 막고 항문을
수축시켜 소리 중의 소리 속으로 들어가라.**" 등이
그런 것이다.]

여기에 **아**(a)에서 **비사르가**(aḥ, ":")까지의 열두 음소와 관련이 있는 <**쿤달리니의 열두 움직임**>에 대한 간략한 개요가 있다. 그것들은 **옴**을 읊조리는 동안 생명의 호흡과 더불어 올라가며, **함사-웃차라** 즉 <몸 안에 생명을 불어넣는 호흡의 내적인 충동>으로 찬양받는다. (**쉬바 수트라** 등에서 다루었다.)

처음 세 단계는, **쿤달리니**가 중앙 통로를 통해 오르듯이, **옴**(ॐ, **AUM**)의 세 음소를 읊조리는 것과 관련 있다. **A**는 가슴(배)에, **U**는 목(가슴)에, **M**은 입천장에 위치한다.

빈두 즉 <두 눈썹 사이의 빛나는 점>은 앞이마의 중간에 도달하여 반달(**아르다 찬드라**)로 변한다. 그 다음 <막는 것(**니로디니**, **니로디카**)>으로 알려진 에너지와 <내적이고, 소리가 없는 공명(**아나하타 나다**)>이 뒤따르는데, 그것은 앞이마 중간으로부터 정수리까지 확장된다. 그 **나다**가 끝난 뒤 <훨씬 더 미묘한 공명(**나단타**)>이 일어나는데, 그것은 **브라 흐마란드라**에 거한다. 그것 너머에 <순수한 에너지 (**샥티**)가 있으며, 더 이상 육체적 과정이 아니다. <(모든 곳에) 편재(遍在)하는 에너지(**비아피니**)>가 뒤를 따른다. 그다음 육체적 제한이 사라지면, **쿤달 리니**는 우주 전체를 채운다.

<동요하지 않는, 평형(平衡)의(사마나) 에너지>와 함께, 이전(以前)의 단계는 녹고, 시공간의 장애는 사라진다. 따라서 요기는 초자연적 힘을 경험한다.

쿤달리니의 상승은 <정신적인 상황이, 즉 생각이 자유로운(운마나) 에너지>가 선행하는 열한 가지 움직임을 초월하고, <완전히 독립적인 에너지(스와 **탄트리야 샥티**, **절대 자유**라는 힘)>와 하나가 되자 마자 완성된다.

☯

에너지를 강화하고 또 중추(**바퀴**)를 깨우는 다른 방법은 여전히 있다. 그 모든 것은 진동(스판다)에 기반을 두고 있으며, 요기의 몸의 작업에서 미묘한 에너지를 진동하게 하는 경향이 있다. 잘 알려진 **요가 수트라**의 **아슈탕가**는 우리가 다루는 주제가 아니지만, **크세마라자**를 따라 그 신비스런 성격의 깨달음은 언급할 것이다.

"중앙 통로가 펼쳐지는 것과 **의식**의 지복을 얻는 것이 목표인 **바와나**, 그것은 **은혜로 되는** 신성의 핵심에 침투할 수 없는 사람들에게만 관련된다."

<사마디(흡수)> 혹은 <사마베샤(침투, 융합)>로 알려진, 아니면 <사마팟티(우주 의식과의 조화)>로 알려진 것에 자신을 헌신해야만 하는 자들에게만 말이다.

이와 관련해 **아비나바굽타**는 "<**호흡 막대 수행** (**프라나-단다-프라요가**)>"으로 알려진 아주 중요한 방법을 기술한다.

2. 프라나 쿤달리니 - "숨 뱀"

<"소" 만트라와 호흡 막대 수행>

"소(Sauḥ)"는 <가슴의 씨앗(흐리다야 비자)> 즉 <가슴 만트라>로 지고의 <나인 무엇(I-ness)>이다. 그것은 <만트라의 근원(만트라-비랴)을 알기 위해 활성화되는 에너지>이다. 그것을 통해 사람은 근원, <우주적인 가슴과 그것의 리듬>으로 돌아간다.

거기서는 <분화되지 않고 평온(平穩)한 우주>가 <활기찬(고동치는) 가슴>으로 실제로 인식된다.

<지고의 (창조하는) 씨앗(파라-비자)>은 그러하여, 평화(고요, 정지)와 출현을 결합하는 <바이라바의 가슴>의 상징이다. 그것은, 본래의 진동의 순간에 <바이라바의 내면화된 의식>과 동일시된 에너지가 (최고의) 지복의 암브로시아의 순전한 즐거움일 때, 우주로서 전개되고, 모든 것에 편재(마하-비압티)를 허용한다. 시공간의 제한에서 자유로운 이 불변의 지복은 항존(恒存)하는 창조성(神)과 하나이다.

["소" 만트라는 파라 트리쉬카에서 다룬 것이고, <호흡 막대 수행(이론)은> 다음 그림을 참조하라.]

168

< 호흡 막대 수행 >

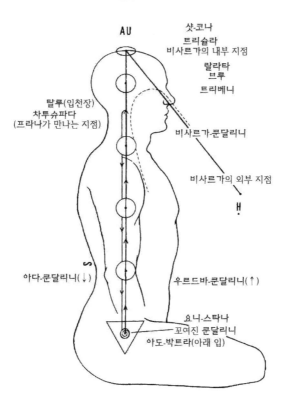

<소(Sauḥ) 만트라>

우주적 드와다샨타(천 개 바퀴살)

AU

샷-코나
트리슐라
비사르가의 내부 지점
랄라타
브루
트리베니

탈루(입천장)
차투슈파다
(프라나가 만나는 지점)

비사르가-쿤달리니

비사르가의 외부 지점

H

아다-쿤달리니(↓)

우르드바-쿤달리니(↑)

요니-스타나
꼬여진 쿤달리니
아도-박트라(아래 입)

<호흡하는 일>에 **주의(注意)**를 기울인다면,
<숨 쉬는 일>을 <**알아채는 일**>로 수행한다면
<**죽음의 비밀**>을 알 수 있을지도 모른다.

탄트라 알로카 5장에서 **아비나바굽타**는 <**호흡과 음소("소")와 쿤달리니**의 상승과 관련한 세 가지의 전체적 융합>이 어떻게 <**호흡 막대 수행**>을 통해 성취되는지를 기술한다.

"<**호흡 막대 수행**>으로, 들숨과 날숨이 고르게 될 때, 현명한 사람은 <**람비카**(목젖)에 있는 **넥타**('S' 또는 **암리타**)의 영역>으로 대피하라. 그것은 네거리의 교차점에 (위치한) 연꽃 위에서 쉰다.
[<넥타의 영역> 안에서 **전체**(全體)가 빛난다.]

<세 가지 통로가 만나는 삼지창(三枝槍) 단계>에 도달하면서, **의지**, **지식**, **행위**의 에너지가 녹는 점, 'au'에서 평형의 상태 속으로 들어가라.

거기 **우르드바 쿤달리니**(상승된 에너지)의 단계에서, **비사르가**(ḥ) 즉 <'내면화된 진동'으로 꾸며져 두 점(點)으로 된 창조(放射)>가 발견된다. 현명한 사람은 <물고기의 배(腹)>를 닮은 이 **비사르가**에서 쉬라.

암탕나귀 암말이 성기(性器)를 늘이고 조이며
그 **가슴**의 기쁨을 오롯이 경험(經驗)하듯,
비라와 요기니 그 둘의 성교(性交)에는

지고의 기쁨으로 가득한 <수슘나의 가슴>이,
<스리슈티 비자 '소'의 확장과 수축이
동시(同時)로 펄떡이는 그 가슴>이 있나니
그것을 그리며 명상(冥想)할지어다.

이 <지고의 가슴(비자 Sauḥ)> 거기서는 <위대한
뿌리의 지지 S>, <삼지창 au>, <창조 ḥ>가 하나가
되나니, 우주적 풍부함(神)을 통해 쉼을 얻는다."

이것이 <지고의 주체>가, 우주의 모든 대상들로
가득 차는 동안, 조용히 즐기는 곳이다. 그가 그것
들을 자신 안에 흡수하든 분화된 것으로 현현하든
말이다.

만약 각성(覺醒)과 <순수한 알아채는 일>이 쿤달
리니의 자발적인 상승에서 유일한 필요조건이라면,
<호흡이라는 "막대"를 이용하는 수행법>은 <개체
혹은 행위의 방편(아나보파야)>을 따르는 사람에게
좋다. 그것은 "프라나-단다-프라요가"라고 하는데,
잠깐 동안에 <호흡으로 만들어진 쿤달리니(프라나
쿤달리니, "숨 뱀")>가 단단해지기 때문이다.

자야라타는 이렇게 말한다.

"막대기로 **뱀**을 치면, **뱀은 막대처럼 뻣뻣해진다.** 이것이 **쿤달리니**가 스승에 의해 자극을 받았을 때 **쿤달리니**를 인식해야 하는 방법이다."

이제 막 호흡을 하려고 할 때 어떤 기복(起伏)의 움직임을 피하면서, 숨을 <신성의 길(**수슘나** 혹은 **비슈밧**)>로 끌기 위해, **요기**는 내적인 것과 외적인 것에서 방향을 틀어 <호흡의 사선(斜線)의 과정>을 멈춘다. 숨을 들이마시거나 내쉬지 않도록 하면서, 그는 <항문의 근육(괄약근)>을 **빠르게 연속적으로 수축하고 또 확장한다.**

들어가거나 나올 수 없는 숨은 잠시 동안 중앙 통로의 입구인 람비카 또는 탈루에 머문다. 그리고 단 한 방향의 움직임으로 즉시 **뻣뻣해진다.**

탈루는 <생명을 부여하는 넥타(암리타)의 자리> 또는 <지고의 씨앗 "소(Sauḥ)"의 S>로 나타난다.

그다음 **쿤달리니**가 세 **나디**가 만나는 지점인 <삼지창 영역(**트리슐라-부미**)>에 도달할 때, **요기**는 **의지, 지식, 행위**의 에너지가 균형인 것(평형)으로 경험한다. 이것이 <"소" 만트라의 au>로, 삼지창이 상징이다.

다른 말로, 세 에너지는 <나디의 수용처>를 - 삼지창이라고 하는 만나는 지점 - 통과해 **브라흐마 란드라**에서 조화를 이루게 된다. **지복**의 영역으로 거기에서 **요기**는 온전히 자발적인 방식의 **에너지**의 **수축**과 **확장**을 즐긴다. 이런 상태를 "평형에서의 활동의 에너지(사마나의 **크리야 샥티**, 無爲之爲)" 라고 한다. 그런 활동은 어떤 시간적인 과정과는 독립적이어서, <**얼나**를 **알아채는 일**(**참나 각성**)>의 초기의 휘젓기로서 나타난다. **요기**가 우주의 방사, 흡수의 (움직임의) 근원에 거하기 때문에, **마쵸다리 마타**로 찬양하는 상태이다. 왜냐하면 그것은 <**끊임 없이 저절로 수축**하고 **확장**하는 물고기 배(腹)>에 비교될 만하기 때문이다.

이 지복의 영역은, **수슘나**처럼, <성적인 경험>과 어느 정도 관련이 있다. 성기관은 **요기**에게 있어서, <**쉬바와 에너지**>, <주체와 대상>, <씨앗과 자궁>의 온전한 일치를 수반하는 친밀한 결합을 전도(傳導) 하는 것과 유사한 **수축**과 **확장**을 겪는다. 최고의 **지복**(至福, **환희**)과 **의식**(意識)이 비롯되는 것은 이 일치(一致, **하나가 되는 일**)로부터다.

au와 함께 요기는, **브루-마드야**에서 **사마나**까지 미묘한 **에너지**가 도달하는 단계와 일치하여 펼치는

<경계 없는 **쿤달리니**>를 반복적으로 갖는다. 만약 <공명(共鳴)의 끝(**나단타**)>에서 머리 정수리에 있는 <내부의 **드와다샨타**>에 들어가면, **요기**는 **구르니** 즉 <현기증 혹은 빙빙 도는 것 같은 상태>를 경험하며, 그 순간 <**참나 의식**>에서 <**우주 의식**>으로 바뀐다. 성취한 순수한 에너지는 더 이상 중추에 속하지 않는데, **요기**가 몸을 초월했기 때문이다.

여기서 <세 가지 수준의 **에너지**>가 <상승했는지(**우르드바**), 조용한지(**샨타**), 완전히 조용한지(**프라-샨타**)>에 따라 구분이 된다. 후자는 **우르드바 쿤달리니**의 원래의 양상으로, 그 안에서 우주는 아직도 전개되지 않고, 씨앗의 형태로 있다.

<모든 것에 편재(遍在)하는 **에너지(비아피니)**>는, 가리어지지도 제한적이지도 않은데, 세계 전체에 현현하며, <**거대한 허공(마하-순야)**>일 뿐만 아니라 <**열여섯 번째 칼라**>에 해당한다. **요기**는 그 안에서 모든 세속적인 활동을 하더라도, 마치 <책(冊)이나 강론에 깊이 빠져 있는, 유능한 사람>이 <읽는 것>이나 <말하는 것>을 멈추지 않고도 그들 위에 기어오르는 개미나 날벌레를 가볍게 털어내는 것처럼, 그렇게 반응한다.

그 에너지를 갖는 동안, **요기**는 초능력(超能力)을 즐긴다. 상승의 완성으로 <우주에 내재한 것처럼 보이는 **쿤달리니** 때문에>, 그는 **우주 의식** 속으로 들어간다. 이 단계에서 <평형의 에너지(사마나)>가 열매를 맺는다. **모든 것이 고요하며(정지되어 있고), 시간은 더 이상 없다.** 왜냐하면 그러한 에너지는 시간과 공간 너머이기 때문이다.

[이때 스승은 즉시 제자의 의식 속으로 들어가 원하는 바를 할 수 있다. 앞으로 **베다-딕샤**를 다룰 때 볼 것이지만, 그의 중추를 열거나 **쿤달리니**의 상승을 일으킬 수 있다.]

<(물질적 요소로부터 최고 수준까지) 우주의 모든 범주>는 "**아트마-비압티**"라고 부르는 **얼나** 속으로 용해되어, 우주 전체가 <그 자신의 **핵심**(核心)에서 쉬고 있는 **요기**>의 **참나(얼나)**에 거한다. 거기에서 <마지막 단계>로 끝이 날 <평형(평등)의 과정>이 시작된다.

<비사르가(ḥ, ":"), 운마나 및 크라마 무드라>

<에너지의 최고>인 **운마나**는 **우리의 묘사 너머 다.** 그것은 생각과 그 규준을 초월하고, <분화되지

않은 우주>를 감싸는 <지고의 **가슴**>, <요기니의 **가슴**>이다. <**열일곱 번째 칼라**>로, 그것은 **쉬바**가 자신의 창조적 능력을 보유한다고 하더라도 <창조하지 않은 온전한 평형>과 관련이 있다. 거기에서 전지와 전능의 특질을 동시적으로 얻는다.

마지막 단계는 <**신성**의 편재(**쉬바-비압티**)>라고 하며, **얼나**는 **쉬바** 속으로 용해되고, **쉬바**는 "**마하-비압티**"라는 이 <총체적이고 전체적인 융합>에서 "**홀로**(alone=all+one)" 남는다.

"**지복의 흐름**" 혹은 <삼지창의 세 에너지 사이의 조화에 내재된 두 움직임의 방사>로서 **비사르가**는, 지고의 **드와다샨타**의 <항상 활동적인 **비사르가**>로 나타난다. 그것은 <철수와 확장의 (두) 움직임>을 **전체성**과 **동시성**으로 가지고 있다. **요기**는 자신의 편에서는 어떤 노력도 없이 내적으로나 외적으로 에너지의 철수와 확장을 경험함으로써 두 극단의 조화를 되찾는다. 에너지는 세 가지 수준, <낮은 중추(**물라다라**)>, <입천장(**탈루**)>, <높은 중추(**브라흐마란드라**)>에서 평형을 이룬다.

그곳에서 **쿤달리니**의 상승이 끝난다.

[**요기**는 여기서 즉시 **사마타**와 **트리슐라**를 감지(感知)해야 한다.]

아비나바굽타는 이와 관련해, <진동의 수용처가 그 수용처 안에 감싸인 우주와 동시에 진동할 때>, 이 방사(토출)는 상승된 **쿤달리니**의 영역에서 더해진다고 한다. 철수와 확장은 **크라마 무드라** 동안에 서로 자동적으로 따르고, 내부와 외부 모두가 모든 활동 중에 함께 진동하므로, 빈두에 의해 두 점은 압착되고 결합되어, 마침내 <**하나**>가 된다.

이 교번(交番)의 자동적인 움직임이 확립될 때, 요기는 즉시 사마디로 드나들 수 있다. 그런 것이 **우르드바 쿤달리니** 혹은 "비사르가 쿤달리니"의 열매이다. 그녀가 모든 세속적인 활동 속에 거하자마자 (그런 이름으로) 부르는 것처럼 말이다. <비사르가의 넥타>가 **의식(意識)의 불** 속에 쏟아지고, 감각기관 등이 완전한 만족을 회복할 때, **지복**은 우주적이 된다. 실제로 우주 자체는 <우리를 통해 또 그것을 통해 흐르는> **의식(意識)**의 넥타로 가득차 있다.

이것이 **파라-비자** 즉 <"베일 벗은 **가슴**"을 구성하는 세 음소의 결합> "소(Sauḥ)"가 작동하는 방식이다. 거기에서 <우주가 **얼나** 속으로, 또 **얼나**가 우주 속으로 침투하였듯이> 융합은 완성된다. **이 가슴 안에서, 참으로, <궁극적이고 영원한 쉼>이 성취된다.**

우주가 <분화되지 않은 **의식**(意識)> 안에 잠기기 때문에, **요**기는 지고의 <**나인 무엇**>을 경험하고, 모든 것이 **우르드바-쿤달리니-부미**에 잠기자마자 <우주적인 **가슴**>을 발견한다. 이후로는 아무것도 <**의식의 빛**(프라카샤)>에서 분리되어 있지 않다.

<쿤달리니의 깨어남과 펼쳐짐을 위한 방편>으로 <"소(Sauḥ)"와 관련된 두 가지 이론>이 있다.

1) 첫 번째 (수행) 이론

S, 생명 에너지는 **아다-쿤달리니**로서 탈루에서 **물라다라**로 아래로 흐른다.
au, 생명 에너지는 **우르드바-쿤달리니**로서 탈루에서 **브라흐마란드라**로 오른다.
ḥ(비사르가), 생명 에너지는 **비사르가-쿤달리니**로서 우주의 모든 활동에 거한다. 이것은 <최고의 **드와다샨타**>이다.

2) 두 번째 (수행) 이론

S, <에너지의 하강과 상승>, <**아다 쿤달리니**와 **우르드바 쿤달리니**>이다. 후자는 **나다**에서 **사마나**까지 확장하는 에너지를 포함한다.

178

au, 삼지창(三枝槍, 트리슐라)이다. 사마나에서 브라흐마란드라 내의 세 에너지의 조화를 말한다. 요기는 **얼나**를 깨달지만(아트마-비얍티) <우주적인 쉬바(쉬바-비얍티)>는 아니다.

ḥ(비사르가)는 우르드바-쿤달리니-부미이고, 또 크라마 무드라 사마타의 열매이고, 운마나 안에 있고 <최고의 드와다샨타>이다. 아트마-비얍티에는 쉬바-비얍티가 따른다.

우르드바-가미니, 즉 <상승된 것>은 한편으로는 <창조적인 방사(放射) - "에너지의 폭발">과 다른 한편으로는 <**쉬바**에 특유한 흡수(吸收)>의 교차점 이다. 그것에 자발적으로 참여하는 **요기**는 <세상을 방출(放出)하고 철수하는 **신성의 놀이**>에 자신을 내맡긴다.

이제 호흡 수련과 관련된 **쿤달리니**의 움직임을 다룬다.

[우리는 **파라 트리쉬카**에서 세 가지 **쿤달리니**를 다루었다.]

"**쉬바**의 최고의 창조적 에너지인 **파라 샥티**가, 창조적이지만 아직 기능하고 있지 않을 때, 그녀는 잠자는 뱀처럼 세 바퀴 반을 똬리를 틀고 있는데, ① **샥티 쿤달리니**('**힘 뱀**')라고 부른다.

그녀가 생명으로 현현하기 위해 외부로 향할 때, 그녀를 ② **프라나 쿤달리니**('**숨 뱀**')라고 하며, 이 단계에서 **삼빗**(**의식**)은 프라나(**생명**, **호흡**) 속으로 전이(轉移)된다. 이 프라나 쿤달리니는 '살아 있는' 모든 것에 있다.

생명에서 **의식**으로 되돌아가는 역방향의 움직임에서 그녀가 **의식**이라는 본래의 형태를 떠맡을 때, 그녀는 ③ **파라 쿤달리니**('**바탕 뱀**')라고 부른다. 이 단계에서 <나>와 <세상>과의, 혹은 <참나>와 <참나가 아닌 것>과의 <합일-의식>이라는 기쁨이 있다. 모든 것이 <**나**의 한 형태>로 보인다."

<**쉬바**의 바로 그 **가슴**(핵심)>, **파라 쿤달리니**는 경험될 수 없다. 그래서 미지(未知)인 채로 남는다. 위대한 **요기**라도 기껏 **샥티 쿤달리니**의 일별만을 가진다. **파라 쿤달리니**는 죽음 후에만 경험된다.

의식(칫) **쿤달리니**는 지고의 에너지와는 다르다. <지고의 에너지>에서, 그녀는 <완전히 무관심하고

또 항상 집중된 **요기**>에 의해 인식된다.

이런 **요기**는 어떤 방편도 따르지 않기에, 그는 **아누파야**에 있다.

교차점에서 확고히 자리 잡아, 그는 모든 세속적 욕망으로부터 자유롭다. 그의 생명 **에너지**는 번개처럼 <낮은 중추>로 내려간다. 그때 **요기**는 눈을 뜬 채 입을 반쯤 벌린 <경악(驚愕)의 태도(**차키타-무드라**)>를 보인다.

단 한 번의 도약으로, 완전히 깨어난 **쿤달리니**는 중앙 통로를 통해서 **브라흐마란드라** 쪽으로 올라간다. 그녀가 **바퀴**들을 빨리 지나가기 때문에, 그것들은 진동하지 않는다. **요기**는 강렬한 지복을 경험하고 **삼사라**로 돌아가는 것에서는 안전하더라도, 각 중추의 특유한 지복을 누리지는 못한다.

쿤달리니는 이제 <나무의 줄기 둥치>만큼 강력하다. 어떤 수행도 없고, 또 <**호흡 막대 수행**>으로 알려진 것도 필요하지 않다. <온전히 **알아채는 일**> 홀로 충분하다. 머리 정수리에 도달하면서 <**절대 자유**의 에너지(**스와탄트리야 샥티**)>는 이제 **우주 의식**에 거하고, 존재 전체를 통해 무한한 **지복**을 방사한다.

이 <직접적인 상승>은 아주 **진보된 요기에게만** 일어난다. 그의 **쿤달리니**는 모든 움직임이 면제된 <천 개의 빛줄기 **바퀴**(사하스라라 중추)>를 뚫고, 그를 <**네 번째** (상태) **너머**(투리야티타)>로 접근할 수 있게 해 준다.

그런 **요기**는 그때 <**신성의 삶**(생명)>, <**지복**>, <진정한, **참 사랑**> 외에 다른 것이 아니다.

<프라나 쿤달리니(호흡 에너지, **숨 뱀**)>

쿤달리니의 가장 높은 형태는 모든 언설을 넘어서는 것이더라도, <**호흡 쿤달리니**> 즉 "**숨 뱀**"은 그렇지 않다. 그녀에 대한 많은 정보는 **유용할 수 있고 또 경험하기가 더 쉽다!**

그녀가 이제 우리가 논의할 무엇이다.

<호흡 에너지>는 자동적으로 상승하여, 서서히 여러 중추를 통과하고, 그녀와 관련된 초자연적인 힘을 부여한다. 왜냐하면 <**칫**(**의식**) **쿤달리니**>는 순수한 **지복**인 반면, <**프라나**(호흡) **쿤달리니**>는 그녀의 편에서는 순수한 효능(效能)이기 때문이다. 잘 알다시피, 그녀는 연속적인 두 가지 국면으로

나타난다. 첫째는 <낮은 **쿤달리니(아다 쿤달리니)**>이고, 그다음은 "올라간 것" 혹은 <우월한 것>으로 알려진 **우르드바 쿤달리**니다. 첫 번째 것은 구개수(**탈루**)로부터 뿌리의 지지(**물라다라**)로 <에너지의 하강>이다. 그녀는 **불**과 <눈을 감은 상태의 흡수>에서 에너지의 철회 또는 내면화로 구성된다.

[이것은 **상코차**(수축, 철수), **바니(불)**, **니밀라나 사마디**를 말한다.]

두 번째 것은 그녀가 확장하는 데 원인이 되는 중앙 통로를 통한 <에너지의 상승>이다. 그녀는 곧 <에너지의 펼침(**비카사**, 확장)>, <모든 것에의 편재(遍在, **비샤**, **독**)>, <눈을 뜬 상태의 흡수(**운밀라나 사마디**)>에 해당한다.

첫 번째가 <**네 번째** 상태(**투리야**)>에서 끝나는 반면, 두 번째는 <**네 번째 너머(투리야-티타**)>까지 도달한다.

이 두 가지 형태의 에너지는 허공(虛空)의 다른 두 단계에 위치한다. <알려지는 것(대상)>과 <지식(앎)> 사이의 전이(轉移)의 허공 속에 있는 <낮은 **쿤달리니**>와, 몸 전체로 스며들어 <지식>과 <**아는 자**> 사이의 전이의 허공으로부터 솟아나는 <상승된 **쿤달리니**>다.

전자는 주로 호흡과 **섹스** 수준의 **에너지**와 관련 있고, 후자는 <인지(認知, 인식, **의식**) 에너지>에 속하며, 해방된 에너지로, 그것은 생각에 더 이상 구속되지 않으며, 이제는 **놀이**를 하는 데 자유롭고, 열린 가슴에서 정수리까지 자동적으로 상승한다.

그래서 <호흡의 정지>나 <(산만한) 생각이 사라지는 일>로 성취되는 **허공**이나 <**텅 빈 것**>에 대해 왜 그렇게 중요성을 부여하는지 이해할 수 있다. 이것은 <생기 없는, 무의식적인 텅 빈 것>이 아닌, <진동으로 가득 찬, 역동적인 것으로, 아주 강렬한 **자신을 알아채는 일**>을 일으킨다.

<아다 쿤달리니(낮은 에너지, 아래 뱀)>

만약 **요기**가 들숨과 날숨의 교차점에서 용해되면 숨은 얼마 동안 들어가는 것과 나가는 것을 멈추고 목구멍 뒤에 모인다. (그것은 머리를 떨리게 한다.)

그다음 숨의 일부는 콧구멍을 통해 나가고, 다른 부분은 나선형으로 내려가, 중앙 통로로 길을 뚫고, <중추들을 각성시키거나 진동시키지 않고>, 곧장 그 기초까지 아래로 달려간다. 이것이 그렇게 하강하는 **쿤달리니**를 "**낮은(아다)**"이라고 하는 이유다.

그녀는 진행 방향만이 아니라, 쿤달리니의 다양한 형태에서 차지하고 있는 지위 때문에 아래 것이다.

미묘하게 되면서, <들숨과 날숨 에너지>는 개체 수준에서 작동하기 시작한다.

처음에는 아주 조용하고, 들숨과 날숨의 두 숨은 <에너지를 통합하는 중심점>인 <균형의, 동등한 숨(사마나)> 속으로 결합한다.

(사마나는 거친 몸 즉 육체에서 일반적 균형을 책임진다.)

그것이 뿌리 중추 안에서 잠자고 있는 에너지를 깨우므로, <균형의 호흡>은 <수직의 호흡(우다나)> 혹은 **우르드바 쿤달리니**가 되는데, 그는 **독**(毒) 즉 <거친 에너지>를 소화한 후 상승한다.

<우르드바 쿤달리니(상승 에너지, 오르는 뱀)>

그러므로 **우다나** 숨은 모든 이원성(**독**)을 삼킨다. **바퀴**(중추, **차크라**)에서 **바퀴**로 상승하는 과정에서, 최고의 중추에 접근하면서 그것은 정화(淨化)되어, 거기에서 그것은 <스며들고, 모든 것에 편재하는 에너지(비아나)>로 바뀐다.

(비아나는 일반적인 상태에서는, 몸 전체에 스며들어 퍼진다.)

크세마라자는 프라탸비갸 흐리다얌에서 "우다나 샥티는 능동적이 되어, 마드야.다마를 통해 **위로** 움직이고, <네 번째 상태(투리야)>를 일으킨다."고 한다.

또 아비나바굽타는 호흡의 생명 활동의 <오르는 움직임>은 "마치 녹는 버터기름처럼 모든 이원성을 녹이고, <하나의 상태>를 만든다. 그런 것이 <환영(마야)을 극복한 이들>의 <수직의 호흡(우다나)>의 기능이다."고 한다.

이런 것이 **절대**(絶對)만을 열망하는 위대한 **요기**에서, 상승된 쿤달리니의 측면에서, <**절대 자유**의 **에너지**(스와탄트리야 샥티)>의 **상승**의 묘사다.

๑

<느리고 점진적인 길>

그러나 **요기**가 자신의 감각에서 자유롭지 않는한, <점진적인 진행>은 어떤 준비를 요구한다. 마치 밧줄의 진동을 만들기 위해서는 조이기 전에 느슨하고 얽힌 것을 풀듯이, 여기서는 **쿤달리니**가 자유롭게 상승하기 위하여, 말하자면 매듭(막힌 중추)을 풀어야 한다.

[그러나 이것에는 결코 호흡 운동(**프라나-야마**)이 포함되지 않는데, 여기서는 오로지 **깨어 있는 일**과 **사마디**가 유일한 필수조건이기 때문이다.]

중앙 통로를 통해 상승하는 동안 – 약 30 분간, **바퀴**(**차크라**)는 차례대로 깨어나 진동을 시작한다.

비갸나 바이라바는 이 진동을 <개미가 기어가는 것 같은 저린 감각>과 또 <내적인 공명(共鳴)>에 비유한다.

감각의 문을 닫아라.

"모든 감각의 입구를 막아 감각적 활동의 흐름이 멈출 때, **프라나 샥티**는 (**수슘나 나디**를 통해 **물라다라**에서 **브라흐마란드라**로) 천천히 위쪽으로 움직인다.

그때 **프라나 샥티**의 상승하는 운동에서 <마치 몸 위로 개미가 기어갈 때 생기는 것 같은> (중앙 통로의 여러 중추에서) <저린 감각>이 느껴진다. 그 감각의 순간에 <지고의 기쁨>이 일어난다."

구근(球根)에서 일어나 - **이것은 식물의 알뿌리 혹은 거친 몸(육체)의 어떤 구근과도 공통점이 없는 <미묘한 몸>의 생성물이다.** - 생명 에너지는 직립하고 뻣뻣해진다. 뿌리 중추가 진동하기 시작할 때, 에너지는 몇 분 후에 배꼽 중추(**바퀴**)에 도달한다. 후자는 순서대로 진동하며 **두 바퀴(차크라)는 함께 소용돌이친다.**

[이런 "**소용돌이치는, 휘도는 바퀴**"라는 현상은 카시미르 쉐이비즘의 신비가들이 묘사(描寫)하는 경험에서만 볼 수 있다.]

그다음 가슴 **바퀴**가 뚫리자마자 다른 것과 같이 움직이며, 목의 **바퀴**는 앞선 **바퀴**들과 같은 속도로 **돌아간다.** 그 과정 전체는 엄청난 열을 발생한다. 쿤달리니의 움직임이 끝나는 것은 <두 눈썹 사이의 **바퀴**(브루)>에서이다.

브루가 뚫리자마자 사람은 칫 쿤달리니(즉 의식 에너지) 안에 거하며, 거기에서 가장 뚜렷한 지복을 누린다. 그러나 만약 그 중추가 뚫리지 않는다면, 이 단계에서 욕망이 생겨야, **사마디**에서 깨어난 후 초자연적인 힘을 발휘할 수 있다. **아다 쿤달리니가 우르드바 쿤달리니로** 바뀌고, 주체와 대상 사이의 갈등이 그칠 때, 자신의 존재 전체가 비이원성의 **지복**에 압도당하고, 그때 에너지는 뿌리와 중간과 꼭대기에서, 셋이 이제는 통합된 것처럼, 강렬하게 느껴진다.

비갸나 바이라바는 <쿤달리니의 상승>을 여러 번 언급한다.

"그녀의 **의지**로 날숨과 들숨이 뚜렷한 방향으로 신속히 움직일 때, 위대한 여신(**프라나 샥티** 혹은 **쿤달리니**)은 위로 오른다. 이것이 초월과 내재인 지고의 성소(로 순례지가 된)다."

호흡 에너지는 실제로 "이중으로 꾸불꾸불한 것(**쿠틸라크리티**)"이다. 그것은 <뿌리 중추>와 <모든 생명체의 들숨과 날숨>에서 누워 잠자며 꼬여 있을 때, 그것은 경사진 경로를 따른다. 보통의 공간에서 모든 움직임이 경사지기 때문이다. 그러므로 코의 호흡은 곡선으로 진행한다. 그러나 <진정한 공간>에서는 수직성(垂直性)만 있다.
(여기의 <진정한 공간>은 **아카샤**가 아닌 "**카**"와 관련된다.)

그래서 호흡이 내면화하고 자동적으로 작동할 때, 호흡의 움직임으로 **쿤달리니**는 깨어나고, 몸을 뻗고, 일직선이 되어, 똑바로 선다. 그리고 그녀가 상승하여 가장 높은 지점에서 **쉬바**와 결합할 때, 그녀는 "**지고**(至高, **파라 쿤달리니**)"로 알려진다.

그때 위대한 여신은 즉시 <우주적 생명>, <살아 있는 존재들을 활성화하는 자>, <**절대 의식**>으로 나타난다.

저명한 성소, 그 삼각형은 - 그녀가 낮은 면에서, 구부러져 거하고, 거기로부터 그녀가 펼쳐지는 곳 - <출생의 장소>로, "요기니의 입"으로도 부른다. 그러나 높은 면에서, 그녀는 **의지**, **지식**, **행위**의 세 가지 중요한 에너지가 조화롭게 혼합된 삼각형에 도달한다.

[이 아래 위의 두 삼각형은 궁극적으로 하나의 육각별(**샷-코나**, "✡")이 된다.]

진정한 희생에서, 그것은, 그다음 경문에 따르면, <위대한 **지복**의 의례(儀禮)>에 굳건히 기초하고 또 <에너지의 상승>에 신중하게 집중하는 것으로 구성된다. 그때, 그 **쿤달리니** 여신 덕분에, 그녀 속으로 깊이 용해되어, 사람은 지고의 **바이라바**를 얻는다.

비갸나 바이라바의 다른 방편에서는, <에너지가 각 **바퀴**의 중심으로부터 **빛처럼 방사하는지**> 또는 <**번개처럼 번쩍이는지**>에 따라, 점진적인 상승의 두 가지 유형이 설명된다.

차크라를 오르는 에너지를 느껴라.
혹은 **그것을 번개로서 느껴라.**

"**차크라를 오르는 에너지를 느껴라.**"의 방편을 따르면, 수행자는 <호흡 에너지>에 집중해야 한다.

"눈부신 빛처럼, <뿌리 중추>에서 오르는 **샥티**를 명상하라. 점차 미묘해져서 <최고 중추>에서 용해될 때까지. 그때 **바이라바**가 드러난다."

이 경문은 진행의 모든 단계에서 쉬는 것이 없이 뇌 중추로 곧장 달려가는 지고의 **쿤달리니**와 관련될 수도 있지만, **자야라타**가 말하는 호흡 에너지의 간접적인 방법과 관련될지도 모른다. 그는 똑같은 절을 <연속적인 단계>에 의한 **쿤달리니**의 간접적인 상승을 설명하는 데 인용한다.

에너지는 상승의 과정에서 내면화될수록 점점 더 미묘해진다. 수행은 <빛나는 광선이 각 **차크라**의 중심으로 흡수되고, **브라흐마란드라**까지 수직 축을 꿰뚫는 것을 상상하는 것>으로 이루어진다. - 브라흐마란드라에서 광선은 <**의식**의 빛(프라카샤)> 속으로 희미해진다. 그때 **쿤달리니** 에너지는 완전히 펼쳐지고, **절대**(絶對) 곧 **바이라바**와 하나가 된다.

혹은 **"그것을 번개로서 느껴라."**에서, 에너지의 내적인 흐름은 더 이상 광선처럼 방출되지 않지만 번개처럼 번쩍인다. 수행자는 정수리로 솟구치는 그 생명 에너지를 묵상해야 한다.

"중추에서 중추로, 번개 같이 상승하는 **샥티**를 명상하라. 마침내 **새벽**이 오리니."

<불완전하고 결함이 있는 수행>

<깨어 있는 상태가 부족한 수행자>나 <세속적인 일로 바쁜 스승>의 **쿤달리니**로 인해 완전하지 못한 과정이 빈번히 일어난다.

이것은 다음 장(章)의 입문(딕샤)에서 다루며, 또 우리의 <어떤(?) 경험들>에서도 분명하다.

이런 경우, 생명 에너지는 **탈루**에서 뿌리 중추로 내려간다. 호흡의 한 부분은 콧구멍을 통해 나가고, 다른 부분은 **수슘나** 쪽으로 움직여, 배꼽에서 가슴으로 혹은 가슴에서 목으로 부분 상승을 유발한다. 수행자는 얼마간의 기쁨과 열정을 경험하겠지만, 그런 상승을 - <부분적이지만, 즐거움과 잠재성의 원천이 되는 어떤 상승> - 완전한 것으로 여겨서는 안 된다.

피샤차베샤 즉 <악마적인 침투(광란의 삽입)>로 알려진 것은 참으로 결함이 있다. 탈루에 축적된 호흡은 그 움직임을 설정하는 것 없이 물라다라로 내려가고, 브루마드야로 가서 주위를 돌고, 탈루로 돌아와 진동하기 시작한다. 그다음 그것은 목으로 내려가고, 거기에서 나비(배꼽)로, 바퀴에서 바퀴로 물라다라까지 내려간다.

비록 사마디 속에 있더라도, 호흡은 코를 통해 나가버리고, 수행자는 아무런 유익도 얻지 못하고 보통의 상태로 돌아간다. 어떤 능력도 지복도 없다. <중추(차크라)를 통해 아래로 가는 모든 움직임>은 우울, 피로, 혐오감(역겨움)을 일으킨다.

<수행자에게 일어나는 여러 가지 (반응)>

쿤달리니의 다양한 과정의 설명에서, 예를 들어 콧구멍의 진동은 호흡 에너지(프라나 쿤달리니)의 움직임의 표지이다. 그러나 이 모든 증상을 다루는 구절은 고의적으로 흩어져 있고, 또 다른 전통에 속하기 때문에, 모든 정보를 함께 다룰 수 없다.

그러므로 여기서는 기본적인 것만 다루고, 샥타-비갸나와 아마라우가-샤사나 같은 문서에서 제시된 묘사는 다음 장에서 다룬다.

말리니비자야 탄트라는 다음을 말한다.

① **기쁨(지복, 아난다)**

② **놀람(상승, 도약, 우드바와)**

③ **떨림(캄파)**

④ **잠(신비한 잠, 니드라)**

⑤ **소용돌이(어지러움, 황홀-현기증, 구르니)**

이것들은 대략 ① <낮은 삼각형(**요기니-박트라**)>, ② 구근(**칸다**), ③ 가슴(**흐리트**), ④ 입천장(**탈루**), ⑤ 브라흐마란드라와 관련되는 것 같다.

신비한 경험과 중요한 현상은 <상응하는 중추가 영향을 받고 또 **쿤달리니** 에너지가 수행자의 존재 전체를 통해 퍼지기 시작할 때> 빠르게 연속으로 일어난다. 그녀가 몸 전체를 적실 때, 절대 지복이 만연하지만, 한 중추에 국한되어 남는 한 그 길은 명확하지 않고 어떤 현상이 발생한다. 사실, **요기**는 그녀가 만들어내는 진동에 대처할 수 없고, 각각의 중추는 자신의 방식으로 반응한다. **아비나바굽타**가 설명하는 것처럼, 이런 경험은 <풍부함(**신성**)과의 접촉(**푸르나타-스파르샤**)>에서의 **요기**의 반응일 뿐 이다.

이것들은 수행자가 **실재**(**實在**)와 동일시되자마자 그친다.

194

① **지복**(아난다)

만약 이 접촉이 "**요기니-박트라**(요기니의 입)"로 알려진 삼각형(**트리코나**)에 영향을 준다면, **지복의** 느낌은 <그렇게 하려는 성실한 욕망에도 불구하고, 최고의 **실재**의 길 속으로 침투하지 못한 **요기**>가 경험한다. 그는 이미 자신의 내적인 본성(**얼나**)을 발견했고, <네 **번째** 상태>에 거한다. 그러나 그를 통해 넘치는 그 지복을 <완전히 펼쳐진 **쿤달리니의** **지복**>으로 여겨서는 안 되는데, 그것은 아직 <낮은 중추(**트리코나** 혹은 **물라다라**)>와 관련되어 있기 때문이다. 이 단계에서는 오직 <평화로운 상태>, 즉 <이원적인 생각(**비칼파**)이 없고, 경이(**차맛카라**)로 가득 찬 자아 자각>만이 있다. **요기**가 이 양상을 초월하지 않으면, 이 중추에만 지배력이 있고, 다음 단계의 양상에 접근할 때까지 거기에 남는다.

(다른 중추에 대한 지배력에 대해서도 똑같다.)

② **놀람** 혹은 **상승**(우드바와 혹은 **플루티**)

만약 풍부함(**신성**)이 낮은 중추 바로 위에 있는 구근(**칸다**)에 가볍게 간단하게라도 닿는다면, 어떤 움직임(동요)이 경험되고, **요기는** "(그 가슴이 **두근 거릴 만큼**) (깜짝) **놀란다.**"

이것은, 순식간에, 그가 세속적인 관계를 깨고, 그의 몸, 그의 에고를 잊기 때문이다. 그런 **놀람**은 몸 전체로 퍼지기 시작하는 진동 때문이다. <아직 완전히 내면화되지 않고 자신의 **에너지**와 전적으로 동일시되지 않은 **요기**>는 깜짝 **놀란다**.

그는 <에너지가 아래로 움직이거나 **쿤달리니**가 발작적으로 위로 움직이기 시작할 때>, 다시 **들려진다(상승한다)**.

만약 **실재** 속으로 끊임없는 용해가 있다면, 만약 한 번의 **상승**이 다른 **상승**으로 빨리 연속된다면, **쿤달리니**가 가슴에 도달할 때 격렬한 **떨림**이 일어난다.

③ **떨림**(캄파)

앞 단계에서 이미 크게 감소된 <몸과의 동일성에 대한 거짓 감각>은 이 **떨림** 동안에 점점 더 희미해진다. 가슴 중추는 충격을 겪는다. 그것이 영향을 받자마자 어떤 대상적 지지도 남지 않는다. **요기**는 **의식을 참 자신으로**, 또 **그것의 고유한 잠재력을 지고의 <나인 무엇>에 속하는 것으로 인식한다. 이 순간, 그는 자신을 몸에 묶는 집착(執着)을 끊는다.**

그러나 만약 과거의 수많은 생에서 축적된 인상 때문에, 몸과의 동일성을 완전히 떨치지 않았다면,

그는 **떨기 시작한다. 마치 물 표면에 붙은 먼지가 떠는 것처럼**…… 정말로 먼지가 물과 섞이지 않는 한 말이다. 몸이 그런 진동을 견딜 만큼 순수하지 않기 때문에, 그는 통제할 수 없는 **떨림**으로 점유된다. (그러나 그 떨림이 몹시 격렬해지면 오히려 <몸과의 동일시>가 강화된다.)

그러나 <모든 제한을 **떨쳐버리는** 미묘한 **떨림**>을 일으키는 에너지의 기쁜 공격 덕분에, 한 곳으로 집중된 **요기**는 매듭들이 느슨해진다. 그 매듭으로 그는 몸과 생각들, 에고에 묶여 있었다. 그는 이제 차츰 자신에 대한 거짓된 인상(지식)을 버린다.

④ **잠**(신비한 잠, 영적 수면, 니드라)

이 단계에서 **요기**는 대상적 세계에 대한 의식을 잃는다. **쿤달리니**가 입천장(탈루)에 도달할 때면, **요기**는, 아빌라의 테레사가 "힘들의 잠(the sleep of the powers)"이라고 불렀던 일종의 졸음(가면, 假眠, **니드라**)을 느낀다. 몸, 의지, 지식은 감각을 잃고, 가슴은 지켜본다. <그런 잠>을 보통의 평범한 잠으로 여겨서는 안 된다. **요기는 잠도 자지 않고 꿈도 꾸지 않는다.** 그는 특별한 **공**(空)에 서 있고, 그의 신비로운 경험은 깊지만, 그 사실을 알아채지 못하는데, 그의 생각이 작동하지 않기 때문이다.

<깨어 있는 것과 잠자는 것 사이의 중간 상태>는 잠의 다른, 낮은 것인 "요가 니드라"와 혼동해서는 안 된다. 왜냐하면 **그것은 회상과 미묘한 각성으로 구성되어 있고,** 신비의 삶에서 <아주 진전된 단계>에서 일어나기 때문이다. **요기**가 아직은 (거기에) 영구적으로 거하지는 못하더라도 그 주체성을 **우주 의식** 속으로 붓기 시작할 때이다. **요기**는 아직은 통과할 수 없는 다음 단계의 문턱에 서 있다.

⑤ **소용돌이**(어지러움, 황홀-현기증, 구르니)

이 말이 언급하는 상태는 우리의 보통의 경험에 속하지 않는다. 그것은 <신비의 특별한 **소용돌이,** 너무나 강렬하여 상상을 허용하지 않는, 모든 방향으로 움직이는 어떤 진동>으로 구성된다.

그것의 강렬함이 무한으로 증가할 때, 그것은 <항상 활동적인 원초(原初)의 진동>과 하나가 된다. 그것은 **브라흐마란드라**에서 <완전히 펼쳐진 **쿤달리니**> 외에 다른 것이 아니다.

그의 명정(酩酊, 만취)의 효과에 비틀거리면서, 요기는 **우주 의식**으로 들려지고, 세계 전체와 그의 동일성을 인식한다. **시공간적인 제한을 초월하고,** 이제 **전지**(全知)하고 **전능**(全能)하여, 그는 마지막 **편재**(遍在)를 경험한다.

자세히 살피면, 이 **소용돌이**, **구르니**는 방사와 흡수의 근원에서, **크라마 무드라의 <두 극(極)을 섞는 내적인 휘젓기>와 관련되는 것으로 보인다.**

요기의 **바퀴**(중추, **차크라**)가 차례대로 "힘 있게" 뚫린 후, 그는 지식의 영향 아래에서, 중추 각각과 그의 몸에 대한 통치권을 획득하고, 자신이 원하는 것은 무엇이든 성취할 수 있다. 이 전에, 각 **바퀴**는 **요**기가 전혀 지배력이 없었던 자신의 지복을 갖고 있었다. 그러나 **구르니**의 단계에서, 그의 에너지가 모든 곳에 편재하는 **우르드바 쿤달리니**가 되면서, 그는 동시에 어디에나 현존하며, 한 **바퀴**에서 느껴지는 <묘사할 수 없는 것>을 이제 다른 **바퀴**에서도 인식할 수 있다.

따라서 "**바퀴의 제왕**(The Lord of the Wheels, 바퀴들의 **주**, **차크레슈와라**)"이라는 칭호를 받을 만하다.

그가 가는 곳마다, 모든 **차크라**가 <마치 우주의 군주를 따르는 신복들처럼>, <여왕벌을 둘러싸고 있는 벌 떼처럼> 윙윙거리며 그를 지킨다.

[사실, **구르니**는 번역할 수 없는 말이다. 우리가 사용하는 모든 말은 <세월의 강(江)>에서 "구르고 구르니", 이 **구르니**도 예외가 될 수 없을 것이다. 그래서 **불립문자**(不立文字)……]

<호흡의 여섯 고조(高潮)와 그 상응하는 지복>

아비나바굽타는 탄트라 알로카 5장에서 호흡이 어떻게 그들의 우주적 본성을 회복하는지를 보여주며, 이 변형에 따르는 일곱 **지복**을 기술한다.

(이것은 **쉬바 수트라**에서 약간 다루었다. 호흡을 - 그것도 <호흡의 고조(高潮)>를 - 다루는 여기서 필요한 것이겠지만, 책의 부피를 생각하여, **탄트라 사라** 제 5 장에서 다루기로 하고, 여기서는 과감히 생략한다.)

☯

최고의 <우주적 **쿤달리니**>를 떠올려주기 위해서 **아비나바굽타**는 **호흡**과 지성(知性), **공(텅 빈 것)**, 에너지, 육체적인 것과 우주적인 요소를 포함하는 광대한 **파노라마**를 펼친다. 그는 말한다.

"<몸>, <생명의 **호흡**>, <지성>, <**텅 빈 것(공)**>은 먼저 그것들 사이의 동일성을 인식하는 것으로, 그다음 그것들의 **쉬바(우주)**와의 동일성을 인식하는 것으로 존중되어야 한다."

만트라를 사용한 <쿤달리니 에너지>의 깨어나는 일은 그 펼쳐짐에 대한 중요한 것을 엿보게 한다. <환영(幻影)의 씨앗>인 **흐림(Hrim) 만트라**는 <낮은 중추에서 잠자고 있는 원초적 에너지>를 깨운다. 반면 다른 **만트라**는 그 안에 잠재하는 지(地), 수(水), 화(火), 풍(風)의 네 가지 요소를 발생시킨다.

만약 **쿤달리니**의 깨어남이 우주적 범주(요소)의 출현과 관련된다면, 이것은 본질적으로 우리 몸이 우주의 몸과 다르지 않기 때문이다. 그러니 우주적 요소(탓트와)를 알기 위해 몸 밖으로 나갈 필요가 없다. **<우주가 의식으로, 의식에 의해 편재한다>는 것을 깨닫기 위해서는** 모든 활동의 바로 그 중심에 **<(올바른) 지식>의 기초를 세워야** 한다.

그다음 "**아난타(무한, 無限)**"라고 부르는 수직의 창(槍)자루를 그린다. 그것은 구개수(목젖)까지 확장하며, <미묘한 요소(탄마트라)로부터 **칼라 탓트와**까지>의 실재의 수준들을 포함한다.

다른 말로, 깨어난 **쿤달리니**로부터 <왕의 길>인 **수슘나**가 일어나, 그것은 그 중추로부터 **람비카**로 가고, **브라흐마란드라** 즉 <연꽃의 형태를 떠맡은 우주 전체>에서 끝난다.

처음에 거기에서 반모음(半母音)의 작용을 통해, 지성의 4 가지 면이 생겨난다. <의무, 지식, 포기, 주권>. 그다음 반대의 극단에서, 불임(不姙) 음소의 작용을 통해 4 가지 에너지가 일어난다.

지성(붓디)은 <환영(마야)의 힘>으로 생성된다. 여덟 에너지는 결절, 매듭의 바다를 형성한다. - <환영(幻影, **마야**)의 밤>이다. 만약 매듭을 자르지 않으면 **쉬바**와의 결합은 불가능하다.

창(槍)의 세 (갈래) 가지 바로 아래에 있는 매듭 위로, **요기**는 <**람비카**와 **브라흐마란드라** 사이를 넓히며 감각기관 대부분을 포함하는> **슛다 비디아** (순수한 앎, 순수한 지식)를 명상해야 한다.

거꾸로 된 연꽃은, 꽃의 스물넷 수술은 동일한 수의 폐쇄음(閉鎖音)을 상징하며, <평형의 **에너지**(**사마나**)>의 단계에 해당한다. 꽃의 수술이 밑으로 향하는 것은 **쉬바**가 자신이 다스리는 우주를 보고 있기 때문이다. 그것들은 <정신 너머의 **에너지**>가 최고로 통치하자마자 위로 향한다. 연꽃의 <꽃잎>, <수술>, <중심>에서 에너지로 스며있는 신성을 - **루드라**, **비슈누**, **브라흐마** - 명상해야 한다. 그것들은 각각 **불**, **달**, **해**를 관할한다.

꼭대기에, **브라흐마란드라** 안에, 여덟 개 꽃잎의 연꽃이 있어, 여덟 신성의 **에너지**인 여덟 모음을 나타낸다. 아홉 번째는 중심에 있는데, **생명**(生命) 자체를 구성한다.

[이것은 **운마나**로 <생각(정신) 너머의 것>이다.]

그것 너머로, 빛나는 몸으로, 웃으며 의식적이고, <떨어져 있는 위대한 이>인 **사다쉬바**를 상상해야 한다. 그의 배꼽에서 <(보다) 낮고, 중간이고, 높은 에너지>를 나타내는 삼지창이 – **샥티, 비아피니**와 **사마나 에너지** – 일어나 <우주적 **드와다샨타**>에 도달한다.

아직도 더 높은 사람은 <정신 그 너머의 **에너지**(운마나)>로 구성된 세 개의 빛나는 연꽃, <우주적 주권자>를 명상해야 한다. 그런 것이 <실재의 37 단계>로 형성된 보좌로서, 찬양할 가치가 있는 것이다.

이 보좌에서 **사다쉬바**를 <떨어져 있는 위대한 이>로 경배하고, 그리고 그의 위로 <지고의 여신> "마트리사드바와"에게 꽃과 향기를 봉헌토록 하라. 그녀의 **만트라**는 "소(Sauḥ)"이다. 그것은 순식간에 시간을 삼키는 **카알라-삼카르쉬니**(시간을 쥐어짜는 자)다. 그리고 그것은 <**의식**(意識) 그 자체이고,

<(우리와 우주의) **궁극적인 근저(根底, 기반)**>이고, 또 **절대 자유**이다.

이 생생한 설명은 **사다쉬바**가 자신의 기능을 이 이미지의 꼭대기에 보좌를 잡은 "**트리푸라-순다리 여신**"에게 넘겨준 것을 말한다. 무수한 광선으로 번쩍거리며, 위로 향한 <**영원한 쉬바(사다-쉬바)**>는 그 빛나는 웃음(앗타하사) 때문에 "저 너머로 간" <**위대한 사자(死者, 영혼)**> 즉 마하-프레타로 특징 지어진다.

자신의 발밑에 가만히 누워있는 - 우주(세상)에 대해 무의식적이지만 지극히 행복한 - **사다쉬바**에 대한 **여신의 우월성은**, 그녀가 **자유와 힘(샥티) 둘 다를 <완전히 알아채는 일(비마르샤)>로 즐기는 것 이다.**

쉬바는, 자신의 편에서는, <분화하지 않은 **의식 (프라카샤)**>을 가지고 있다.

실제로 **쉬바**는 <실재의 모든 수준을 초월>하는 반면에, **여신은 자신이 곧 전체(全體)이기 때문에** <항상 내재와 초월 너머>이다.

그래서 <형언(形言)할 수 없는 에너지(운마나)>의 궁극의 단계에서는, **쿤달리니**는 <**우주 의식**을 조명 하는 것으로> **쉬바** 위에 자리한다.

[아마 이런 것이 카시미르 쉐이비즘이 샥티즘을 수용한 이유였을지도 모르고 또 괴테가 <파우스트>에서 말한 "**영원한 여성상(女性像, 여신)이 우리를 이끌어 올리도다.**"의 이유일지도 모른다.

하여튼 위의 긴 설명은 **파라 트리쉬카**의 것과 비교하여 읽고, 또 **탄트라 사라**의 그림을 참조할 일이다.

말리니비자야 탄트라는 말한다.

"**수행자는** 나라에게도 쉬바에게도 향하지 말고, **샥티에게로 향(向)해야 한다.**

나라와 쉬바는 즐거움과 해방을 줄 수가 없는데, 나라는 무감각하고 또 쉬바는 힘이 없기 때문이다. **힘(샥티)은 오직 샥티(힘)에게만 있다!**"]

제 5 장

"신(神)의 놀이"

1. 뱀 속으로 들어가기
2. 샥타-비갸나와 아마라우가-샤사나

탄트라 알로카의 발췌는 "베다-딕샤"로 알려진 입문을 기술한다. 그것을 통해 **구루**(스승)는 자신의 **쿤달리니**를 통해, 제자의 몸으로 들어가 그 중추를 뚫고, **쿤달리니** 상승의 효과를 경험하도록 한다.

샥타-비갸나는 소마난다의 짧은 문서다. - **쉬바-드리슈티**를 저작한, 웃팔라데바의 스승인 <위대한 소마난다>가 아니다. - 이것은 다른 곳에서는 볼 수 없는 <쿤달리니의 상승의 각 단계에서 일어나는 상세한 것>을 보여준다.
고락샤-나타의 아마라우가-샤사나는 카울라와 또 트리카와는 관련이 미미하지만, 이들과 **하타 요가** 사이에 위치하는 것이다.

1. 뱀 속으로 들어가기

구약 성경에 보면 재미있는 이야기가 나온다.

강대한 적국(敵國)의 나아만 장군은 그 **문둥병**을 고치기 위해 **이스라엘**을 찾았다. 많은 보답(報答)의 물품을 가지고.

이스라엘의 선지자 **엘리사**는 문을 나가지도 않고 사람을 보내 "(작고 보잘 것 없는) 요단강에 **가서** 몸을 일곱 번 씻어라!"고만 한다.

하여튼 **나아만**은 병이 나았고, **엘리사**는 보답의 물품은 거들떠보지도 않고, **나아만**을 보낸다.

이런 상황을 보던 **엘리사**의 시자(侍者) 게하시는 그들을 쫓아가서 보답의 물품 얼마를 받아 자신의 집에 감추고, **엘리사**가 "**네가 어디서 오느냐?**"고 묻자 아무데도 가지 않았다고 한다.

그러자 스승 **엘리사**가 꾸짖는다.

"**그 사람(나아만)이 수레에서 내려 너를 맞을 때, 내 심령(心靈)이 (네게) 감각(感覺)되지 않더냐?**"

그리고 그의 유명한 말이 이어진다.

"지금이 어찌 은(銀)을 받으며, 옷을 받을 때냐?
그러므로 나아만의 문둥병이 네게 들어서 네 자손
까지 영원토록 이르리라."

나중 예수도 이 일화(逸話)를 다루어서, 우리의
주의(注意)를 환기(喚起)시킨다.

나아만은 <즐거움>이란 뜻이고, 게하시는 <환상
(幻像)의 골짜기>란 뜻이다. 또 엘리사는 <하나님은
구원이시다>란 뜻으로, 예수의 전생(그림자)이다.

이스라엘은 <하나님과 겨루어(다투어) 이겼다>는
뜻이고, 요단은 <아래로 흐르는(달리는) 것>이란 뜻
이다. 아다-쿤달리니? 수슘나 나디?

<문둥병>에 대해서는 쉬바 수트라에서 다루었고,
<예수>라는 이름에 대해서는 프라탸비갸 흐리다얌
에서 다루었다. <일곱>은 물론 영성의 상징이고.

등장인물들 이름과 단어의 <이런 의미>를 가지고
다시 찬찬히 읽어보라. 더 많은 것이……

그러나 여기서는 엘리사의 이 말을 다룬다.

"그 사람(나아만)이…… 너를 맞을 때,
　내 심령(心靈)이 네게 감각(感覺)되지 않더냐?"

"Did I not go with you in spirit?"

"내가 영(靈) **안에서 네게**(혹은 너와 함께) **가지 않았느냐?"**

도대체 무슨 말인가?

그리고 <인도(印度)의 영성>은, 아니 이 책은 말한다. **"스승은 제자의 몸으로 들어가······"**

"지금"의 의미도 잘 모르고, 그저 입는 것(옷)과 먹는 것(은, 銀)만 챙기며, 이 **<환상의 골짜기>**에서 사는 **<심령의**(영적) **감각이 없는**(죽은) **이들>**은 곧 **<영적인 문둥이>** 외에 다른 것이 아니다!

이제 **<베다-딕샤**(꿰뚫기를 통한 입문)**>**를 다룬다. 그것은 우리의 **<영적 감각>**을 즉 **"영감**(靈感)**"**을 불러일으키는 일이다.

☯

스승으로부터 제자에게로 <말(언어)로써 표현할 수 없는 (진리의) 전달>은 <가슴에서 가슴으로>, <몸에서 몸으로> 일어난다. **실재 안에서는 오로지 하나의 의식만** - 조명(과 계시)의 무한한 영역 -

존재하기 때문에, 어떻게 <스승의 빛나는 의식>이 <제자의 모호한 의식>을 깨닫게(빛나게) 하기 위해 그 의식(심령, 영혼)을 꿰뚫을 수 있는지를 이해할 수 있다!

초기의 두 우파니샤드인, 브리하드아란야카와 카우쉬타키에는 이미 "삼프랏티"에 대한 묘사가 있다. 즉 <죽음의 시간에 아버지가 그의 몸의 모든 부분을 통해 그의 아들과 동일시하는 희생(犧牲)의 의례> 말이다.

"이제 <아버지와 아들의 전승(傳承)>이라고 하는 것이다. 떠날 때가 되면 아버지는 아들을 부른다. 집안에는 새 풀을 깔고, 불을 피운다.
아버지는 새 옷을 갈아입고 침상에 눕고, 아들이 아버지의 위로 와서, 자신의 감각기관을 아버지의 감각기관에 맞댄다. 혹은 아들이 아버지 앞에 그냥 앉아서 할 수도 있다.

아버지가 말한다.
'나는 내 목소리를 너에게 두고 간다.'

아들이 말한다.
'아버지의 목소리가 저에게 있습니다.'

아버지가 말한다.
'나는 내 숨을 너에게 두고 간다.'

아들이 말한다.
'아버지의 숨이 저에게 있습니다.'"

아들은 시각, 청력, 미각, 행동, 즐거움과 고통, 생식력, 걸음, 지혜 등등, 그 모두를 받아들인다.

<완전한 봉헌(푸르나-후티)>

<스승으로부터 제자에게로 호흡을 전하는 것>은 베다(Veda)에서 집주인이 아침과 저녁에 수행하는 **아그니-호트라**를 떠올리게 한다. 그는 **희생의 불**, **아하바니야** 속으로 우유와 기름(의 봉헌)을 부어야 (해야)하며, 불(아그니)은 의례의 그 봉헌을 배고픈 신들에게 가져간다.

나중 **찬도기아 우파니샤드**에서 이 봉헌은 <다섯 호흡>, <다섯 감각기관>, <그것에 상응하는 신성>에게 드리는 봉헌이 되는데, 그것은 "이제 흡족해 하는 **에너지**"이다. 그런 선물은 <신비의 불> 즉 <우주적 **얼나**(바이슈바나라 아트만)>에 봉헌되어야 한다. 왜냐하면 "이것을 이해하며 **아그니-호트라**를

행하는 그는, 모든 세계와 모든 존재와 모든 자아 (아트만)에게 봉헌을 하는"것이기 때문이다.

[<불(아그니)>의 "(땔감이 되는) 모든 것에 편재하는(바이슈바나라)" 그 상징성은 이후 <우주적인 나(아트만)>로 이전(移轉), 승화된다.]

훗날 아비나바굽타는 이 베다(Veda)의 봉헌에 특별한 해석을 한다. 그 역시 그것을 "완전한 봉헌(푸르나-후티)"이라고 부르지만, <쿤달리니 이외에 이원성 전체를 태울 수 있는 다른 어떤 신성의 불>이나, <제자의 호흡 속으로 들어가는 스승의 침투 이외에 이 불 속으로 쏟아 붓는 다른 어떤 봉헌>도 인정하지 않는다. 그의 안에서 <신성의 불>은 깨어나고, <쿤달리니의 불꽃>은 일어난다.

여러 경우에서 그는 마음에 있던 이 주제를 다루는데, 파라 트리쉬카의 해석에서, 어떤 정신으로 희생을 행해야 하는지를 보여준다. 봉헌을 희생의 불 속에 던지면, 불은 모든 것을 먹는다. 내적으로 잠재적 인상(바사나)의 씨앗을 먹는 것이다. 그것은 <자아 포기(항복)>를 통해 <제한된 나를 버리는 것>으로 구성된다. 그것만이 <지고의 나인 무엇>, <의식과 풍부함의 나누어지지 않은 덩어리>, 즉 <쉬바와 그의 에너지>에 대한 접근을 준다.

이 **희생의 불**은 지고한 **바이라바**의 위대한 빛에 지나지 않으며, 지고한 에너지의 **아라니** 가운데서 영구히 솟아오른다. <정화된 **버터**(정액)>의 풍부한 분출로 용솟음칠 때, 그녀는 <우주적이고 강렬한 사랑(의 포옹)>의 흥분으로 "휘저어진다."

바가바드 기타 4장 24절에 대한 주석(註釋)에서, **아비나바굽타**는 <정제된 **버터**>와 같은 봉헌물은 - 그것은 희생(犧牲)의 바로 그 본질이고, 그 자체로, <**완전한 봉헌**>이기 때문에, 최고의 **브라흐만**에게 도달한다고 한다.

"**브라흐만**은 봉헌(물)이다. 그것은 <정제된 **버터** (하비스)>이고, 그 봉헌(물)은 **브라흐만**에 의해서 <또한 **브라흐만**인 **불**>에 쏟아 부어진다.

진실로 '브라흐만'은 <'브라흐만의 행위'(자체)에 흡수된 자>에 의해서 성취되는 것이다."

아비나바굽타는 이것을 다음과 같이 해석한다. **아르파나**(선물, 봉헌)는 <**브라흐만**으로부터 일어난 모든 것이 **브라흐만** 속으로 침투하는 것>이고, 또 **하비스**는 <우주 전체>를 가리키고, 달래지는 **불**은 <지고의 **의식**>이다.

결국 **브라흐만**의 봉헌은, 그런 희생자(犧牲者)가

한 활동이 무엇이든, <지고의 **의식**>은 자신을 드러
낸다는 것이다. 그의 **사마디**가 **브라흐마-카르만**,
즉 <**얼나**로 이끌고, 오직 하나의 열매, **브라흐만**,
절대(絶對)를 맺는 방법>일 때 말이다.

<'제자의 호흡' 속으로 스승의 침투>

[여기서 우리는 다시 "**호흡**"이라는 말을 생각해
보아야 한다. **호흡, 숨이 정말로 무엇이겠는가?** 이
책이 **호흡**이라는 말로 말하려는 것이……]

이 **푸르나후티**는 **아비나바굽타**에게 우선적으로
중요하다. 왜냐하면 그가 "스승이 **해방의 입문**을
주는 것은 이 <**완전한 봉헌**>에 확립되는 것으로
다."고 말하기 때문이다. 이것은 **요기**의 수행에서,
스승이 입문자의 의식을 자극하고 깨우기 위하여
채택하는 "**함사**(백조)"로 알려진 것이다. 그는 먼저
자신의 의식을 **지고의 의식(우주 의식)**과 결합한다.
그다음 그의 의식을 제자의 의식에 주입하면서,
<연속적인 정지(停止)>에 의해 그 안으로 침투한다.
평분점(**비슈왓**) 즉 <날숨과 들숨이 균형을 이루는,
공(순야)의 한가운데("**함사-프라나 순야 비슈왓**")>
에 의해 말이다.

그러나 우리는 다시 그의 **바가바드 기타**(4:29)의 주석을 참조해야 한다. 왜냐하면 거기에서 위대한 희생 **스와댜야-야갸**, "자신을 위해 행했던 이들"을 다루는 구절에 새로운 해석을 하는 동안, <**호흡을 통한 전승(傳承)의 비밀**>을 밝히기 때문이다.

"어떤 이들은 희생으로 들숨 속에 날숨을, 날숨 속에 들숨을 봉헌한다. 날숨과 들숨의 흐름을 억제 하며, 호흡 조절에 자신을 온전히 바친다."

아비나바굽타는 희생은 자신만을 위해서가 아닌 또한 다른 이들을 위해서도 수행된다고 설명한다. 그러니 그것은 두 단계로 이루어진다. 첫째, 자기 자신(**스와댜야**) 내에서다. 날숨(**프라나**)은 <**아**(A)로 부터 평형의 **에너지**(**사마나**)로 확장하는 동안 일어 나는 공명(共鳴, **나다**)>이다. 즉 쿤달리니의 상승과 관련된 **프라나바 옴**(Aum)이다.

(**쉬바 수트라**와 또 <**랄라 부분**>을 참조하라.)

스승은 이 날숨을 들숨 안에 봉헌한다. 자신의 **지복**의 핵심을 관통하며, 다음에 그것을 제자에게 주입하기 위해, 이 <시초의 **프라나**(날숨)의 거대한 흐름(**핀다**)>을 꾸준히 확고하게 한다. 그런 것이 <자신을 위한 첫 번째 "암송(暗誦)"> 혹은 <스승의 **아파나**(들숨)의 견고함>이다.

그다음 스승은 제자의 몸으로 들어가고, 호흡을 매개로 하여, 그는 다시 또 <**아파나** 속에 **프라나**>, 또 <**프라나** 속에 **아파나**>의 쌍둥이 봉헌을 만든다.

<그의 들숨으로 들어간 이 **의식**>은 제자의 소리 진동(**나다**)에 삽입되어 그것을 정화한다.

날숨이 <내적인 풍부함(**푸라카**, 숨을 들이마시고 그치는 것)>의 시간에 들숨 속에 봉헌될 때, 스승은 자신의 **지복** 속에 잠기게 되고, 그때 그는 제자의 불순한 호흡을 취(取)해서 그것을 정화한다. 들숨이 날숨에 봉헌될 때, 이것은 <외적인 공허함(**레차카**, 숨을 내쉬고 그치는 것)>인데, 스승은 제자 속으로 들어가서 호흡을 되찾고 그래서 정화된다. 이런 식으로, 스승의 **푸라카**는 제자의 **레차카**가 되고, 그 역(逆)도 똑같은데, 연속적으로 앞뒤로 움직인다. **푸라카**로 감각 대상에 대한 즐거움이 내면화되고, **레차카**로는 대상에 대한 이해(理解)를 하게 하는 외적인 움직임이 있다.

다시 **스승이 숨을 내쉴 때** - 음소 **아**(A)로부터 평형의 에너지까지 - **제자는 그것을 그의 들숨으로 다시 취(取)한다.** 그러나 제자로부터 그것이 나올 때 이 호흡은 불순하여, 정화되도록 스승은 다시 취해야 한다. 그런 식으로 스승은 제자의 호흡이 **브라흐마란드라**에 도달할 때까지 계속하며, 각자의 의식은 완전히 고요하다. 그때, 한순간에, 스승은 자신의 핵심에서 **프라나바 옴(Aum)**을 나타내고, **숨을 들이마시며**, 그는 제자와 하나가 된다.

이것이 **스와댜야-야갸**를 행하는 방법이다.

[요한복음에 이런 장면이 나온다. 부활의 예수가 제자들에게 나타나 이렇게 했다고 한다.

예수께서 제자들을 향(向)하사 **<숨을 내쉬며>** **"성령(聖靈)을 받으라."**

성령은 곧 **"바람, 숨, 호흡, 생기"**를 말한다.]

몇 가지 요점을 명확히 할 필요가 있다. 위에서 말하는 **<호흡의 교환>**은 (우리의) **보통 프라나와 아파나와는 아무런 관련이 없고**, 그것들은 미묘한 성격에서, 일단 중앙 통로로 들어간 것이다.

이 희생에는 **두 가지 요구 사항**이 있다. 자신의 의식을 제자의 의식에 주입하기 위해서는, **스승은 자신의 몸에서 의식을 해방할 수 있어야 하며, 또 제자는** 스승의 날숨을 즉시 취할 수 있도록 **준비가 되어야 한다.** 그러면, 그는 스승의 의식으로 가득 차서, 차츰 스승의 **<지복한 상태>**의 다양한 양상을 나누게 된다.

[각 호흡에 따른 일곱 **<지복한 상태(아난다)>**는 **탄트라 사라**에서 다룬다고 했다.]

만트라.비랴 혹은 <완벽히 통제된 **의식** 에너지의 효능>의 전승은 길고 힘든 수행이다. 특히 <스승이 되려는 제자>의 <**아비쉐카** 입문>의 경우. 입문자가 확실한 믿음과 성실함과 헌신이 필요하기 때문에, 실제로 그것을 받은 사람은 희귀(稀貴)하다.

[<**아비쉐카** 입문>은 원래 **브라만** 사제가 행하는 왕자의 즉위식이었다고 한다. 우리는 **탄트라 사라**에서 <**기름 부음**>으로 다룰 것이다.]

『**파라 트리쉬카**』의 해석(비바라나)에서, 스승은 자신의 의식을 "평분점(**비슈왓**)"이라고 부르는 지점에서 제자의 의식에 삽입한다. 왜냐하면 거기서는 들숨과 날숨이 평형 상태에 있고, 동등하고, 그래서 진정되어 있기 때문이다. **아비나바굽타**는 두 가지 유형의 봉헌을 언급한다. 하나는 부분적인 것으로, 제자가 이번 생(生) 동안 세속적인 즐거움을 즐기고 죽음 시에 해방을 얻으려는 경우이고, 다른 것은 전적(全的)인 것으로, 그가 **쉬바**와 합일하고자 하는 단 하나의 욕망만 있는 경우이다.

\<중추를 꿰뚫는 것으로 입문하기\>

\<중추를 꿰뚫는 것\>으로 순전히 내면의 수준에서 행해지는 여러 입문은 \<중앙의 호흡 에너지(마드야-프라나 쿤달리니)\>를 활동하게 한다. **이것은 쿤달리니가 깨어난 스승과 제자를 위한 것**이다. 우리는 스승이 어떻게 자신의 **쿤달리니**에 행하여서, 우리 몸의 아홉 구멍 전부나 어느 하나를 통해 제자의 몸에 들어가 제자의 **쿤달리니**를 올리는지를 볼 것이다.

아비나바굽타는 탄트라 알로카 29장 236-253절에서 이들 입문을 간략하게 설명한다.

< 236 >
"즉각적 경험(향유, 보가)을 바라는 제자를 위해, 고도의 요가를 성취한 스승은 \<꿰뚫기의 입문\>으로 그 결과를 즉시 줄 수 있다."

"베다(vedha) 즉 꿰뚫기(관통, 침투)"라는 용어를 정의하기 위해서 **자야라타**는 출처불명의 한 절을 인용한다. 그것에 따르면, 호흡 에너지는 \<돌아가는 드릴\>처럼 **얼나**를 꿰뚫어서 \<꿰뚫린 **보석**(寶石)\>을 만든다. "그런 것이 꿰뚫기의 유형이다. 그것으로 속박은 풀려질 수 있다."

<그런 스승>은 <쿤달리니의 수행>에 대한 능수능란함 때문에, 단순한 학자풍의 스승과는 다르다. 책(경전)의 (간접적인) **지식**은 폭넓은 **경험**(經驗)이 따르지 않으면 열매가 없다.

< 237 - 239a >

"여러 곳에서 많은 방식으로 기술된 이 <꿰뚫기 입문>은 이 분야에 능숙한 스승이 행해야 한다.

적절하게 행하여 더 높은 단계로 흡수되는 것을 통해, 제자는 자신의 바퀴(중추, 차크라)가 뚫려서 아니마 등의 <초자연적인 힘>이 생기는 것을 보고 강한 확신을 얻는다.

그러나 라트나말라 탄트라는 <초자연적인 힘>을 금하는데, 더 높은 바퀴로 오르지 못할 때 그것은 악마적인 것(피샤차)이 되기 때문이다."

아니마 등의 <초자연적인 힘>에 대해서는 『삼위일체경 **파라 트리쉬카**』 92쪽을 참조하라.

자야라타가 인용한 절에서는 두 가지 적대적인 움직임을 분명하게 가리킨다. <상승하는 과정>은 해방과 **알아채는 일**을 주는 반면, <하강의 과정>은 악마(광란)에 의한 침투와 관련된다.

(악마적인 것은 **피샤차베샤**로 앞에서 다루었다.)

만약 <에너지의 흐름>이 위로 올라가는 대신에 바퀴(중추)에서 바퀴로 내려가면 어떤 열매도 맺을 수 없을 뿐더러, 더 나쁜 것은, 이 흐름이 우울과 에너지 낭비로 이끌어 영적인 삶에 장애가 된다는 것이다. 그런 과정은 스승과 제자 둘 모두를 위태롭게 하는데, 이런 입문은 유익뿐만 아니라 위험도 둘 모두에게 나누어지기 때문이다. 실패는 스승이 충분한 경험이 없거나 아니면 제자가 충분히 준비되지 않았기 때문이다.

< 239b-240a >
"가바라 탄트라에서 주(主)는 여섯 가지 <꿰뚫기 입문>을 말한다.
① <신비의 만트라('아함')>, ② <내면의 소리>, ③ <빈두(精力, 잠재적인 힘)>, ④ <에너지(샥티)>, ⑤ <뱀(부장가)>과 ⑥ <지고(至高, 파라)>."

이런 꿰뚫기(침투)는 똑같은 결과를 가져 오지만, 어떤 것은 다른 것보다 완전(完全)에 더 가깝고 또 능률적이다.
모든 꿰뚫기에서 스승은 숨을 자신의 몸의 낮은 중추로 들어가게 만들고, 그다음 제자에게 적합한 것으로 생각되는 꿰뚫기 유형을 행한다.

"스승은 먼저 자신의 <여덟 빛줄기 바퀴(가슴)>
등 경전에 있는 불꽃 뭉치를 명상한 후, 그것으로
제자의 <가슴 바퀴>를 꿰뚫는다. 이것이 <만트라
('나, 아함')의 꿰뚫기>이다.

혹은 아홉 가지 방법으로 그 자신의 몸에 문자
아(A)의 냐사를 한 후, <빛나게 타오르는 그것>을
제자의 몸으로 보낸다. 그것은 그의 속박을 끊고,
지고의 실재와 연합하게 한다.

이는 딕숏타라 탄트라에 있는 것으로, 스승 샴부
나타가 내게 말했다."

"**나**"라는 그 **말**(만트라, **말씀**)은……

그 <참된 의미>를 찾아, 이 세상이라는 광야를
수십(수백) 년을 헤맨 누군가는 이렇게 고백했다.

"**나는 곧 나다**(에흐예 아쉐르 에흐예)!"

그의 고백은 <현재 서양종교>라는 근간을 일으킨
힘이었다. 그 해석은 십계(十誡)라는 돌판의 앞면을
메우고 있다. 그러나 그 종교를 따르는 이들은 그
말(만트라)과 해석을 거의 무시하는 것 같다.

지고의 <**나인 무엇**>을 재인식하려는 제자의 열망에서 솟구치는 자발적인 **만트라**는 결코 어떤 소리 또는 단어가 아니라 <**가슴 차크라를 꿰뚫는, 그런 압도하는 힘**>에 의한 "**나**(아함)"의 깨달음이다.

그래서 그것은 <**가슴에서 가슴으로**(以心傳心)의 입문>처럼 보이는데, <자신의 **가슴**에서 깨달은 그 "**나**"의 힘을 통해> - <자신의 **가슴**에서 느끼는 그 "**나**"라는 확신을 통해> - 스승은 <제자의 **가슴**>에 닿기 때문이다.

쿤달리니가 뿌리 중추로부터 움직이기 시작할 때 스승은 자신의 **가슴**에서 여덟 바퀴살 중추를 준비하고, 그다음 그것을 펼친다. **쿤달리니**가 진동하기 시작하는 가슴까지 나아갈 때, 힘과 열정으로 가득 차 있어야 제자의 가슴을 뚫을 수 있다. 그 몸의 아홉 구멍을 통해 **쿤달리니**를 내보낼 때, 스승은 그녀가 동일한 구멍을 통해 입문자의 몸으로 들어가게 한다. 그다음 **만트라** "**나**"의 형태로, 그녀를 모든 중추를 통해 **브라흐마란드라**까지 올라가게 한다.

[<여덟 바퀴살(빛줄기) 중추(즉 **가슴**)>는 배꼽에 있는 <열두 바퀴살 중추>보다 우선적이다.

그리고 **만트라-베다**는 기독교의 <말씀 묵상>과 또 불교의 <화두(公案) 참구>에 근접할 것이다.]

"나다(소리)는 발음(發音) 즉 <출현하고 나타나는 성질> 때문에 그렇게 부른다. 그것은 출현(出現) 즉 말리니와 관련해서 일어난다. 스승은 나다를 통해 제자의 마음을 꿰뚫는다.

이것이 <나다를 통한 꿰뚫기>다."

나다는 드바니, 아나하타와 동의어이다.

이런 유형의 꿰뚫기는, 세계의 안녕을 위해 일하고자 하는 요기를 위한 것으로, <지속된 소리>의 도움을 받아 행한다. 그것은 스승으로부터 제자로 가기 때문에 <창조적인 과정>이라고 할 수 있다.

(대조적으로, 제자로부터 스승으로 가는 <흡수의 과정>은 현재의 경우에는 적절하지 않다.)

<내면의 소리>는 귀의 작용이 멈추었을 때 인식되는 소리와 비슷한 것으로, 처음에 스승의 중앙 통로에서 일어나 가슴이나 브라흐마란드라로 올라간다. - 둘 다가 이제 <하나>가 된 것처럼 말이다. 똑같은 순간에 그것은 자동적으로 제자의 몸으로 들어가고, 그의 호흡은 공명 즉 아낫카로 바뀐다.

(아낫카는 "모음 없이 <카>를 발음하는 것"으로 앞에서 다루었다.)

후자는 그다음 **가슴**에서 **물라다라**로 내려가고, 거기에서 회전하기 시작한다. 그다음 그것은 하나하나씩 진동하는 중추를 꿰뚫고 **브라흐마란드라**로 되돌아간다. 그리고 제자는 <**신비한 공명(共鳴)**>의 이 과정을 알아채게 된다.

<가슴으로부터 뿌리 중추까지의 **쿤달리니** 공명의 하강>은 저 악마적인 하강과 혼동해서는 안 된다. 여기에서는 **에너지**가, 바퀴로부터 바퀴로 내려가듯, 하나씩 차례로 활성화되지만, 거기에서는 수행의 시작에서, 중추에서 중추로 **쿤달리니**가 상승하기 전에 일어난다.

자야라타는 "**가바라**(심오한) **탄트라**"의 아리송한 구절을 인용한다.

"(스승은) 먼저 <지속적인 소리>를 내면서, 소리 자체 안에 소리를 잡아라. 그다음 **나**(Na)에서 **파**(Pha)까지 음소를 읊조리면서, 음소의 통로를 정화하고, 소리의 수단을 통한 꿰뚫기를 하라. 오 여신이여, 이것이 <소리를 통한 꿰뚫기>이다."

[성경은 <어떤 소리>를 질러 외치자 **여리고 성벽**(城壁)이 무너졌다고 말한다. <내면의 소리> 즉 이 <신비의 공명>은 우리의 이 **마음 벽**을 무너뜨리고 우리에게 **여리고**("향기")를 얻게 할지도 모른다.]

226

"오 여신이여! 마음을 <두 눈썹 사이(眉間) 혹은 가슴에 있는 빈두>에 집중하라. (스승은) 빈두를 <불꽃 다발의 빛나는 것>으로 시각화한 후에, 그것으로 제자의 마음을 완전히 깨어나게 한다.

이것이 <빈두를 통한 꿰뚫기>이다."

이 꿰뚫기 동안, 스승은 자신의 **가슴**으로 그의 모든 정력(빈두)을 모으고, 그것을 그것의 완전한 힘까지 가져간다. 그것이 제자의 의식을 밝힐 수 있는 살아 있는 불꽃이 될 때, 그것을 두 눈썹의 가운데로 취한다. 그다음 그것을 제자의 의식으로 들어가게 하고, 제자도 또한 두 눈썹의 가운데에 위치한 그 빈두에 집중한다. 만약 제자의 중추가 순수하고 완전히 깨어 있으면, 그곳에 정력을 둔다. 그렇지 않다면, 그는 그것을 그의 가슴에 두고, 또 그것도 불가능하다면, 구근에 둔다.

그때 그것이 뿌리 중추에 닿으면, 호흡은 아주 강력한 정력의 흐름으로 변형되고, 스승과 제자 둘 다에서 몸 전체로 퍼지고 **브라흐마란드라**로 올라간다. 그때 입문자는 그의 중추를 통해서 흐르는 <활발한 잠재력(정력)>을 알아채게 되고, 이 세상의 즐거움에 대한 모든 매력은 사라진다.

"아름다운 이여! <몸의 밑바닥을 자극하여(다른 말로, 웃차라를 통해)> 스승은 <샥티에 속한 것>을 샥티만(쉬바)에게로 불러올린다. 그것은 삼각형에 자리하고, 꾸불꾸불한 귀고리 모양이다.

조용히 그것을 자극하는 것으로, 그는 우주 전체를 꿰뚫는다. 그것이 이런 유(類)의 순환하는 침투여서, <샥티에 속한 꿰뚫기>라고 한다."

이 구절은 주해(註解) 없이는 잘 이해할 수 없다. 웃차라의 어근 <웃차르>는 <오르다, 토(吐)하다, 읊조리다>의 뜻이 있다.

웃차라는 우선은 쿤달리니를 상승시키려는 목적으로 <항문 괄약근을 위쪽으로 수축하는>의 의미가 있고, 또 <의식적이고 강력한 오름>과 마지막으로 "웃차라 없는 웃차라"는 <어떤 의지적인 노력이 없이 일어나는, 연습이나 애씀이 필요 없는, 소리 진동의 자동적인 상승>과 관련된다.

에너지는, <진동과 소리> 둘 다에서 벌처럼 윙윙 거리며, 자동적으로 위로 움직인다.

이 꿰뚫기는 완전한 것이 특징으로, 힘(능력)을 키우려는 제자에게 좋다. 모든 중추를 깨우는 동안 낮은 중추에서 높은 중추로 가기 때문이다. 항문에 가하는 수축과 이완의 과정을 통해, 스승은 에너지 전체를 취하기 위해 <독특한 맛을 가진, 다른 말로, 자신의 에너지를 완전히 소유한 "쉬바의 두 발"을 붙잡는 것으로써> 중앙 통로로 호흡을 강하게 끌어 올린다.

이 꿰뚫기의 과정에서 스승은 제자의 몸에 들어 간다. 그리고 자신의 **쿤달리니**를 상승시키는 동안 제자의 **쿤달리니**를 깨우고 또 오르게 한다. 제자는 그때 중추로부터 중추로 중앙 통로를 따라 똑바로 달리는 그런 강렬한 에너지의 흐름이 퍼지는 것을 느낀다. 그것이 정수리에 도달하면서, 에너지의 **주**, **쉬바**와 결합된다. 완전한 **의식**과 신성의 **힘**은 이제 분리할 수 없게 되었다. 이것이 **쉬바의 웃차라**를 성취하는 방법이다.

이 꿰뚫기의 특징은 자동성이다. 이에 수반되는 소리는 검은 벌의 연속적인 윙윙거림과 같기 때문 이다. 에너지는 스승과 제자에서 동시적으로 깨어 난다. 그러므로 **바퀴**가 돌고 진동하기 시작할 때, 그들은 내면에서 일어나는 이 윙윙거리는 소리에 집중해야만 한다.

상승이 완성되었을 때, 지금까지 <낮은 중추의 삼각형 안에 미묘한 형태로 잠재해 있던 우주>는 이제 <우주적 에너지> 속에 깊이 잠겨서, <신성의

에너지>와 <우주> 사이에는 극미한 차이도 없다. 그렇게 그들의 혼합(混合)은 완벽한 것이다.

다음에 나오는 꿰뚫기는, **쿤달리니**가 정상까지 곧장 오르는 것이고, 또 자동적인 것이다. 왜냐하면 **지복**이 현현하자마자 꿰뚫기의 모든 과정이 필연적으로 끝나기 때문이다. **지복**과 **자동성**은 서로 연관되어 있다.

< 248 - 251 > ⑤ 부장가-베다

"**지복**(아난다)을 나타내는 <지고의 샥티>가 자궁에서 지고로 오를 때 그녀는 <다섯 후드의 코브라처럼> 꾸며져 있다.

그녀는 다섯으로 구성되는데, ① 칼라, 탓트와, 난다 등, ② 뵤마(공간), ③ 쿨라, ④ 브라흐마에서 시작하는 창조신, ⑤ 감각기관이다.

이 다섯의 그녀는 <브라흐만의 (낮은) 처소>를 떠나서 <브라흐만의 (높은) 거처>로 들어가 쉰다. 그녀는 용용에는 번개처럼 번쩍이고, <브라흐만의 거처>로 들어갈 때는 몸을 꿰뚫고, 자기 자신(얼나)에게로 파고든다.

이것이 바이라바-아가마에 묘사된 <뱀의 꿰뚫기>이다."

이것은 **샥타-베다**의 변형으로, <즉각적이고 우주적인 유형>의 각성을 일으킨다. <넘치는 **지복**>이 <신비의 공명(**나다**)>을 대체한다.

상승하는 움직임은 **물라다라**에서 시작해 **드와다샨타**에서 끝나는데, 중간 중추를 따라서는 멈추지 않는다. 똑같은 말 "**브라흐마-스타나**"를 사용하여, 시작하고 끝나는 지점 모두를 언급하는 것은, 이 번쩍거리는 상승 동안 두 개의 중추는 단지 <하나>라는 사실을 강조하는 것이다.

상승된 **에너지**는 <다섯 **후드**가 펼쳐져 격렬하게 진동하는 **코브라**>처럼 보이는데, 우주의 많은 면을 상징한다. 즉 <우주적 에너지의 다섯 **칼라** - **샨타티타**, **샨타**, **비디아**, **프라티슈타**, **니브릿티**>, <**흙**에서 시작하는 다섯 **탓트와**>, **난다** 등 다섯 길상의 <달(月)의 날(**티티**)>, <**잔마**, 가슴, **브루** 등의 다섯 **뵤마**>, <다섯 **쿨라**(에너지의 양상)>, <창조의 다섯 신(**브라흐마**에서 **사다쉬바**까지)>, 또 <감각기관과 행위기관>.

수행자는 이 세상에서 작동하는 **에너지**(**크리야 샥티**)를 부여받는다. 그의 **지복**은 그의 몸에 스며들어 우주로 퍼진다. - 그것은 **의식**으로 만들어진 우주이고, **얼의 나**와 하나이다.

"'마음 즉 생각이 용해될 때까지는 명상이 필요
하다…… (그것은 뱀의 꿰뚫기이다.) 그러나 마음이
완전히 사라지면, 신들의 주여! 그때 <지고의 지복
(파라-아난다)이라고 칭하는 무엇>이 있다.'

거기에는 감각기관도 없고, 호흡도 없고, <내부의
기관>으로 알려진 것도, 마음도, <생각의 대상>도,
<생각의 주체>도, <생각하는 행위>도 없다.

<의식 안의 모든 양상이 사라지는 것>, 이것을
<지고의 꿰뚫기>라고 한다."

어쨌든 거기에 <침투(꿰뚫기)라는 것이 있는 한>,
<우주가 (뱀의 꿰뚫기에서 기술된 다섯 가지 양상
이라는) "생각"이 부여된 의식으로 이해되는 한>,
수행자는 소위 <뱀의 입문> 너머로는 가지 못한다.
이것은 이전 단계의 열매이다. <지고의 꿰뚫기>가
일어날 때, 즉 <생각(비칼파)>이 없을 때, 어떻게
꿰뚫기가 인식될 수 있겠는가!

만약 거기에 오직 <하나>만 있다면, 그것은 특정
중추가 아닌 모든 곳에서 일어날 것이다. 요기가
<하나이고 유일한 중추>에 도달했을 때, 그는 편재
(遍在)하고, 그의 중앙 통로는 우주적이기 때문에,
중추는 모든 곳에 있고 모든 것을 포함한다.

요기는 이제 자신의 몸을 <우주로부터 분리되어 있는 것>으로는 알지 못한다. 그는 자신이 어디에 있는지를 알지 못한다. 그의 모든 **생각**(비칼파)은 사라져버렸고, 그는 오로지 **지복**(至福)과 <말할 수 없는 황홀(니르비칼파-**차맛카라**)>만 경험한다.

[**탄트라 알로카** 29:255-271에서는 <지식을 아는 다른 스승들의 비밀>로서 아홉 꿰뚫기를 소개하나 여기서는 생략한다.]

☯

<아비쉐카, 성화(聖化) 혹은 헌신(獻身)>

우리는 아직 <입문의 가장 높은 형태>를 다루지 않았다. 거기서 스승은 제자에게 **은혜**(**성령**)를 준 뒤에 제자의 **에너지** 위에서 작업한다. 그 **은혜**로써, 제자는 자신의 차례에서 많은 제자를 입문시키기에 적합한 스승(**아차리아**)이 된다.

아비나바굽타가 **탄트라 알로카** 23장에서 말하는 의례(儀禮)의 목적은, "마치 다른 **횃불로부터 불이 붙은 횃불처럼**" 가능한 모든 방법으로 스승을 모방하면서 취하는 제자의 <스승과의 동일시>이다. 즉 신비로운 경험, 지식, 행동, <성격의 특성> 등등.

(머리에) 기름을 부은 후, 스승은 이 새 스승에게 <만트라의 힘(만트라-비랴)>을 불어넣는다. 이것을 위해 새 스승은 여섯 달 동안 모든 만트라를 명상한다. 만트라와 동일시함으로써 그는 속박을 깨는 데 핵심적인 힘을 얻는다. 그다음 그는 스승에게 돌아가 그 앞에 앉는다. 거기에서 <가슴에서 가슴으로(以心傳心)의 입문>이 일어나는 것이다.

[이는 앞에서 다룬 <내면의 소리로 꿰뚫기(나다-베다)>와는 다르다.]

< 33 - 40 >

"스승의 가슴 바퀴에서 생명 에너지는 직선처럼 오른다. 그것은 <소리의 본질>이면서 미묘하여 <달-수정(水晶)>과 같다.

(즉 유익한 넥타로, 깨끗하고 순수하다.)

달래어져서, 그것은 중추들을 연속으로 지나가고, 중앙 통로 안에서 최고 중추까지 달린다.

(거기서, 그 호흡 에너지 안에서, 스승은 제자의 가슴을 이 <만트라의 정수>로 가득 채운다.)

그다음 그는 만트라를 발한다. 그것은 타오르는 불꽃처럼 빛나고, 몸의 모든 구멍에서 솟아오른다.

마침내 만족하여서 <그것이 먹고 살았던 버터가 완전히 녹으면>, 그 불꽃의 점(點)은 가슴 중추에서 가라앉는다."

(위의 <가슴 중추>는 문자적으로는 배꼽이다.)

그러니 <호흡 에너지의 웃차라>를 통해, 스승은
새 스승의 소리의 정수를 그의 주요한 중추로 주입
시킨다. 뿌리 중추에서부터 탈루까지, <옴 만트라
(음절) 에너지의 주된 단계>를 따라서. 그 마지막은
지고의 쉬바로 접근을 준다.

(<옴 음절 에너지의 주된 단계>는 빈두, 아르다
찬드라, 니로디니, 아나하타 나다, 나단타, 샥티,
비아피니, 사마나, 운마나를 말하며, 쉬바 수트라
등에서 다루었다.)

스승이 어떤 중추를 작동시키더라도, 만트라는
효율적인 것으로 증명된다. 수행자에게 주입되었을
때, 이 만트라는 스승의 가슴으로 돌아오고, 거기서
부터 브라흐마란드라까지 움직이고, 다시 가슴으로
내려오고, 그다음에는 제자의 가슴으로 돌아간다.
스승과 입문자 사이의, 끊임없는 앞뒤로의 움직임
속에서 말이다.

<순수한 지식(숫다 비디아)>과 관련된 이 성화를
통해, 새 스승은 <신비한 만트라의 힘>을 얻는다.
그래서 그가 이후 그 자신의 제자들에게 줄 어떤
만트라도 그 자체가 강력하고, 순수하고, 또 그들을
자유롭게 할 수 있는 것으로 증명될 것이다.

이 부분은 **탄트라 사라**의 제 18 장 **<기름 부음 (아비쉐카)>**에서 따로 다룬다.

[약 20년 전 영화 <A.I.>에서, 현 인류가 사라진 뒤 <미래의 인류(?)>는 서로의 손을 잡고 그들의 정보(지식)를 공유(전달)하는 장면이 나온다.

영화 <아바타>에서도 <판도라의 영적 식물들>과 <나비족의 (영적) 거인들>은 신경망(神經網) 내지 **<프라나(생기)의 흐름(나디)>**을 통해 그렇게 한다. 굉장한 장면으로 볼 만한 가치가 있다.

인도(印度)의 영성은 수천 년 전에 **쉬바**(스승)와 **샥티**(제자)가 <그렇게> 했다고 전한다. 그러니……

"우리(쉬바, 의식)도 할 수 있다(샥티)!"]

2. 샥타-비갸나와 아마라우가-샤사나

<소마난다의 샥타-비갸나>

<쿤달리니 에너지의 13 단계 움직임>은 다음과 같다.

< 1- 2>

"① 자리, ② 침투, ③ 양상, ④ (명상의) 대상, ⑤ 표지(標識), ⑥ 상승의 몸짓, ⑦ 깨어남, ⑧ 중추에서의 쉼, ⑨ 단계에 대한 접근, ⑩ 마지막 상태, ⑪ 온전한 안식, ⑫ 근본적 변화, ⑬ 귀환(歸還)."

< 3>

"<쿤달리니 에너지와 관련한 최고 지식(知識)>은 13 단계로 구성된다. 이것은 모든 트리카 경전에서 쉬바 자신이 언급하고 있다."

샥타-비갸나는, 탈루에 호흡이 쌓이는 것은 언급하지 않고, <호흡이 바로 뿌리 중추나 중앙 통로로 들어가는 것>으로 쿤달리니의 상승의 설명을 시작한다.

< 4 > ① 스타나, 자리 또는 성소(聖所)

　"<배꼽 아래 다섯 손가락 너비와 성기관 위 두 손가락 너비, 이 둘 사이>에 '차크라-스타나' 즉 <(낮은) 중추의 자리>라고 하는 구근(球根)이 위치한다."

< 5 > ② 프라베샤, 침투(浸透)

　"<들숨과 날숨이 정지한 후, 그 지점(구근)>에, <호흡의 움직임이 완전히 통제될 때, 중앙 통로 속으로 인도(引導)되는 그 지점>에 '주의를 집중하라.' 이것이 '침투'라고 부르는 것이다."

　쿤달리니를 상승시키기 위해, 사람은 <지속적인 명상>을 해야 한다. 왜냐하면 그녀의 본질이 명상이기 때문이다. 그다음 소위 <"출생" 삼각형(잔마 다라)>을 시각화한다. 아래로 향해 있는 삼각형의 꼭짓점은, 숨이 그 안으로 들어가고 또 **쿤달리니**가 위로 뻗는 것처럼, 역전(逆轉)되어야 한다. 만약 이 삼각형이 집중을 위해 사용되지 않는다면, 그것은 점차 희미해질 것이다. 그러나 **쿤달리니**의 상승을 시도하는 동안 그것에 주의를 고정한다면, 그것은 단단하고 확고하고 안정적이 된다. 나중에 **쉬바**와 에너지가 나눠질 수 없이 합일하게 될 때, 그것은 <여섯 바퀴살(빛줄기) **바퀴**>로 변한다.

< 6- 7> ③ 루파, 양상(樣相)

"이제 그 양상이다. (그것은 두 개의 중추로 이루어져 있다.) 하나는 <삼각형의 마름>처럼 보이고, 다른 것은 <영원한데, 여섯 바퀴살>이 있다.

구근(칸다)은 석류꽃처럼 붉고, 본질로는 (순수한) 명상(冥想)이다."

구근 안에는 양성(兩性)이 거(居)한다. <수행자의 성(性)>은 마름(water chestnut) 모양의 역삼각형이고, 그 <반대되는 성(性)>은 솔로몬의 인장처럼 <여섯 바퀴살>을 이룬다. 그러므로 그것은 <자신의 성>과 그 <보완적(補完的)인 성>을 가진다.

[다른 곳의 육각별(✡)의 설명과 비교하라.]

붉은 색이 쿤달리니의 깨어남을 가리키기 때문에 이 중추는 붉다. 그 첫 단계는 물라다라에서 일어난다.

< 8> ④ 락샤, <(명상의) 대상(對象)>

"이 구근의 가운데에 생각을 집중하라. 그것이 거기에 고정될 때까지. 호흡이 처음으로 포기되어 고요하게 되면, (추구하던) 목표가 드러난다."

<명상의 대상>은 (사람이 그쪽으로) 암중모색하고 있는 <아직 공식화되지 않는 목표>이다. 그것은

<하나로 모아진 생각을 구근에 단단히 고정할 때>, <호흡이 저절로 가라앉을 때> 스스로를 발견하기 시작한다.

호흡은, 호흡을 알아채려는 최소한의 노력 없이, 고요하게 된다. 그런 것이 **"포기되어(티악타, 버림 받은, 자연스레 버려진)"**의 의미다. 사람은 단순히 숨 쉬는 것을 잊어버린다.

만약 호흡이 자연스럽게 그치기 전에 의도적으로 멈춘다면, 생명이 위태롭게 될 것이다.

< 9-11> ⑤ 락샤나, 표지(標識) 혹은 증상

"<부딪혀(마찰로) 나는 것이 아닌 소리(아나하타) 에너지>가 구근 바퀴 가운데에 서니, 위아래 양 끝 에서 뱀인 양 파동 치는 직선처럼 보인다.

그래서 (움직일 수 없는 이런) 상태가 아래위로 고정된다. (해와 달인) 그들 둘 사이에서, 칼라는 천 개의 해처럼 눈부시게 빛난다.

이 에너지는 호흡을 약간만 억제하면 확인할 수 있다. 이것이 '표지'이다."

칼라는 달의 <열여섯 번째 부분>이라는 뜻에서 <신성의 에너지>를 말한다.

침투의 단계에서 **프라나** 혹은 생명의 힘은 뿌리 중추로 싹을 낸다. 이후로 그것은 들숨과 날숨의 어떤 흔적도 없이 고요하게 거기에 남고, 그래서 쿤달리니는 움직임이 없이 누워 있다. 오직 소리의 진동이 꾸불꾸불한 것을 통해 움직인다. 머리에서 꼬리까지, 자동적인 **아나하타** 소리가 내면으로부터 갑자기 생겨난다.

쿤달리니는 **뱀** 모양으로, **뱀**처럼 꾸불꾸불하다. 그녀는 두 개의 말단(末端)을 가지고 있다. 그것은, <그녀가 **프라나**와 **아파나**, 그리고 모든 이원성을 포함하는, **해**와 **달**의 두 극단 사이에서 움직이지 않고 누워 있을 때>, **요기**가 머리에서 발까지 오직 **쿤달리니**를 경험한다는 뜻으로 보인다.

그렇게 진정되어 **쿤달리니**는 가장 놀라운 광명을 떠맡는다. 이 상태의 증상은 에너지의 정지로, 이 완벽한 정지는 **약간의** <호흡 보유(쿰바카)>로 쉽게 확인될 수 있다. "**약간의**"는 어떤 외적인 압력이나 노력도 없이 자연스럽고 부드럽게 폐(肺)에 공기를 보유하는 것이다. 다음 단계에서도 똑같다.

<12-13> ⑥ 웃타파나, <상승의 몸짓>

"<(내적 호흡으로) 내쉬고 그치는 수행>을 하는 동안, 만트라(옴, 악샤, 흐림)를 반복하며 <완전히 깨어난 에너지>, **막대** 같은 <지고의 여신>에 집중하라.

그녀는 뿌리 중추 중앙에서 일어나 수슘나에서 쉰다. 이것이 상승의 몸짓과 관련된 것이다."

쿤달리니는 호흡 훈련을 통해서가 아닌 <영적인 에너지를 통해서만> 중앙 통로의 입구까지 자신을 끌어올린다. 깊은 흡수(사마디)는 중앙 통로 외에는 일어날 수 없는 <곧게 펴는 일>을 아주 자연스럽게 유발한다.

<(내적으로) 내쉬고 그치는 수행(안타-레차카)>은 - <날숨의 끝에서 텅 빈 상태> - 쿤달리니가 **막대**처럼 단단해지도록 필요한 힘을 공급한다. 이 끝에, **요기**는 **옴, 악샤, 흐림 만트라**를 읊조린다.

[옴은 우리에게 잘 알려진 **프라나바**이고, **악샤**(Akṣa)는 **아**(A)에서 **크샤**(kṣa)까지의 모든 음소를 포함하는 것으로, 따라서 음소들의 생명(어머니)인 **마트리카**이고, 흐림은 **쿤달리니 만트라**이다.]

동시에, **요기**는 꾸불꾸불한 것의 양 극단을 보며, 또 꾸불꾸불하지 않고 똑바로 펼쳐진 것을 보며, **상승의 몸짓**에 집중한다.

쿤달리니는, 주의해야 하는데, 뿌리 중추보다 더 높이 움직이지 않고 중앙 통로에서 쉰다. 이것은 지복의 단계이다.

<14-15> ⑦ 보다나, 깨어남

"구근에 있을 때, 그녀는 배꼽을 통해 그 길을 연속적으로 뚫어야 한다. 브라흐마를 통해 가슴에 위치하고, 비슈누를 통해 목구멍에 서고, 지체 없이 입천장에 자리한 루드라로 들어가게 하라.

그다음 두 눈썹 사이에 선 이슈와라로 들어가고, 브라흐만의 문을 통해 사다쉬바 속으로 관통하게 하라. 일단 깨어나면, 빨리 <(아무것과도) 관련이 없는 쉬바>의 영역에 도달하게 하라."

깨어남의 단계에서, 에너지는 구근에서 상위의 중추로 오른다.

스왓찬다 탄트라는 동일한 단계와 또 그것들을 통할하는 신성들을 기술한다. 가슴에는 브라흐마, 목구멍에는 비슈누, 입천장에는 루드라, 두 눈썹 사이의 중추에는 이슈와라, 브라흐마란드라에는 <영원한 쉬바(사다쉬바)>. 여기에 추가하여, 샥탸-비갸나는 <공 너머의 공(순야티순야)>에 위치한 <(아무것과도) 관련이 없는 쉬바> 즉 아나슈리타 쉬바를 언급한다.

그 신성들은 몸 안에서 특정한 기능을 관할한다.

<16-18> ⑧ 차크라-비슈라나, <중추에서의 쉼>

"그것이 깨어남이다. 이제 여러 중추에서 쉰다.

에너지는 브라흐마란드라를 꿰뚫는다. 이것은 싹
(혹은 연꽃의 천 개 꽃잎), 눈부시고, 생래적이며,
유동적이고, 불변의 창공과 같도다.

<불멸의 왕관>이고, 에너지이며, 브라흐만 자체
이고, 이것은 빈두와 나다(즉 쉬바와 에너지)이다.
그런 것이 <열두 바퀴>로 알려진 것이다.

에너지가 연속으로 바퀴를 꿰뚫었을 때, 위대한
여신이 잠시 각 바퀴에서 쉬게 하라.

바퀴와 관련해서 이것이 가장 좋은 쉼이라."

최고의 중추 안에서 쉼이 온다. 타고난, 빛나는
꽃잎 - 이제는 물결치며, 이제는 부동이며, 그리고
또한 동시에 그 둘 다이다. 그것이 <모든 것(전체)>
이기 때문이다.

여기의 <열두 바퀴>는 아마도……

[비갸나 바이라바의 방편, 빛나는 이여! 문자를
넘어 소리로, 느낌으로 가라의 원래 모습이리라.

"열두 문자를 부여한 열두 차크라(바퀴)에 대한
올바른 이해를 통해 그것들을 연속적으로 꿰뚫어야
한다. 처음에는 <거친 것>에서 그것들은 명상하고,
다음은 <미세한 것>으로, <지고한 것>으로……

마침내 쿤달리니(명상자)는 쉬바가 된다."

열두 바퀴는 쿤달리니가 오르는 **열두 역**(驛)이다.

처음의 넷은 **아파라**로 <거친 것>이다.

① **잔마그라**(생식기의 자리, **잔마다라**)

② **물라**(뿌리 중추, **물라다라**)

③ **칸다**(구근)

④ **나비**(배꼽, **마니푸라**)

다음의 다섯은 **파라-아파라**로 <미묘한 것>이다.

⑤ **흐리다야**(가슴, **흐리트**)

⑥ **칸타**(목구멍)

⑦ **탈루**(입천장, 구개)

⑧ **브루마드야**(두 눈썹 사이)

⑨ **랄라타**(앞이마)

마지막 셋은 **파라**로 <지고한 것>이다.

⑩ **브라흐마란드라**(정수리)

⑪ **샥티**(에너지) :

　　　몸의 구성성분이 아닌, "에너지" 그 자체

⑫ **비아피니**(편재, 遍在) :

　　　쿤달리니의 여행이 끝났을 때의 에너지

열두 문자는 산스크리트 모음 열여섯 중 반모음 (半母音) 넷을 제외한 열둘이다. **파라 트리쉬카**를 참조하라.]

중추들을 기술한 후, 이제 <쿤달리니의 다양한 움직임>과 <바퀴에서 바퀴로 오르는 동안 (그녀는 더 활발해지는데) 일어나는 현현>을 말한다.

<19-23> ⑨ 부미카가마나, <단계에 대한 접근>

"처음에는 가슴이 떨린다. 그다음 입천장의 문이 머리와 함께 빙 돈다. 그때 보통의 시각을 초월한 증상이 나타난다.

몸의 각 부분이 떨고, 관절에서 팔다리도 떨고, 가슴은 통합적인 지식의 초자연적인 영향으로 두근거린다.

그런 상태에서 무슨 변화가 일어나든, 그런 것을 두려워하지 말라. 이것은 주권자의 **놀이**이다.

암브로시아에 **취해**, 그녀는 <세 가지 에너지의 **변화에 따라**> 수많은 생(生)의 행위들로 인한 그런 많은 변화를 일으킨다.

지고의 에너지로 <불순과 관련된 속박(束縛)>을 흩어버린다. 이것이 <단계에 대한 접근>이다."

요가의 단계에 대한 접근을 얻었을 때, 강력한 에너지가 각 **바퀴**를 꿰뚫는다. 그것이 72,000개의 미묘한 **나디**로 스며들지 않는 한, 중추가 처음에는 닳고, 그다음은 열리고, 마지막에 완전히 깨어나기 때문에, **요기**는 이상한 증상을 겪는다.

만약 그것이 자유롭게 위로 움직이는 동안, 몇 분간 각 **바퀴**에서 멈추고 진동하게 한다면, 오랜 준비 기간 동안, 한 중추가 처음으로 꿰뚫릴 때, <가끔 어떤 특별한 방해>가 일어난다. <상승하는 **쿤달리니**의 엄청난 압력>과 또 <그녀가 생성하는 극도의 긴장> 속에서 우리 몸은 예견하지 못하는 방식으로 반응할 수 있다.

그래서 격렬한 떨림이 가슴으로부터 퍼지고, 그 다음 입천장이 진동하기 시작한다. 마치 편재하게 되는 것처럼, 그는 어지러움을 느낀다. - <천상의 광경(디뱌드리슈티)>을 나타내는 단계이다. 그것은 방해받지 않는 모든 것을 통해 꿰뚫는다. 그리고 다시 <신비의 순수한 지식>의 영향으로, <십자가의 성 **요한**>이 언급한 것처럼, 사지(四肢)가 관절에서 진동한다.

요기가 <개아적인 상태>에서 <우주적인 상태>로 바뀔 때, 가슴이 뛴다. 마치 새가 가슴 안을 뛰노는 것처럼 느껴지지만 실제로 심장(心臟)이 고동치지는 않는다.

[앞에서 설명한 **구르니**는 <편재(遍在)하는 신성의 가슴>과 관련된다.]

요기에게 영향을 주는 <이런 모든 변화>에 겁낼 필요는 없다. 이것은 **지복**의 넥타에 완전히 취해

장난스럽게 여러 가지 형태를 떠맡은 **쿤달리니**일 뿐이다. 침착함을 잃고, 그녀는 막혀진 길을 찾아 중추의 문들을 세게 두드리며, 예기치 않은 결과를 일으킨다. 그 길의 장애물은 먼 과거로부터 축적된 불순에 기인한 매듭들이다.

결과적으로 각 개인의 반응은 부분적으로는 전생(前生)으로부터의 잠재성(무의식인 것)에 달려 있다. 그것들이 철저히 파괴될 때까지 속박을 흩어버린 후, **쿤달리니**는 마지막 단계로 접근한다.

<24> ⑩ 안타-아바스타, <마지막 상태>

"마지막 단계에 이를 때, 구근으로부터 예기치 않은 여러 현상이 일어난다. 소름이 끼치고, 눈물을 펑펑 쏟고, 자꾸 하품을 하며, 말을 더듬고, 그를 묶었던 것들이 확 풀리고, <닿는 것에 따른 신성의 기쁨>이 있고, <빈두의 진동>이 있다."

특정한 증상으로부터 에너지가 상승하고 있다고 추론할 수 있다. 눈물을 줄줄 흘리고, 소름이 돋고, 죽음의 때와 같이 입이 저절로 반쯤 열린다. 또한 대화에서 말을 더듬거리고, 분명하지 않은 단어를 말하고, 기쁨에 겨운 말소리를 한다.

매듭은 더 이상 침투에 저항하지 않는 중추에서 풀려 터진다. **쿤달리니가 72,000 나디에 스며들며**

온몸에 지복을 쏟아 부을 때, 그 느낌이, 신성에 "닿는" 그 감격이 얼마나 신성(神聖)하겠는가!

마침내 <힘(비랴)으로 가득한 불꽃>이 구근으로부터 분출된다. 이 섬광(번쩍임)은 진동(스판다)이 중추를 통해 달릴 때 일어난다. <빈두의 진동(빈두-비랴)> 또한 중앙 통로를 통해 브라흐마란드라까지 오르는 <정력(精力)의 내적인 수행>을 암시한다.

<25-27> ⑪ 비슈라마, <온전한 안식(安息)>

"배꼽 중추에서 일어나는 에너지가 완전히 깨어날 때, 외향의 모든 기관은 즉시 가버리고, 지고의 에너지는 지고의 거주처에 녹아든다.

<주체가 더 이상 (자신으로부터 떨어져 있는 것으로서의) 어떤 다른 대상도 찾지 못할 때>, <그의 에너지가 쉬바 안에서 쉴 때>, 이를 '온전(穩全)한 쉼'이라고 한다."

안식의 단계에서, 쿤달리니가 배꼽 중추를 떠나 완전히 깨어날 때, 감각기관은 더 이상 외부로 향하지 않고, 마치 태양이 지평선 아래로 사라지는 것처럼, <순수한 주체적 에너지> 속으로 용해된다. 일단 에너지가 잠잠해지면 모든 감각기관은 자연히 고요하게 되고, 외향적 활동과 이분법적인 생각은 더 이상 존재하지 않는다.

<지고의 **드와다샨타**>에 도달하면 에너지는 **쉬바** 속으로 흡수되고, **버금 바퀴**(2차 중추, 감각기관)는 용해되어 중앙 통로 내부에서 단일 단위로 흐른다.

　　이 <하나됨>의 혹은 **순수 의식**(칫)의 단계에서, 요기는 이후 <그 무엇도 앗아갈 수 없는> 그 평화, 그 **온전한 안식**을 경험한다.

<28-29> ⑫ 파리나마, <근본적 변화>

　　"만약 에너지가 안식을 찾은 그곳에서 <생각의 흡수>가 일어난다면, 그때 확신을 부여받은 이에게, <참나가 알려져야 한다는 것>은 **절대아**(絶對我)의 그 본성 안에서다.

　　<참나가 곧 파라마 쉬바 그 자신인 것>, 이것이 정확히 <근본적 변화>가 의미하는 것이다. 그것이 <천상의 암브로시아>, <인간 존재의 **생명**>을 끊임 없이 쏟아 붓는 **그**이기 때문이다."

　　그다음 단계는 <근본적 변화(파리나마)>가 일어난다. 이 **쉼**의 상태 속으로 흡수된 생각(마나스)이 사라질 때, 요기는 <제한된 것>으로부터 <무한한 것>으로, **나**(아트만)로부터 **얼나**(파라마-아트만)로 마지막 이동을 한다. 완전히 **알아채는 일**로써, 저 **파라마 쉬바**(우주적인 **나**)를 깨닫는다. 그때 **얼나**는 암브로시아를 끊임없이 쏟아 붓는다.

그러면 <28절>과 <29절과 30절> 사이의 차이가 무엇인가? 전자는 <수행과 관련되는 상태(**사다나-아바스타**)>를 다루는 반면, 후자는 <쉽고 자연스런 깨달음의 상태(**싯다-아바스타**)>와 관련된다.

<30> ⑬ 아가마나, 귀환(歸還)

"그러나 의식(생각)은 이곳에 있어야만 한다. 이 신성의 에너지가 거기에 다시 침투할 것이기 때문이다. 이것이 그녀의 마지막 귀환이다.

그래서 열세 단계에 관한 가르침 모두가 끝났다. 이것이 소마난다의 <(**쿤달리니**) 에너지와 관련된 지식(비밀)>의 전부다. 읽는 이에게 복이 있기를!"

아가마나의 어근 <아감>의 뜻은 <귀환, 근원>의 두 가지로, 즉 그것은 <근원으로의 귀환>이다.

만약 생각이 이 <우주적인 상태>에 집중된다면, 신성의 에너지는 다시 완전한 자동성으로, 그들의 바로 그 생명인 <모든 세상적인 활동>에 퍼진다. 그래서 <제한된 출발 지점>으로부터 사람은 무한에 대한 접근을 얻고, 신성의 **의식**을 부여받아 출발 지점으로 돌아온다. 이후 자신을 "**무한**(無限)"으로 이해한다. ['**아함 브라흐마-아스미!**' 즉 '**내가 (바로) 신**(神)**이다!**'는 말은 <이런 때> 혼자 속으로 하는 말이다.]

<고락샤-나타의 아마라우가-샤사나>

먼저 **쿨라학파**라는 이 신비학파의 경전을 드러낸 **마첸드라-나타** 혹은 **맛찬다-나타**에 대해 약간 언급하자. **아비나바굽타**의 **탄트라 알로카**는 <환영의 그물>을 찢어버린 이 위대한 "어부(漁父)"에 대한 찬사로 시작한다.

"**마첸드라-나타**에게 영광을! 그는 <매듭과 매듭으로 된 그물>을, <모든 곳에 펼쳐진 조각과 조각들의 묶음>을 찢어버렸도다."

마첸드라는 **요기니-카울라** 분파를 부활시켰고, **아쌈**에서 교리를 가르쳤다. 혹시 그가 **카울라-갸나-니르나야**의 저자이고, 또 <**사하지야** 비교(秘敎)>의 스승인가? **요가-비샤야**를 쓴 **미나-나타**인가? 그의 연대는 대략 8-10세기인 것 같다.

그의 제자인 **고락샤-나타**는 <성취한 존재(싯다)>로서 북인도에서 존경을 받았다. 그는 **싯다-싯단타-팟다티**와 <**아마라우가-프라보다**> 즉 <불멸(不滅)의 밀물에 깨어남>을 썼다. "**아마라우가-샤사나**" 즉 『**불멸의 밀물의 가르침**』도 그의 것이리라. 그것은 죽음에 이르지 않고 시간을 정복하게 한다. 요기가 비(非)-이원성을 알아채도록 하고, **아마라우가-싯디** 즉 <불멸의 밀물의 성취>라는 그 결과에 신속하게 이르도록 한다.

자신들을 **쉬바-고트라**라고 하므로, **나타**는 **쉬바** 종파이다. 그들에게 "**쉬바**"는 <순수한 **의식(意識)**>으로, 고요(평온, 무념무상)와 영원을 즐기며, 반면, **그**의 에너지인 "**샥티**"는 <변화(變化)의 원천>이며, 그것과 관련된 여러 가지 경험의 근원이다.

나타들은 그들의 목표를 <삶 속에서의 해방>으로 본다. 이런 목표를 위한 단계는 간단하다. 그들은 <외적인 종교적 수행>도 <경전의 지식>도 지지하지 않는다. 유일한 강조는, 가능한 한 <짧은, 직접적인 길>이다. 즉 <신비가가 자신 안에서, 바로 자신의 몸에서 찾는 방법>이다. - (가만히 생각하면) **나의 이 몸**은 <신성이든, 에너지이든, 우주이든>, **<그런 경험(經驗)을 위해 준비된, 어떤 특권을 가진 영광스런 장소>이다.**

이를 위해서 **나타**는 오로지 한 가지 방법에 의존한다. **직관(直觀)**과 또 **사하자-사마디** 즉 <자발적인 흡수>다. 그래서 그들을 "**사하지야**" 즉 <자발성의 대가(大家)>라고 부른다. **가슴과 마음의 단순함은**

그들을 구별 짓는 특징이다. 사하자-사마디를 통해 생각은 지복 속으로 흡수되고, 대상성과 이원성의 거짓 느낌은 약해지고 궁극적으로 사라진다.

이런 종류의 **사마디**가 일상생활에서 이어질 때, **요기**는 상황에 관계없이 <**하나**>를 경험하고, 우주 전체에 스며든 <**똑같은 맛(사마-라사)**>을 경험한다.

이것이 몸을 성결(聖潔)케 하고 변형시킬 필요가 있는 이유다. 초자연적인 힘을 얻기 위해서는 몸이 순수하고 정제되고, 금강석과 같아야 한다. 그러나 여기서도 힘든 **하타 요가**의 수행은 필요하지 않다.

호흡 조절은 <**쿰바카-무드라**>를 통해 성취된다. <상승하고 하강하는 숨의 연합하는 마찰을 통해, **수슘나** 통로로 호흡을 주입하는 것>으로, 그것은 더 이상 이원성 안에서 기능하지 않는다. 이것은 <노력이 없는 수행>이다. **생각이 고요하게 될 때,** 감각도 **그렇게 된다.**

성(性)의 통제는, <내적인 반복(**아자파-자파**)>을 통해 얻는다. 참으로, 일단 모든 것이 중앙 통로로 용해되면, **요기**는 <내면의 자발적인 소리(**아나하타 나다**)>를 인식한다. 꾸준히 그것에 귀를 기울이면, **쿤달리니**는 깨어나 최고의 중추로 오르고, 거기서

쉬바와 결합한다.

이런 방식으로 그는 <생각 너머에 있는 **운마나 에너지**>를 쉽게, 자연스레, 저절로(**사하자**) 얻는다. 그는 <해방된 존재>, "**아와두타**(매이지 않은 이)"가 된다.

그러나 이 상태를 얻으려면 <**싯다** 계보에 속한 스승>이 절대적으로 필요하다. 그는 **쉬바**와 동등한 존재로 존경받아야 한다. 그는, 그의 편에서는 어떤 노력도 없이, <제자가 숨을 보유하고, 마음을 흡수하며, **쿤달리니**가 깨는 것을 성취하는 이>다.

그런 수행은 비밀로 보존되어야 하므로, **나타**는 "고의적(故意的)인 것"으로 알려진 말을 사용한다. 그것은 단지 암시적인 것으로, <진정한 입문자> 외에는 별 의미가 없다. 따라서 경문들은 아주 간결하고, 고의로 아리송하고 난해하다.

아마라우가-샤사나는 명확한 **패턴**을 따르지 않아 중추의 묘사는 **쿤달리니**의 움직임의 묘사와 섞여 있고, 인용문은 전반적으로 모호하다. 어떤 면에서, 한 중추와 관련되는 모든 것을 한 번에 기술해야 하는 일은 명백한 혼동을 피하기 어렵게 하는 것이 사실이다.

다음은 **아마라우가-샤사나**의 발췌(拔萃)이다.

먼저, 첫 아홉 쪽의 요약이다.

"상승하는 에너지를 공격하는 것으로, 하강하는 쿤달리니의 도움으로, 또한 중앙 통로의 에너지를 깨우는 것으로 지복(至福)이 일어난다."

<상승하고 하강하는 호흡(프라나와 아파나)>이 가슴 쪽으로 밀려들 때, <중간의 에너지>는 중앙 통로(수슘나)로 확장된다.

그다음 고략샤는 여기서는 관련이 적은 개략적인 것들을 다룬다. 그는 육체의 요소(흙, 물, 불, 공기, 에테르)와 그 질(質)을 열거한다. 또 열 가지 호흡으로 프라나, 아파나, 사마나, 우다나, 비아나와 몸이 아닌 마음과 관련되는 더 깊은 수준의 나가, 쿠르마, 크리카라, 데바닷타, 다난자야를.

[요가비샤야에서 처음 다섯은 다섯 행위기관과 관련되고, 나중 다섯은 다섯 감각기관에 의존하며 또 지성(붓디)과 관련이 있다고 한다.

마르탄다그란타에서 고략샤는 프라나는 가슴에, 아파나는 항문, 사마나는 배꼽, 우다나는 목구멍, 비아나는 몸 전체에 위치시킨다.

나가는 "움켜잡는 것"일지도 모르고, **쿠르마**는 경이와 공포를 나타내는데, **아비나바굽타**는 그것을 수축과 관련시킨다. **크리카라**는 배고픈 것을, **데바닷타**는 하품을 일으킨다. **다난자야**는 죽은 후 몸이 불에 탈 때까지 시체에 남는다.]

그리고 72,000 **나디** 중에서, 10 가지 주요 **나디**에는 이름을 준다. **이다, 핑갈라, 수슘나, 간다리, 하스티지바, 야샤스비니, 푸샤, 알람부사, 쿠후, 샹키니.**

그다음은 인간 본성의 중요한 속박을 열거한다. 즉 <욕망, 행복, 분별, 무서움 등등>. 뿐만 아니라 유머와 또 머리털을 포함한 몸의 구성요소, 마지막으로 열 가지 구멍을 말한다. 즉 콧구멍(2), 눈(2), 귀(2), 목구멍(1), 입(1), 항문(1)과 성기(1).

[<목구멍>과 <입>은 <공기 통로인 후두(喉頭)>와 <음식 통로인 인두(咽頭)>를 말하는 것 같다.]

"열 번째의 미묘한 구멍은 이중적이다. '카알라-마르가'즉 <시간>과 <비랴(정액)>의 길로, 넥타나 지복이 특징이다.

<브라흐마·단다의 **뿌리**>에는, 혹은 <해와 달의 중심의 마드야 나디>에는 <딱 좋은 형태를 가진 것>이 거한다."

['**카알라-마르가**'는 시간을 만들고 또 쥐어짜는 둘 다이다. 그것은 호흡의 원인으로, 결국은 시간의 근원이기 때문이다. 그것이 여기서는, <몸 전체에 스며들어 몸에 생명과 유순함을 주는> **비야나** 숨을 말하는가?

아니면 시간에서 시작하여 (그 시간을 쥐어짜서, 정지한 것 같은) 지복의 길로 이끌기 때문인가?]

그다음 **고락샤**는 성행위를 다룬다. <여성을 위한 **라자스**의 방법>과 <남성을 위한 **레타스**의 방법>. 남녀에서 똑같이 이 방법은 세 가지 면을 가진다. <욕망>, <중독>, 그리고 <조건화되지 않은 것>으로 그것은 순수한 채로 남는다.

[성행위와 관련한 <**카마**(욕망), **비샤**(중독), **니란자나**(조건화되지 않은 것)>에 관해서는 제 6 장의 처음 <흥분과 열정> 부분을 보라. **고락샤**는 이것은 **탄트라**를 따르는 것으로 보인다.]

아마라우가-샤사나의 9쪽 끝에서 **고락샤**는, 뿌리 중추의 활동과 관련하여 **샹키니**의 다양한 특성을 설명하는 핵심을 다룬다.

[**샹키니**는 곧 **쿤달리니**를 말한다. 그리고 여기서부터는 다음 그림을 참조하며 읽어라.]

<소우주(小宇宙)라는 우리의 **몸**>

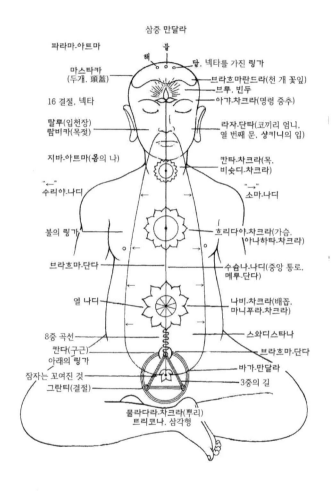

삼중 만달라

파라마·아트마

마스타카
(두개, 頭蓋)

16 결절, 넥타

탈루(입천장)
람비카(목젖)

지바·아트마(몸의 나)

"←"
수리야·나디

불의 링가

브라흐마·단다

열 나디

8중 곡선
칸다(구근)
아래의 링가
잠자는 꼬여진 것
그란티(결절)

달, 넥타를 가진 링가
브라흐마란드라(천 개 꽃잎)
브루, 빈두
아갸·차크라(명령 중추)

라자·단타(코끼리 엄니,
열 번째 문, 샹키니의 입)

칸타·차크라(목,
비슛디·차크라)

"→"
소마·나디

흐리다야·차크라(가슴,
아나하타·차크라)

수슘나·나디(중앙 통로,
메루·단다)

나비·차크라(배꼽,
마니푸라·차크라)

스와디스타나

브라흐마·단다

바가·만달라

3중의 길

물라다라·차크라(뿌리)
트리코나, 삼각형

※ **신성**(神性)이 활동하기에 **성소**(聖所)라고 한다.
성경도 말한다. 우리는 <그리스도의 **몸**>이라고.

"항문과 성기 사이에 삼각이 있고, 그것 둘레에 세 개의 원이 있다. 거기, 그 삼각형에 이 뿌리의 하나, 둘, 세 개의 매듭이 인지된다. 그 세 매듭의 중간에 <아래로 향한 네 개의 꽃잎을 가진 연꽃>이 있다.

거기 과피(果皮)의 중심에, 연꽃 줄기의 섬유처럼 아주 미묘한 소라가 있고, 그 안에 어린 싹(筍)을 닮은 <꾸불꾸불한 것> 즉 쿤달리니 에너지가 쉬고 있다. 그것은 두, 세 나디의 형태로, 의식의 씨앗 안으로 들어간 후, 누워 자고 있다."

[그래서 아가서(雅歌書)에서 <사랑의 여인 내지 사랑의 여신>은 거듭 부탁한다. "내 **사랑**이 원하기 전에는, (나를) <흔들지 말고> <깨우지> 말 것"을 말이다. 그것은 <뜨거운 것>으로 마치 "**불뱀**"처럼 보인다.]

<10 쪽의 시구(詩句)>

"거기 <세 가지 경로의 중앙(세 나디의 뿌리)에> 그녀는 거미줄처럼 미묘하게 거(居)하며, 배꼽의 원으로 네 손가락 너비까지 오르며 여덟 번 접는다. 그 배꼽 중추에서 <주된 가지와 이차적인 가지로> 많은 가지를 뻗는다.

배꼽 중앙에는 이다, 핑갈라, 수슘나를 포함한 10 개 나디에 쉬는 바퀴가 있다. 이 상승하는 가지들은 주된 가지, 메루-단다로 지지된다. 그 하나인 알람부사 또한 이 가지로 지지된다."

그러므로 무수한 나디로 이루어진 쿤달리니는 <브라흐만의 소용돌이> 혹은 <소용돌이치는 중추> 속으로 휩쓸려 간다.

<10 쪽 끝의 산문(散文)>

"중앙 통로를 따라 이 쿤달리니의 경로는 두개골 안까지 확장한다. 거기 달의 원 안에 머리의 최고 링가가 거한다. 람피카(구개수)의 자리 위로부터 이 링가는 넥타를 쏟아낸다.

안의 공간, <앞이마 가운데 있는 가르바(자궁)>에 그 넥타가 있고, 상아(象牙) 같은 브라흐마-단다의 표면에서 그것을 숙달하게 되면 소라(샹키니)는 그 흐름을 풀어준다.

상아(라자-단타) 안쪽에는 한 구멍만 있는데, 열 번째 문으로 알려진 <샹키니의 입>이다.

쿤달리니 에너지가 흘러나가는 뿌리의 원에서, 왼쪽에서는 달 나디, 오른쪽에서는 해 나디가 솟아오른다. 달은 몸의 왼쪽을, 해는 오른쪽을 채운다. 달은 왼쪽 콧구멍과, 해는 오른쪽과 관련이 있다. 이것이 달과 해가 확립된 방식이다.

뿌리 구근에서 숨이 일어나고, 생각이 일어나고, 해가 일어나고, 생명(지바)이 일어나고, 또 소리와 마트리카-악샤라가 일어난다.

마음 안에는 신비한 잠의 영역이 있다. <형언할 수 없고 지고한 얼나>의 기능은 의지(잇차)이다."

<11 쪽의 시구>

"숨은 뿌리 구근에서 상승하면서 달과 해의 길을 따른다. 에너지의 지지로 브라흐마-단다(수슘나)로 접근하여 그것을 꿰뚫는다.

뿌리 구근 막대로써, 이 <무의식적인 꾸불꾸불한 것>은 <막대 운반자(호흡)>의 행위 아래서 주위를 소용돌이친다. 그것들로 강요되어 그녀는 쉬바를 인식한다."

<10 - 11 쪽의 시구>

"출생의 자리 아래의 링가는 뿌리 구근의 중간과 성기의 위쪽에 거한다. 위에, <링가의 자리>, '스와

디스타나(즐거운 자)'가 있다. 배꼽 영역, 보석이 가득한 중추(마니푸라) 위쪽에 불이 있다. 이것이 이 불이 상승된 막대를 옮기면서 모든 면으로부터 불길이 솟아오르는 이유다.

마니푸라보다 낮은 곳에, 남과 북으로 면한 항문 (아메댜) 지역이 있다. 그것의 중간에, 연꽃 형태로 배꼽 구근이 있어 <온몸 흐름(나디)의 수용처>라고 한다.

가슴 연꽃에는 노란색의 흙 탓트와가 거하고, 또 중앙에는 카담바 꽃처럼 붉은 불 바퀴가 위치한다. 그것은 <경험적 의식이 쉬는 곳>이다.

목구멍, 정화의 자리에는, 정화하는 물의 파도로 넘쳐나는 참나의 범주가 위치한다.

입천장(탈루)의 가운데는 촛불의 뾰족한 불꽃같이 불같은 광채(테자스)의 요소가 끊임없이 빛난다.

머리 구근의 강(腔)에서 나오는 싹 안에는 공기 탓트와가 거하고, 코끝에는 에테르 탓트와가 있다. 그 위 브루는 명령의 자리(아갸)이다. 이 자리의 16 매듭 안에 열여섯 번째 달 부분의 넥타가 있다. 이 부분(칼라) 안에 털끝보다 백배 미묘한 인식의 에너지가 쉰다. 이 에너지 위로 점(빈두)[혹은 비랴 (생명력)]이 거한다.

[위 <16 매듭>은 고략샤나타가 다른 데서 말한 16 아다라일 것이다. ① 파당구스타(엄지발가락), ② 물라다라, ③ 구다다라(항문의 수축과 확장을 하는, 아파나 바유의 장소), ④ 메드라다라(성기), ⑤ 방광, ⑥ 배꼽, ⑦ 심장, ⑧ 목구멍, ⑨ 구개수 (목젖, 간티카), ⑩ 탈루, ⑪ 혀, ⑫ 브루마드야, ⑬ 나사다라(마음이 안정되는 곳), ⑭ 나사물라(코의 뿌리), ⑮ 랄라타(이마), ⑯ 브라흐마란드라(안에 아카샤 차크라가 거한다.)]

빈두가 폭발하고 흩어질 때, 그것은 즉시로 확장 하고, 마름의 삼각형 열매와 비슷한 마스타카(즉 브라흐마란드라)를 형성한다.

그 안에 <경험적인 의식이 녹는 자리>가 지지를 위해 인식의 에너지를 가진다. 그러나 몸의 매듭을 의식과 동일시하는 한, 그는 삼계(三界)에서 방황을 계속한다.

그러므로 세 가지 에너지로 꾸며져 <지고의 얼나 (파라마-아트마)>는 <똑같은 것>으로 남는다. - <(그 안에) 우주가 비치는 절대 의식(意識)이라는 거울> 말이다.

<되고 있는 것>의 활동을 인식하는 데 능숙하여, 여러 양상과 에너지를 부여받는다. [무명(無明)의]

잠의 상태를 떠맡을 때, 그는 <물에 비치는 달>로 인식된다.

그러나 이것은 마헤슈와라, <모든 것에 편재하는 주>, <열네 가지 존재들의 창조자 – 'ㄱ'>, <지고의 얼나>이다."

☯

이 책의 목적은 **세 가지** 주요 에너지로 **꾸며진 – 의지**(잇차)와 **지식**(갸나)과 **행위**(크리야) – **지고의 얼나**가 어떻게 쿤달리니의 형태로 인간의 몸에서 잠자고 있으며, 또 어떻게 그 자신을 드러내는지를 보여주는 것이다.

고락샤나타의 중추에 대한 묘사는 암호 같고 또 아주 상세하다. 그가 꿰뚫기의 모든 효과를 하나의 완전한 조망(眺望)으로 인식하기 때문이다. 따라서 하나의 단순한 관점 대신에 모든 단계마다 새로운 복잡성이 주어진다. 이런 **패턴**은 아마도 고의적인 밀교의 의도로, 자발적이고 또 모든 것을 포괄하는 **나타**의 경험의 성격을 반영할 것이다.

암시의 의미는 명확하게 설명될 수도 있겠지만, 그런 분석은 언어적인 기술(技術)에서 자유로울 수 없다.

항문과 성기를 닫고 열어주는 중추 사이에, **물라다라**의 가운데에 한 삼각형이 이 **만달라**의 세 원 안에 새겨져 있다. 삼각형의 각 꼭짓점에는 매듭이 있고, 그 매듭들의 중심에는 <네 개의 꽃잎을 가진 연꽃>이 세속적인 생활을 하는 사람은 아래쪽을 향하고, 그런 것을 떠난 사람은 위쪽을 향해 있다.

연꽃 과피 안에 **쿤달리니**가 꾸불꾸불하게 누워 있다. 세 바퀴 반이 꼬여 있어서 **소라**(샹키니)라고 부른다. 어린 산호처럼 붉으며, 두세 흐름의 형태로 나타난다. 그것의 씨앗은 **이다**와 **핑갈라**로 자랄 것이고, 세 번째는 **수슘나**다. 마치 씨앗 안에 잠재한 새싹처럼 **쿤달리니**는 잠자고 있다. 따라서 "**의식의 씨앗**"이라는 표현은, '씨앗 안의 새싹'처럼 모호함에도 불구하고, 깨어나야 한다는 것이다.

구근(**칸다**)으로부터, 잘 알려진 두 개의 **이다**와 **핑갈라**를 포함하여 72,000 개의 흐름이 솟아난다. **쿤달리니**가 오를 때, 배꼽(**나비**)에서 여섯 통로가 나온다.
① 호흡, ② 생각, ③ 해, ④ 생명, ⑤ (열 가지 내면의 소리가 유래하는) 근본적인 소리, ⑥ (연꽃 중추에 자리 잡은) **마트리카**의 음절.

[위 <③ 해>는 **타르파나**로 뜨겁고 타는 것으로, **핑갈라**의 상징인 **수리야**(해)가 아니다.

⑤ <(열 가지 내면의 소리가 유래하는) 근본적인 소리>는 제 6 장의 **카(Kha) 만트라**와 비교하라.]

마치 거미줄처럼 얇은 **쿤달리니**는 세 가지 주요 흐름의 기초에서 <삼중 통로>의 가운데에 거한다. 그것은 그녀가 배꼽 쪽으로 뻗을 때 풀린다.

어떻게 그녀가 구근을 떠나 중앙 통로, **브라흐마-단다**를 뚫게 만들 수 있는가? <구근 막대의 수단>으로다. 즉 <"막대 운반자"로 알려진 호흡의 작용> 아래 <항문 수축의 결과>로서다. 그것에 맞았을 때, 꾸불꾸불한 **에너지**는 돌기 시작하고, 그리고 구근에서 배꼽으로 돌며 오른다.

그녀는 꾸불꾸불하여 <여덟 가지 고리(**쿤달라, 코일**)의 이름>을 가지고 있다. 즉 ① **프라나바**, ② **구다날라**(항문의 줄기), ③ **날리니**(연꽃 줄기), ④ **사르피니**(뱀 모양의 것), ⑤ **방카날리**(뒤로 꼬이는 줄기), ⑥ **크샤야**(파멸로 인도하는 자), ⑦ **샤우리**(영웅에게 속하는 것), ⑧ **쿤달리**(꾸불꾸불한 것).

이 나선형으로 상승하는 일은 문제를 일으킬 수 있는데, 우울과 신경질의 원인이다. 이 모든 것은 일단 완전히 깨어난 **쿤달리니**가 위쪽으로 움직이기 시작하면 그친다. 그다음 그녀는 열 개의 주요한 흐름이 솟아나는 배꼽에 도달한다. **이다** 혹은 **소마 나디**는 왼쪽에 있고, **핑갈라** 혹은 **수리야 나디**는 오른쪽에 있다. 즉 **달**은 몸의 왼쪽을 채우고, **해**는 오른쪽을 채운다.

수슘나 혹은 **불**은 그 사이로, 가운데로 오른다. **사라스와티**와 **쿠후**는 중앙 통로의 양쪽에 있고, 또 **간다리**와 **하스티지바**는 **이다**의 양쪽에 앞쪽으로 있다. **간다리**와 **사라스와티** 사이에, 넥타로 가득 찬 **샹키니**가 있어, 목에서 앞이마까지 곡선을 따라 뻗는다. 이 모든 통로는 그들의 주요 가지로 중앙 통로를 가진다.

그러므로 수많은 **나디**로 만들어진 **쿤달리니**는 "브라흐만의 소용돌이"에 거한다. 실제로, 그녀가 만약 돌지 않는다면, 그녀는 이들 여러 가지 생명 흐름의 기능을 수행할 수 없을 것이다.

배꼽은 <상승한 막대의 운반자>, 즉 "위로 타오르는 불"을 가진다. 풀려진 강렬한 열을 통해 **쿤달리니**는 막대처럼 뻗어서 단단해지고 바로 선다.

쿤달리니는, 물라다라에 있을 때는 **낮은** 에너지(아다-쿤달리니)이고, 배꼽에서 중간 에너지로 변환되고, 그다음 가슴(**아나하타** 중추)과 목구멍(**비슛디 차크라**)에서 미묘한 에너지로, 그리고 마지막으로 그녀가 **브라흐마란드라**에 도달할 때 **상위** 에너지(**우르드바-쿤달리니**)로 바뀐다.

상승이 진행되는 동안 중추에는 불이 켜진다. 즉 ① 호흡은 이제 정화되어 중앙 통로를 비추고, ② 마음(**마나스**)은 이제 전지(全知)하여 지고의 **얼나**의 광채를 드러내고, ③ 해(**타르파나**)는 배꼽과 눈썹의 중추를 빛나게 만들며, ④ 생명(**지바**)은 처음에는 **쿤달리니**의 광선으로 조명되고, 자신의 차례에서는 가슴을 조명한다. 마지막으로 ⑤-⑥ 소리(**샤브다**)는 음소들의 어머니(**마트리카**)와 함께 **브라흐마란드라** 위에 그들의 빛을 발한다.

배꼽에서부터 두 눈썹 사이 <명령의 중추>까지의 여러 **차크라**에 대한 묘사는 그다지 설명할 필요가 없다. 이것은 명확한 고전의 문서다. 그러나 상급 중추의 경우에는 그렇지 않다.

정력을 나타내는 <집중된 힘의 점>인 **빈두**는 두 눈썹 사이의 중추 위에 위치하는데, 폭발하고 확장하여 **마스타카(브라흐마란드라)**를 낳는다. 작은 종 (간티카) 모양인 **링가** 기저의 구멍은 코끼리 엄니 **(라자-단타)**이고, 이것은 또한 **샹키니-나디**의 구멍 이다. **브라흐마란드라**가 코끼리 엄니로 비유되는 것은 빛깔 때문인가, 아니면 강력한 꿰뚫기를 암시 하는 것인가?

뇌두개(腦頭蓋)에는 세 가지 원이 있다. **불, 해, 달**의 만달라다. **소마-만달라**의 중간에서, **링가**의 파열로 해방된 넥타의 시냇물이 두개(頭蓋) 속으로 쏟아지기 시작한다. 그때 <열 번째 문(門)이 천 개 꽃잎의 연꽃 중추(사하스라라)로 열린> **샹키니**는 달의 원으로부터 이 넥타를 끌어당기고, 또 그것에 대한 통제를 얻으며, 그것을 중앙 통로로 주입한다. 그때 **요기**는 **케차리 무드라**의 자세를 취한다. 입이 저절로 반쯤 열리고, 완전한 지복 속에 잠긴다.

어떤 **나타** 문서에는 이 자세(태도)에 대한 상세한 설명이 있다. 목구멍을 수축하면 두 **나디(이다와 핑갈라)**의 흐름은 그 안에서 멈추고, 또 (구개수를) 혀로 누를 때, **열여섯 번째 칼라**가 위쪽으로 <세 점(點)의 벼락>, 음절 "**옴(Aum)**", <삼각형의 장소 (트리쿠타)>까지 움직인다.

싯다-싯단타-팟다티는 말한다.

"만약 **요기**가 그 **칼라**를 명상하면, 넥타는 달로부터 뚝뚝 떨어진다. 그때 **케차리 무드라**에서 혀를 뒤로 감으면, 이 넥타가 <배꼽 부위의 파괴적인 불>로 떨어지는 것을 방지한다. 따라서 그는 불멸(不滅)을 얻는다."

또 **샹키니**를 위쪽으로 끌어당기는 것은 자발적인 지복이라고 말한다.

그리고 한 절은 말한다.

"그 줄기를 통해 술(**쉬바**)이 추출되는데, 영혼이 어떤 식으로 그것을 마실 것인가? 넥타는 **샹키니** 동굴에 모이고, 일단 그것이 **마트리카**, 즉 <신비한 음소의 전체>에 거하면, 중앙 통로에 있는 개개의 영혼은 이 줄기를 통해 그 술(**라사**)을 마신다."

쿤달리니가 깨어날 때, 경험적 의식은 먼저 가슴 중추에서 달래진다. 그다음 **브라흐마란드라**에 도달하면, 그것은 **절대 의식**으로 이끄는 지식의 **에너지** (**갸나 샥티**)에 길을 주기 위해, 그 안에서 완전히 용해된다. **칫타-라야** 즉 <마음의 용해> 말이다.

동시에, 지금까지 낮은 중추에서 잠자던 자아는, 거기에서 그것은 무지의 잠에 몰두했고, 육체적인 속박과의 전적인 동일시 때문에 생(生)에서 생으로 방황했는데, 이제는 자신을 <지고의 **얼나**>로 인식한다.

<그 지고의 **얼나**가 **의지**, **지식**, **행위**의 세 가지 에너지 형태를 떠맡고, 이 세상에서 그것들을 펼치더라도>, 또 <그것이 '되어가는 것(변화)'의 양상을 분별하는 능력을 갖더라도>, **얼나**는 **얼나**로 남고, 그들 똑같은 에너지가 그것을 빛나게 만든다.

전통적인 비유에 따르면, 그것이 자신을 <궁극의 **의식**>, 즉 <(그 안에) 우주 전체가 반영되는 순수 거울>로 드러내든, 아니면 반대로, 자신을 <물속의 달(水月)>처럼 <이 거울 속의 반영>으로 보여주든 - 파도치는 물에는 수많은 달이 있어 일그러지고, 떨리고, 또 일렁거린다. 반면에 고요한 물에서는 단 하나의 달이 분명하게 보이고 움직이지 않는다. - 오직 <하나>와 <똑같은 거울>이 있고, <하나>와 <똑같은 **얼나**>가 있다.

☯   ☯   ☯

여기서 제 6 장 <신(神)의 길>로 들어가기 전에 **성**(性, 섹스)에 대한 것을 몇 가지를 살핀다. **성** 즉 섹스는 그 무엇도 아닌 "**접촉**(接觸, 스파르샤)"을 통한 것이다. 그것이 성기와의 접촉이든, 자연과의 접촉이든, 신(神)과의 접촉이든 말이다.

☯

<생물학적인 시각>으로부터 시작한다. [이 부분은 **모리스**의 『The human animal』과 R. **쉴레인**의 『Sex, Time & Power』에서 고쳐 옮겼다.]

우리의 <성적인 접촉>은, 어떤 곳에서 상대방을 처음 보았을 때, 대개 <눈으로> 보는 것으로 시작된다. 그녀(그)의 시각적인 모습에 끌리는 것이다.

[잘 알다시피, 인간의 눈동자는 거짓말을 할 수 없다. 우리의 동공(瞳孔)은 내가 좋아하는 대상을 볼 때는 <무의식적으로> 확대되기 때문이다.]

다음은 그녀의 시선을 붙잡아 <눈 맞출 수 있는> 눈과의 접촉을 한다. 낯선 사람을 길게 응시하는 것은 공격적인 행동이므로, 부드러운 미소 등으로 그녀에게 관심이 있다는 것을 알린다.

그녀 역시 미소 등으로 반응하면, 우리는 이제 <소리로> 접촉한다. 함께 나눌 얘기꺼리를 찾으며, 그녀의 말투와 성격, 관심 등을 느낀다.

그다음 <우연한 접촉이나 상대방에 대한 배려>를 가장(假裝)하지만 <신체적인 접촉>을 한다. 아마도 손을 잡아 이끌어주는 것이 가장 흔한 첫 접촉일 것이다. <서로의 손을 잡는 행동>은 가장 순수한 형태의 신체적인 접촉이다.

[그것이 악수(握手)의 유래일지도 모른다. **미켈란젤로**는 천지창조에서 <신(神)과 인간의 첫 접촉>을 그렇게 표현했다. 그것은 인간에게는 가장 위험한 초고압의 감전(感電)이기에 아직 직접 닿지는 않은 것으로……]

더 친밀해지면 <손으로, 팔로> 어깨를 두르거나 허리를 감고, 다음은 포옹(抱擁)을 하거나 입맞춤을 하고, <손으로> 상대의 얼굴을 만지는 등 온몸을 접촉한다.

[이 단계에서 <상대방이 허용하지 않은 행위>는 성희(性戲)가 아닌, 성희롱(性戲弄)에 해당될 수도 있다. 그러니 어디까지가 허용되는 것인지…… 저 **베르디**의 노래처럼 "여자의 마음은 갈대와 같"기 때문이다. 어디, 여자의 마음만 그런가?]

성적인 친밀감이 아주 깊어지면, 손이 유방으로 가고, 입이 유방으로, 손이 성기로, 그리고 성기와 성기의 접촉으로 이어진다.

성교(性交)에서 남근은 평상시보다 부풀어 올라 길어지고 뻣뻣해지고, 여성의 질(膣)은 깊어지면서 확장된다. 흥분으로 질은 다량의 애액(愛液)을 분비하여 남근이 질 속으로 쉽게 들어오게 하고 남근의 왕복운동 등을 부드럽고 효율적이게 한다.

숨은 가빠지고, 맥박은 빠르게 뛰고 혈압은 올라간다. **오르가슴**의 순간에는 질의 율동적인 수축과 또 사정(射精)에서 음경의 수축은 0.8 초 간격으로 일어난다.

여기서 남녀의 <동시적(同時的)인 성적 흥분>의 중요성이 강조된다. **오르가슴이 동시에 일어나면, <강력한 감정의 경험>을 공유하게 되며, 그 유대를 굳게 한다. 그것은 아주 강력한 "일체감(一體感)"을 준다.**

더러는 성행위에서 뿐만 아니라, 새로운 생명의 출산도 극심한 고통(苦痛)과 함께 희열(喜悅)을 줄 수도 있다. [성경이 말하는 저 저주의 <잉태(孕胎)하는 고통>만은 아니라는 말이다. 저 <성경의 역설

(逆說)을 도무지 생각하지 못하는 이들>과 <남성 교권자들>은 그래서 저 수많은 불감증(不感症)의 <죽은 여인들>을 생산해 내는 데 일조했다.]

그리스 신화에 나오는 요정 네펜테(Nepenthe)는 <시름을 잊게 한다>는 뜻이다. (아마도 이 이름에서 유래한 것 같은) 발작적으로 수면에 빠지는 기면증 (嗜眠症, narcolepsy)은 **가끔은** 여자들에게 출산의 고통에 대한 희미한 기억만을 주는 **엔돌핀(몰핀)**의 분비와 관련되는 것 같다. 어머니들은 출산을 앞둔 딸에게 말한다. "그래, 참 끔찍하게 아프지. 하지만 곧 잊어버리게 돼."

그리고 또 G-spot도 이러한 건망증의 원인인 듯 하다. 시인 **워즈워스**가 (산모의 입장에서) "우리의 출산은 **자고 나면** 잊게 되는 것"이라고 했다면 더 절묘했을 것이다.

네펜테가 진통제라면, 그리스 신화의 **모르페우스** (Morpheus)는 <잠의 신>으로, 마취제 몰핀은 그의 이름에서 온 것이다. 그리고 <**죽음의 신**> 타나토스 (Thanatos)는 **모르페우스**의 형제다.

[필자가 말하려는 것은, **고통(苦痛)은 - 그 어떤 것이더라도 - 우리를 "깨어 있게" 한다**는 말이다. 그리고 <깨어 있는 것>이 곧 "살아 있는 것"이다.]

G-spot의 유무와 더불어 성교에서의 황홀경은 과연 존재하는가? 현대의 선사 **스즈키 다이세츠**는 황홀경(悅惚境, **엑스터시, 아난다**)의 중요한 특징은 그 존재의 확실성이라고 했다. 일단 그 황홀경을 경험하고 나면, (그것을 경험하지 못한) 다른 사람들이 <그런 경험은 실제로는 일어나지 않는다>고 아무리 말해봤자 소용이 없다. <증거의 부재>가 곧 <부재의 증거>는 아닌 것이다.

☯

이제는 <미학적(美學的, Aesthetic)인 관점>에서 **성**을 조금만 들여다본다. 미학이란 도덕과 윤리로 대표되는 <논리적이고 이성적인 인식>만이 아닌, <감성적인 인식>을 포함하는 것이다.

이 부분은 저 <말이 많았던> D. H. **로렌스**의 <채털리 부인의 연인>을 중심으로 살핀다.

<채털리 부인(Lady Chatterley)>에서 **채털리**는 <하반신이 **마비된** 귀족>이고 – "chatter-ley"란 그 이름에서부터 <"말 많은 것"일 뿐인>이라는 암시를 받는다. – <채털리 부인의 연인>은 <**조용히 숲을 거니는** 사냥터지기 하인(**아랫**사람)>이다.

당연히 이 소설은 **접촉(스파르샤)**으로 시작한다.

채털리 경(卿), "그에겐 접촉이 없었던 것이다. 그는 어떤 사람하고도 실제로 접촉해 보질 못했는데…… 관찰력은 특이하고 비범했다. 하지만 <접촉하여 닿는 것>이, <실제로 와 닿는 것>이 아무것도 없었다."

채털리 부인, 그녀는 "그녀든, 어떤 다른 것이든, 모두 아무 실체가 없었다. 아무런 접촉도, 아무런 닿음도 없었다. 있는 것이라곤 오직 …… 자잘한 의식의 거미줄 같은 <이야기(말)의 그물>을 한없이 짜나가는 일 뿐이었다."

"항상 <그녀>와 <살아 있는 삶> 사이에 끼어드는 **그런 말과 표현**을 그녀는 얼마나 혐오하는지! 능욕(凌辱)을 범하는 것이 있다면, 그건 바로 **말과 표현**이었다. 즉 <살아 있는 세상 만물>로부터 생명의 수액을 모두 빨아 없애는 **그 <판에 박힌 말과 표현 구절들>**이었다. …… <죽은 말과 표현들>에 의해 능욕당하는 것이 바로 외설적(猥褻的)인 것이며, <죽은 생각>은 결국 강박 관념이 되고 만다."

채털리 부인의 연인은 말한다. "아! 그대의 몸을 **만지는 이걸** 뭐라고 표현할 수 있을까!"……

"정열만이 그걸 느껴 알 수 있는 법이다. 정열이 사라지고 없으면, 그 고동치는 기막힌 아름다움을 도저히 이해할 수가 없을뿐더러 나아가 약간 경멸스럽게 여기기까지 한다. 그 <**따뜻하고, 살아 있는 접촉(接觸)의 아름다움**>, 눈으로 보는 아름다움보다 정말 훨씬 더 깊은 그 아름다움을 말이다."

이제 그 <연인(戀人)들>은 정열로 접촉이 깊어져 간다.

"이번엔 그녀 안에 있는 그의 존재가 그야말로 온통 부드럽고 찬란한 무지갯빛이었다. ……

뭐가 뭔지 그녀는 알 수 없었다. 뭐가 어땠는지 기억할 수도 없었다. **그저 <그 어떤 것보다도 더 사랑스러웠다는 것>**만, 오직 그 사실만 의식될 뿐이었다. 그러고 나서 완전히 고요하게, 완전히 무아지경(無我之境)이 되어, 얼마 동안인지도 모른 채, 누워 있었다. 그리고 그도 나란히, <깊이를 알 수 없는 침묵 속에> 그녀와 함께 고요히 잠겨 있었다. 그리고 **이에 대해, 그들은 결코 말로써 표현하고 싶은 생각이 없었다.**"

그리고 <사랑의 거친 오르가슴>, 그 과정을 통해 <평화와 신뢰의 보석(寶石)>은 만들어진다. 그것은 <사랑의 혼돈> 속에서 만들어지는 것이다.

"관능(官能)으로 - 다섯 감각, 특히 성적인 감각 즉 **스파르샤**(촉감) - 불타는 열정적인 밤이었다.

그녀는 조금 놀라고, 마음이 내키지 않았지만 곧 관능의 전율(戰慄)이 다시 그녀의 온몸을 꿰뚫었다. 그것은 부드러운 애정의 전율과는 달랐다. 오히려 그것보다 더 날카롭고 더 무서웠지만, 그러면서도 그 순간만은 더욱 간절한 마음으로 원하게 되는, 그런 전율이었다.

약간 두려웠지만 그녀는 그가 마음대로 하도록 내버려두었다. 그러자 이성(理性)과 수치심 따위를 모두 내던진 순전한 관능이 그녀를 뿌리 채 뒤흔들었고, 그녀의 마지막 속살까지 완전히 다 벗겨져 마침내 그녀를 완전히 다른 여자로 태어나게 했다. 그것은 사실 사랑이 아니었다. 육욕도 아니었다. 그것은 날카롭고 뜨겁게 타오르는, 영혼을 불살라버리는 관능의 불꽃이었다.

수치심을, 가장 내밀한 곳의 가장 깊고도 가장 오래된 것까지 다 불살라 없애버리는 관능의 불꽃이었다. 그가 마음껏 그녀를 다루도록 내버려두는 데는 그녀의 노력이 필요했다. 즉 그녀는 노예처럼, 육체적인 노예처럼 수동적으로 그냥 허용해주기만

하는 존재가 되어야 했다. 하지만 열정의 불꽃은 그녀의 몸을 휘감아 핥아대면서 모든 것을 불태워 없앴다. 마침내 **그 관능의 불꽃이 창자와 가슴을 뚫고 솟구쳐 올랐을 때**, 그녀는 정말로 죽는 느낌이었다. 하지만 **그것은 통렬**(痛烈)**의 쾌감**(快感)**과 경이감**(驚異感)**을 주는 <죽음>이었다**.

　　그녀는 자주 궁금해 했다. 철학자이자 신학자인 아벨라르가 (그의 제자) 엘로이즈와 사랑을 나누던 시절에 <우리는 **열정의 모든 단계와 온갖 세련된 극치**를 경험했다>고 말했을 때, 그 말이 무슨 의미인지……

　　이제 그것을 알 것 같았다. 천 년 전이나, 만 년 전이나 똑같았던 것이다! <똑같은 그것>이 그리스 항아리에도 그려져 있었고, 세상 그 어디에나 존재했다. **<열정**(熱情)**의 세련된 극치**(極致)**>와 <관능의 자유로운 넘쳐남>이!**"

　　D. H. **로렌스**는 절규(絶叫)한다.

　　"우리는 그저 절반만 의식이 있고, 절반만 살아 있을 뿐이오. **우리는 온전히 살아서 의식이 깨어 있는 존재가 되어야 하오**."

"바로 여기에 소설, 즉 <제대로 **창조된** 소설>이 갖는 엄청난 중요성이 있다. 그런 소설은 <우리의 공감 의식>을 자극해 흐르도록 해주고, 그 흐름을 새로운 곳으로 이끌 수 있으며, 또 우리의 공감을 죽은 것들은 피해 멀리 떨어지도록 이끌 수 있다.

그러므로 <소설은 **제대로 창조되었을 때**>, <삶의 가장 내밀한 부분들>을 드러내어 보여줄 수 있다. 왜냐하면 **<예민한 각성의 물결>**이 밀물과 썰물로서 가득 찼다가 **빠져나가면서 깨끗이 씻어내고 새롭게 할 필요가 있는** 곳은 무엇보다 바로 <**삶의 내밀한 열정적인 부분**>이기 때문이다."

[이게 어디, 소설만의 문제인가? <**삶의 내밀한 열정적인 부분**>은 곧 <**예민한 각성(알아채는 일)의 물결**>인 <**영성** 수련>으로 얻는 그 무엇이 아닌가? 그러므로 <영성 작품>을 다루는 필자가 나 자신을 감히 <영적인 **엘리트**>라고 여긴다면……

<귀족> 즉 <영적인 **엘리트**>의 그 영적인 부유와 날카로움에서 오는 영적인 거드름과 짜증, 분노……

저 **로렌스**의 <진정한 인간의 아름다움(人間美)>처럼, <진정한 영성의 아름다움(靈性美)>은 혹 세상과의 **접촉(스파르샤)**을 통한 <영적인 부드러움>에 있지 않을는지…… 만약 그렇다면 우선 이 귀족의 **하반신 마비부터 풀어** "제대로 된" 무엇을……]

☯

이제 <영적(靈的)인 관점>에서……

잘 아는 대로, 서양에서는 <성에 대한 기독교의 억압>이 천 년 동안 이어졌고, 그것을 역사가들은 <중세 암흑기>라고 부른다.

그리고 동양의 우리나라는 불교국(佛敎國)이었던 고려의 저 <프리 섹스(free sex)>의 적폐를 - 그 대표적인 예가 <쌍화점>이다. - 사대부 남자들은 유교국(儒敎國)으로 혁명하면서, 저 남녀칠세부동석(男女七歲不同席)을 구호로 내걸었다.

그래서 그 유교와 기독교의 영향으로 대한민국은 참으로 <도덕적인 나라>가 되었고……?

무엇이든지 너무 억압(抑壓)하면, 그 억눌린 것은 당장은 (저 무의식의 세계로) 내려가지만, 언제든지 폭발……

[물론, <너무 **프리**한 것>도 당연히 문제였고 또 문제지…… 요즘이 그런가?

오, **붓다**(부처, 이성, 지성)여! 그대는 왜 그렇게 중도를 설했는지……, 그 중도는 진실로 어디쯤에 있는지요? …… 감성과 함께하는 거라고요?]

그 캄캄한 서양의 중세 시절, 서양의 한 수녀원에서는 <이런 일>이 일어났다고 한다. 저 **아빌라의 테레사**는 책에서 이렇게 고백했다.

"한 천사가 <**불타는 창(槍)**>을 나의 내장 깊숙이 찔러 넣었다. 그가 창을 **빼낼** 때, 내장 또한 따라 쏟아져 나오는 것 같았다. 그가 떠났을 때, <사랑의 신(神)의 불길>이 나를 뜨겁게 달아오르게 했다. **그 고통은 아주 잠깐 동안 스쳐가는 <엄청난 것>이었으며,** 그 누구도 그 순간을 놓치고 싶어 하지 않을 것이다."

잘 아는 대로, **지오바니 베르니니**의 유명한 <성 테레사의 황홀(恍惚, ecstacy)>은 <이런 상태>를 잘 표현하고 있다. <오르가슴의 상태>를 말이다.
[십자가의 성 요한의 『영혼의 어두운 밤』이라는 시(詩) 또한 그렇다. 이것은 **비갸나 바이라바**에서 다루었고, 이 책의 <나가며> 부분에 실었다.]

일휴(一休) 선사는 20대 후반에 어느 호숫가에서 까마귀의 "까(악)-" 소리에 <눈을 떴다>고(도) 하는데, 내란과 하극상 등을 겪으면서, 여러 곳을 돌아다니며 술과 여자에 취했다고 한다.

[일휴 선사의 이야기에서 굳이 까마귀의 "까-" 소리를 언급하는 것은 **파라 트리쉬카**에서 말했던, 까마귀에서 듣는 <ka + ṭa + ra(까-)> 소리는 그의 위장, 항문, 목구멍, 입천장 등이 관련되어 생기며, 그 소리가 우리 귀에게는 비록 분명하지 않더라도 음소 자체로는 바른 것으로, <**마트리카에서 떨어져 있는 음소라는 것은 가능하지 않다!**>는 것을 상기 하고자 함이다. 즉 <**이 세상의 어떤 것도 진리 즉 실재와 떨어져 있지 않다!**>는 것 말이다.]

70 세가 훨씬 넘어, <눈이 먼> 젊은 **모리**(もり, 森女, "**숲** 여자")를 사랑했고, 그녀에 대한 사랑을 시(詩)로 남겼다. 『광운집(狂雲集)』에서 그는 이렇게 노래한다. (고쳐 옮김)

눈 먼 모리 밤마다　　나와 함께 노래하네
원앙처럼 이불 속에　　소곤소곤 은밀하고
미륵불이 구원토록　　함께하자 약속하지
늙은 부처 고향에는　　모든 것이 **봄**이로다

진리는 **눈 먼** 처녀에게　　이미 전해졌건만
임제(臨濟)의 자손들　　선(禪)을 너무나 몰라
삼세(三世) 삶을 살면서　　사랑을 노래하니
하룻밤의 **가을바람**　　천 년을 지나누나

아름다운 모리 숲에서   꿈숙을 거닐도다
수선화 꽃 만발하여   안으로 들어가니
내 입은 그 향기로   시내 되어 흐르고
함께 부르는 노래   저 달 위로 가누나

심층심리학의 융은 어느 책에서 구약에 나오는 <엘리야(지성, 이성)>와 <그 엘리야의 머리를 빼앗으려는 이세벨(눈 먼 사랑)>과 그들의 환생이랄 수 있는 신약의 <세례 요한(지성)>과 <그 세례 요한의 머리를 뺏은 살로메(눈 먼 사랑)>를 한 쌍(雙)으로 보았다. 그래서 잘 아는 대로, 세례 요한은 마침내 <머리가 없는 사람(친나마스타)>이 되었는지도⋯⋯

[영어 "fall in love(사랑에 빠지다)"에서 <떨어진 (fall) 것>은 머리 곧 지성, 이성이다. <사랑에 빠진 연인들>은 이성을 잃어버리고 "미쳐" 비틀거리며 이제는 그 짝인 증오로 향한다. 사랑의 드라마들은 그렇게도 시청률을 자랑하고.

리하르트 슈트라우스의 오페라로 "소리가 살아난" 오스카 와일드의 희곡 <살로메>는 데카당스의 팜 파탈(Femme fatale)로도 알려져 있다. 와일드 자신은 동성애의 <눈 먼 사랑>에 침몰되고⋯⋯ 그 어떤 아찔한 순간에 내 존재가 상실되지 말지어다. 각설하고,]

<아름다운 **모리 숲**>과 <수선화 꽃 향기>는 그저 한 폭의 동양화답게 구름과 안개로 감춰두는 것이 더 좋을 듯 하고⋯⋯

　　['<한 폭의 동양화답게⋯⋯> 운운하며 얼렁뚱땅, 은근슬쩍 넘어가려는 수작이 아닌가?'라는 소리가 어딘가에서 들리는 것도 같다.
　　그런데 그 소리조차도 한 폭의 동양화 속 구름과 안개 너머에서 들리는 것 같으면⋯⋯
　　아무래도 걱정된다.

　　"紅日三竿猶作夢(홍일삼간유작몽)
　　중천에 해 떴는데　아직도 꿈속 세상"인 것이 분명하다!

　　<아름다운 **모리 숲**>이라⋯⋯
　　그것은 아마도 <검은 숲>이었으리라. <검은 숲> 즉 <Schwarz-wald(슈바르츠 발트)>는 저 유명한 독일의 철학자 하이데거가 <불명예 은퇴>를 한 후 그곳에 틀어박혀 <**존재와 시간**> 등 불후의 명저를 내놓은 곳으로 유명하다.
　　그러나 <검은 숲>은 우리 모두가 한때 - <**시간 속에 존재하며**> - 처녀지(處女地)로 탐사하느라고 헤맨 곳으로 더 유명할지도 모른다.

하여튼 <인간의 발길>이 잘 닿지 않은 <검은 숲>일수록, 그곳은 무섭기도 하지만 또 아주 매혹적인 곳이기도 하다. <도덕(道德) 선생님> 노자(老子)도 일찍이 "곡신(谷神)"은 불사(不死)로서 "검다(玄)"고 노래했으니 말이다.

아무튼 **하이데거**가 칩거했던 <검은 숲>에서는 <존재와 시간>이 나왔고,
일휴 선사가 노년에 머물렀던 <모리 숲>에서는 <광운집(狂雲集)>이 나왔고,
우리 모두가 탐험했던 <현빈(玄牝)의 숲>에서는 만물이 나왔다.
각설하고]

아마도 불교(붓디즘)의 선사(붓디, 지성) 일휴와 <눈 먼 **모리**(森女, "**숲** 여자")>와의 사랑은 진리에 "눈을 뜬" **모리**가 <이 몹쓸 세상사에는 눈을 반쯤 감으라>며 저 대덕(大德)에게 주는 <한 **쉼**(一休)>이 아닐는지……
아니면 저 청활(晴闊)한 하늘에 피어난 한 송이 <미친 구름(狂雲)>이었는지도……

☯

그리고 <그 조선> 말(末)에, 경허(鏡虛) 선사가 합천의 해인사에 있을 때, 그는 눈보라치는 어느 저녁, 산길에 쓰러져 있던 <문둥이 여인>을 들쳐 업고 와서 몇 날 며칠 밤을 그녀와 함께 보냈다고 한다. 조해인은 <관음보살은 문둥이>에서 그것을 이렇게 노래했다.

눈길에 쓰러진 문둥이 여인
들쳐 업고 암자로 온 경허는
밥도 안 먹고 **잠만 잤다**

피고름 그녀를 부둥켜안고
말없이 몇 날 밤을 **잠만 잤다**

방문 걸어 잠그고 **잠만 잤다**

문둥병에 대해서는 **쉬바 수트라**와 또 앞에서도 다루었다.

우리의 영웅 <경허 선사>와 저 <문둥이(느끼지 못하는) 여인>의 접촉도 역설적(逆說的)이다. 누가 누구를 "느끼게" 했고, 또 누가 누구를 "살아나게" 했는가?

필자는 궁금하다. **그녀를 부둥켜안고 몇 날 밤을 잠만 잤다**는 그에게 무슨 생각이 들었던 것일까?

<그 여자의 전생(前生)의 어떤 모습>이? 아니면 <그 여자와의 어떤 인연(因緣)의 끈>이? - 『우리는 다시 만나기 위해 태어났다』고도 하지 않는가? - 아니면 <그 언젠가 읽거나 들(었)을지도 모를 어떤 경전의 말씀>이? …… 아니면 <그 어떤 느낌>과 <그 어떤 무엇>이?

경허 선사가 말년에 자신의 죽음을 예견한 듯 쓴 시 한 편이 필자의 눈길을 끈다.

誰是孰非(수시숙비)	뭐가 옳고 그른가!
夢中之事(몽중지사)	모두가 꿈속의 일
北邙山下(북망산하)	**깊은 잠** 속에서는
誰爾誰我(수이수아)	누가 너고 나인가?

파라 트리쉬카에서 **아비나바굽타**는 전한다.

"<무명으로 의심에 시달리게 된 자>는 바보다. 그래서 생사(生死)가 일어나는 것……

이 모든 것이 실은 <地水火風空의 덩어리>……

무엇이 달가운 것으로 욕망을 품을 만한 것이며, 무엇과 관련해서 달갑지 않은 것으로 주저하는가?"

지성(이성)과 감성(사랑)의 만남은, 좌뇌(논리)와 우뇌(느낌)의 만남은 우리 이성을 **잠**으로 껴안는다.

아, 달콤한 **잠(죽음)**이여, **안식(安息)**이여, **명상(冥想)**이여, **천국(天國)**이여!

우리의 현실들인 이 <윤리, 계율, 율법> 너머에 있는, 우리의 이상향(理想鄕)들인 저 <자연, 자비, 사랑>을 얼핏이라도 보게 되면 **우리의 이 가슴**은 뭉클해지고,

우리의 저 이상과 진실(眞實)이 우리의 이 현실과 사실(事實) 때문에 짓밟히고 밀려나는 것을 볼 때면 - 우리가 진정한 인간이라면 - **우리의 이 가슴**은 그 어떤 답답함에 피눈물로 뒤엉킨다.

[로마 당국의 십자가 형벌로 죽었다는 "**예수도 실은 그 가슴(심장)이 터져 죽었다**"고 저 <하나님이 사랑하는 사람(요한)>은 강조하여 증언한다. 이것은 <**돌과 즈슴 이야기**>에서 다룬다.]

그래선지 경허는 이후 환속(還俗)을 하고……

그러나 그것은 환속이 아닌, 귀환, 귀향이고, 저 <**전체성(全體性)의 길**>이다.

제 6 장

"신(神)의 길"

1. 쿨라 마르가 – 전체성(全體性)의 길
2. 크라마 무드라 – "생명은 영원하고"
3. <비밀 의식(儀式)>

여기서는 탄트라 알로카 <제 29 장>의 핵심을 실었는데, <비교(秘敎)의 길>과 그것의 원초적 희생(아디-야가), 쿨라-야가의 **참된 의미**를 설명했다.

"야가"라는 말은 <**예배**(경배)> 혹은 <**희생**(犧牲)>으로 번역되어, 이 책에서도 많이 나오지만 <**거울 속에서**>와 <**돌과 즈슴 이야기**>에서 더 깊이 다루려고 한다.

차리야-크라마는 쿤달리니 상승과 관련되는 수행이다.

선지자 이사야는 노래한다.

<하나님은 나의 구원>이시라
내가 신뢰하고 두려움이 없으리니
주 여호와는 **<나의 힘>**이시며
<나의 노래>시며 **<나의 구원>**이심이라

<나의 생각>은 너희의 생각과 다르며
<나의 길(신의 길)>은 너희의 길과 다름이라

- 이사야 11:8과 12:2과 55:8에서 -

이사야는 **<여호와(야훼)는 (나의) 구원>**이라는 뜻
으로, 곧 **<구원은 하나님이 되는 것으로 온다>**는
말이다. 잘 아는 대로 **하나님**은 야훼(야)로 존재계
즉 **전체성(일체성)**을 말한다.

<전지(全知), 전능(全能)한 "의식(意識)"> 말고,
다른 길이 있겠는가!

294

1. 쿨라 마르가 - 전체성(全體性)의 길

<아르다나리슈와라(남녀추니)>

인도 도상학에서 **쉬바**를 자웅동체(雌雄同體) 즉 **"아르다-비랴"**로 <몸의 오른쪽은 남성으로, 왼쪽은 여성으로 나타내는 것>은 아주 좋은 일이다. 그로 인해, <자유롭고 독립적인 신성(神性)의 **에너지**>가 구체적인 형태로 표현된다. 한 몸에 양성(兩性)이 있는 것은 우주를 나누는 대극의 원리들이 본래의 <하나임>을 재구성하기 때문이다.

웃팔라데바는 말한다.

"쉬바(하나님)는 인류를 남성과 여성의 몸으로 나누는 세계 전체에 그의 인(印)을 쳤도다."

그러므로 인류는 <**하나**>인 **전체**(全體)의 조각난 부분들일 뿐이다.

<원초적인 합일>을 회복하기를 열망하는 **요기**와 **요기니**에게, 성적 합일이라는 비교(秘敎)의 방편이 있다. 만약 그들이 **그 필요조건을 갖출 수 있다면**, 이 결합은, 그들 자신의 내면에 남성과 여성이라는

극단이 분리될 수 없게 융합되는 것을 위해 - 모든 인간 존재 안에 단지 씨앗의 형태로 거하는 그런 <하나임(즉 "**하나님**")>을 위해 - 또 이원성 너머로 영원히 움직이기 위해, 자신의 "**전체성(全體性)**"을 다시 찾을 수 있는 수단이 될 수 있다.

이후 기술되는 <성적인 결합>은 **루드라-야말라** 혹은 <쉬바와 그의 에너지로 형성된 나누어질 수 없는 쌍(커플)>이라고 부른다. <성적인 결합>에서 그로 인해 생긴 자극(추동력)을 이용해 숙련자는 그 에너지의 힘 속으로 흡수된다. <**의식과 에너지는 하나**>이기 **때문에**, 그는 <우주적 수준의 **의식**>에 접근을 얻고, 마치 <**신성(神性)의 쌍**>처럼 <원초적 **전체(全體)의 미분화**> 속으로, **파라마-쉬바** 속으로 합융(合融)된다.

탄트라는 <어떻게 그 지고의 경험이 모든 수준의 실재를 아우르는지>, <어떻게 이원성의 한가운데서 갑자기 "하나됨"이 일어나는지>를 보여준다. **실로, 탄트라에서 "통합(하나됨)"은, 그것이 그 무엇이든, 우리의 <일상생활의 경험들>에서 성취되어야 한다!** - 저 먼 하늘에 있는 진리는 아무런 힘도 없다. - 쿤달리니로 생긴 정화(淨化)를 통해 어떤 에너지도 <순수한 **의식**의 에너지>로 변환 될 수 있다.

<쿤달리니와 성생활(性生活)>

<순수한 **의식**의 에너지>와 <성행위> 사이의 그 간격은 <"꾸불꾸불한 몸의" **쿤달리니**가 인간 존재 안에서 움직임이 없이 누워 있는 한> 메울 수 없는 것이다. 그러나 그 <꾸불꾸불한 것(性慾, 性力)>이 그녀 자신을 끌어올리면, 몸은 그 힘으로 스며들게 되고, 그때 우리의 몸은 <**바이라바**의 **의식**을 얻기 위한 장소와 또 특권을 갖춘 도구>가 된다. 마치 백조가 우주의 물에서 능숙하게 <**의식**의 정수>를 추출하는 것처럼, **요**기가 <신비한 식별력(안목)>을 <**포기하는 일**(금욕?…!)>과 연결하는 것이 사실이면 말이다.

어떤 형태의 즐거움도 <**얼나**의 지복>에 일별을 준다. 왜냐하면 욕망이 만족될 때면 사람은 자신 안에서 쉬기 때문이다. 그러나 이것은 <실제적인 **얼나**>가 완전하게 드러났다는 것을 의미하는 것이 아니다.

만약 **쿤달리니**가 발기하여 **에너지**가 정화될 때 그 즐거움이 디딤돌로 사용된다면, 그것은 <순수한 **의식**>의 지복으로 전환된다. 그러므로 <성 의식(性 儀式)>은, 그것을 통해 <**우주 의식**>에 접근을 얻는데, <접촉, 열정, 육체적인 만족> 같은 성적 결합의 특성에 달려 있다. 그것은 그 절정에서 즐거움을 불러일으키고, **그것을** <고요하고 또 깨어지지 않는 **지복**>으로 **변화시키면** - 일종의 "<포기하는 일>" - 욕망의 극성은 **얼나**의 기쁨으로 바뀔 수 있다.

<접촉(接觸, 스파르샤)>

오감(五感) 가운데, 촉감(접촉)은 특별히 성기와 관련되어 있다. 성기의 촉감은 다른 감각보다 더 친밀(親密)하고 은밀(隱密)한 성격이기 때문에, 중앙 통로(마드야마-차크라)와의 접촉을 용이하게 하고 그것을 깨어나게 한다. 그것은 <흩어져 있던 경향들을 자연적으로 빨리 통합시켜서 욕망의 성취로 이끄는> **전체적인**(종합적인) **감정**과 연결되어 있다.

스판다 카리카는 말한다.

이것에서 이상한 빛, 소리, 형상, 맛이 잠시 동안 수행자에게 나타난다. 아직도 몸과의 동일시에서 벗어나지 못한 것, 그런 것은 방해요소다.

바수굽타는 사마디의 방해요소에서 촉감(觸感)을 언급하지 않은 것으로 그 접촉(接觸)을 높이 평가한 것을 보여준다. 깊은 흡수(사마디)의 결과로 **이상한 빛, 소리, 맛, 향기**가 난다.

아비나바굽타는 탄트라 알로카에서 다음과 같이 말한다.

"시각, 청각, 미각, 후각의 기관은 <낮은 수준의 실재(**탓트와**)에 속하는 흙과 다른 요소들>에 미묘하게 존재한다. 그것들 중에 가장 높은 것도 아직 환영의 영역(**마야 탓트와**)에 속하나, 촉감(觸感)은 <요기가 끊임없이 갈망하는, 말로 표현할 수 없는 미묘한 감각>으로, 에너지의 상위 수준에 거한다. 왜냐하면 이 촉감은 <**자기 조명적인, 순수한 창공**(하늘)>과 동일한 **의식**으로 이끌기 때문이다."

[여기서는 **의식**을 의미하는 세 가지 용어가 함께 쓰였다. 즉 **삼빗, 칫, 프라카샤**.]

자야라타는 이 <말로 표현할 수 없는 감각(**스파르샤**)>을 얼얼함(**피필리카**, 따끔거림)과 비교한다. 그것은 <신성의 에너지의 지극히 미묘한 **"닿음"**>, <그 은혜의 **"손길(어루만짐)"**>이다.

[찬도기야 우파니샤드는 <접촉, 우다나 숨(쿤달리니), 천정(天頂)> 사이의 관련을 언급한다.

다섯 구멍(통로)을 다루면서 <위로 흐르는 구멍(우다나)과 바람과 아카샤>의 같음을 말한다.

아카샤는 인간 존재의 가슴 안의 <내부의 공간>이고, 그 풍부함과 불변성으로, 브라흐만과 동일한 <외부의 공간>과 다르지 않다.

천정은 그 위치가 머리 위이기 때문에 <상승하는 숨(우다나)>을 암시한다. 그것은 다시 말한다.

"브라흐만은 <브라흐만 꽃>을 키우나니
우파니샤드 꿀벌은 그것으로부터
하늘 벌집의 꿀을 모으노라
천정에서 태양(브라흐만)은 신들의 꿀이요
천정의 광선은 벌집이로다"]

<흥분(興奮)과 열정(熱情)>

쿨라 야가에서 접촉의 중요성은 <욕망>과 또 <귀중한 지지를 주는 욕망의 강도>와 관련되어야 한다. 성적 욕망이 <헛되고 무서운 집착>을 하는 동안, 그 강도는 필요한 게 아니라 필수적이더라도, 그 생생한 흥분(興奮) 때문에 그것은 휘몰아친다.

<비교(秘敎)의 결합>에서, 사실, 육체적 흥분은 **<집착(라가)으로부터 자유로울 때>**, 신비의 열정을 펴기 위한 기초를 제공한다.

만약 육욕적인 소유욕에서 벗어나면, 욕망의 신 **카마**는 **쉬바**의 **제 3의 눈**(쿤달리니 에너지)에 의해 소멸되고, 대신 존경으로 일어나는 사랑스런 부드러움(**라티**)으로 길을 터준다. 아니면 만약 <지식>과 <알려지는 것> 너머로, 욕망이 비(非)-개체적 사랑(**잇차**)의 순수한 유출로 바뀌면, 그것의 적나라한 강도는 몸에 활력을 주고, 몸은 개체적인 제한으로부터 자유로우며, 방해받지 않고 기능한다. 그래서 **요기**는 **첫 일별(一瞥)**의 그 **생생한 인상**(느낌)으로 에너지의 원천에 서 있을 수 있다.

선택의 이원성과 대상성을 피하며 깨어난 감각은 비-개체적 방식으로 자유롭게 활동을 펼친다. 몸이 그렇게 만족할 때, **요기**는 우주적인 **지복**에 대한 접근을 얻는다. 이것이 **비갸나 바이라바 탄트라**가 다음과 같이 말하는 이유다.

사정(射精)하려고 애쓰지 말라.

"<저절로>든, <호흡(呼吸)>에 의하든
바니와 **비샤**의 중간에 집중하라.
<성교(性交)>의 열락(悅樂)>에 젖으리라."

그 떨림 속으로 들어가라.

"성교에서 그녀 속으로의 흡수가 흥분(興奮)으로 일어난다. 절정에서 일어나는 **기쁨**은 **브라흐만**의 **기쁨(지복)**으로, 실은 나 자신(**얼나**)의 것이다."

관능적인 즐거움과 관련된 지복이 존재 전체로 스며들고, 신비의 친밀하고 은밀한 즐거움 속으로 바뀔 때, 그것은 욕망을 초월하고, 또 생각을 정화한다. 그것은 마음(생각)을 고요하게 한다.

그러므로 **탄트라의 금언**(金言)에 따르면, "**보통의 인간에게는 속박의 원인인 것이 싯다에게는 해방의 수단이 된다.**" 성적인 욕망이라는 그 아찔한 동요(動搖)에서도, **쿤달리니**의 상승을 통해 사람은 그 에너지가 솟아오르는 곳으로, 그 활기찬 근원으로 옮겨진다. 그것이 『**파라 트리쉬카**』와 같은 심오한 **탄트라**에 숨은 비밀로, **아비나바굽타**는 해석에서 그 비밀을 드러낸다.

그러므로 몸은 깨달음의 도구로서 특별한 가치를 가지고 있다. 일단 에너지가 개체(개인)의 경계를 넘어 우주로 퍼지면, 그런 것을 "**신성(神性)**"이라고 부르기 때문이다.

[**"신성(데바타)"**이라는 용어는 초기 **우파니샤드**에도 이미 사용되었다.]

아비나바굽타는 이와 관련하여 말한다.

"우리의 **의식**이라는 타오르는 불 속으로 엄청난 힘으로 던져진 모든 것들은 그들 자신의 에너지로 불꽃을 먹이는 동안 그들의 차별을 잃는다. 사물의 본성이 이 빠른 연소(燃燒) 과정에 용해되자마자, **의식**의 신성들(감각기관의 통치자들)은 이제 넥타로 변하여 우주에서 기쁘다. 이제는 만족하여, 그들은 **바이라바**를 자신과 동일시한다. **바이라바**, <**의식**의 창공(**하늘**)>, <가슴에 계시는 **하나님(신)**>, <**그**>, <완전한 풍부함(**신성**, 편재, 遍在)>."

주석에 따르면, 신성들은 <우주>를 <지고의 **의식** 안에 비친 상(像)>으로 알아채게 된다. <의식적인 주체>와 <(그것이 한껏 즐기는) 대상>은 또한 연관되어 있다. 왜냐하면 신성은, <분화되지 않은 상태>에서 쉰다고 하더라도, 각각의 대상을 향한 다른 감각기관과 관련하여 다양한 기능과 활동을 하기 때문이다.

☯

<몸과 우주의 변형>

　　<주체>와 <대상>, <자아(나)>와 <다른 것(他者)> 사이의 접촉의 본질을 잘 이해하도록 하기 위해, **아비나바굽타**는 **요가-삼차라**의 난해한 구절을 인용한다.

　　그것이 성적인 접촉을 강조하는 것처럼 보여도, 성적인 접촉은 모든 것 중에서 가장 강렬한 것이기 때문에, 이 문서는 <한 기관>과 <그 기관의 특정한 대상> 사이의 어떤 관련성과도 연관된다.

　　[<강력한 각성을 유지하는 사람>은, 예를 들어, <지식의 두 파도>나 <두 소리> 사이의 결합 같은, 그런 어떤 결합 동안 <주체와 대상의 상호침투>를 경험할지도 모른다. 비(非)-이원(**불이**)인 **카시미르 쉐이비즘이 보편성을 갖는 것은 <이런 유형의 모든 것을 포괄하는 경험>** 때문이다.]

　　그러나 이것은 단순한 접촉이 아닌, **<깨어 있는 가슴을 가진 사람 안에서, 기쁨을 배경으로 갖는> 친밀하고 은밀한 결합(마이투나)**이다. <주체와 대상 사이의 반복되는 마찰>은 상호 변화를 촉진하고, 마침내 용해로 끝난다. 그런 마찰 없이는 대상은 제한되어 남을 뿐이며, 주체는 <우주적인 신성의

술>에 접근하지 못한다. 그러나 <기쁨과 에너지의 강화를 유도하는> 이런 마찰을 통해, <대상의 윤곽 그리기(대상을 별개로 보려는 시도)>는 용해되고, <주체와 대상이라는 이원성>은 그친다.

그러므로 두 극의 통일을 통해, 마찰은 **요기**에게 **전체성**(全體性) 속으로 녹아드는 기회일 수 있다. 그는 **우주 의식**을 즐기고, 또 변형된 몸과 우주를 즐긴다.

탄트라 알로카는 말한다. (4:130-144, 147)

< 130 >

"그것은 세 연속적인 영역에서 드러나게 된다. <아는 자(불, 주체)>, <지식(해)>, <알려지는 것(달, 대상)>. 불과 달의 친밀한 결합(마이투나) 속에서, 수축과 확장을 통해 상호 교환이 일어난다. ('나'인) 주체와 ('상대방'인) 대상을 하나로 묶는 이 마찰로부터 <전체적인 의식>이 일어난다."

< 131 >

"합궁(合宮)할 때 요니와 링가가 암브로시아를 내뿜듯이, 불과 달의 결합으로부터 암브로시아가 흘러나온다. 이것에 대한 의심은 없다."

베다(Veda)의 의례에서 **아그니(불)**와 **소마(달)**가 담당하는 역할은 이 발췌에 어느 정도 빛을 줄 수 있다. 희생의 **불**은 하늘로 똑바로 올라서 자신이 태운 모든 제물을 신들에게 운반한다. 하늘과 땅을 갈라놓으면 새로운 차원을 낳는다. 그와 유사하게, <**쿤달리니의 불**>은 모든 다양성을 태우고 그것을 <분화되지 않은 **의식**>의 핵심으로 다시 가져가고, <지고의 창공(브라흐마란드라)>에 이를 때, 그것은 그 광대무변(廣大無邊) 속에서 스스로를 잃는다.

소마 식물은, 희생의 맷돌에서 짜이고 정화되어, 신성들을 취하게 하는 물방울을 만든다. 경전에서 **달(소마)**은 <알려지는 것(대상)>의 상징으로, 지식이라는 **해(수리야)**에 의해 빛나고, 주체(아그니)에 의해 짜여(압착되어), <변형된 (감각, 운동)기관인 신성들>이 즐기는 넥타(神酒)를 쏟아 낸다.

그래서 **쿤달리니**는 <**아그니**의 강렬한 열(熱)>, <**해**의 광채>, <불멸(암리타)의 넥타>로 예시(豫示)되어 나타난다.

< 132 - 133a >
"(보통 일상생활인) 환영(幻影)에 깊이 빠진 밤에, 주체(**불**)와 대상(**달**)의 두 바퀴는 강하게 압착되어 정수(精髓)가 추출되어야 한다.

그것들의 상호침투로부터 즉시 그 눈부신 빛이, 그 밝기에서 해와 달(지식과 대상)을 넘어서는 저 <지고의 아는 자>의 그 빛이 번쩍이리라. [그는 <시간의 지식(카알라-갸나)>을 얻으리라.]

(요기가) 이 <지고의 빛>을 – 그 자신의 얼나 – 아는 순간, 그는 <바이라바>, <우주적인 원인자>, <의식(지고의 주체)의 완전한 빛>을 아는 것이다. 그런 것이 <궁극의 실재>의 지식(경험)이다."

< 133b >

"진실로 주체와 대상이라는 두 바퀴 너머에 <천 개 빛줄기 바퀴(사하스라라)>, 우주 의식이 있다. 그것으로부터 우주가 진행된다."

< 134 – 136a >

"지고의 주체(불)가 대상(달)을 불길에 휩싸이게 할 때 – 달은 이 세상에서 일하는 에너지, 크리야 샥티를 말한다. – 대상은 자신이 갖고 있는 흐름을 방출하고, 모든 인간에게 공통된 세계뿐만 아니라 각 개인에게 특유한 다양한 세계를 낳는다.

그다음 이 에너지는 모두 불타오르며, 그 지고의 넥타를 <대상의 바퀴와 지식의 바퀴를 통해> 모든 면에서 <주체의 바퀴> 속으로 곧장 쏟아 붓는다. 그래서 바퀴에서 바퀴로 뚝뚝 떨어지는 이 넥타는

마침내 <다섯 겹 바퀴(몸과 미묘한 기관들, 지성, 생각 등)>에 도달한다."

[<변형된 대상> 소마(**달**)는, <**달**의 다른 부분들이 차례대로 **해**(상승하는 숨, **우다나**) 속으로 녹을 때, **열여섯 번째** 부분이 하듯이>, 암브로시아를 쏟아 붓는다.]

다른 말로, 대상적인 에너지는 바퀴에서 바퀴로 흐르지만, 추론되는 것처럼 <주체의 상급 바퀴>로부터 <대상적인 세계의 하급 바퀴>로 흐르는 것이 아니라 <대상의 하급 바퀴>로부터 <주체의 바퀴>로 흐른다. 거기에서 그것은 외부로 뒤돌아 흐른다. - 몸과 그것의 감각기관으로.

일단 그것이 진정한 본성을 다시 얻으면, **소마**는 <우주적 중심>으로 녹고, 그다음 일반적인 진동이 일어날 때, 그것은 우주를 내적으로 방출한다.

지고의 주체는 그때 자신 안에서 "**비밀(秘密)의 바퀴**"를 발견한다. 소위 그것이 성적 결합과 관련되기 때문이다. 그것은 <대단히 창조적인 출생의 장소(**잔마스타나**)>, <지복 혹은 기쁨의 자리>에서 기원(起源)한다.

거기에는 <세 가지 수준>이 있다.

① <우주적 수준>은 <지고의 주체>와 관련되는 것으로, **즐거운 놀이**로서 세상을 낳고 또 철수한다.

② <개인적 수준>은 보통 사람들과 관련되는 것으로, 그가 집착하고 있는 즐거움의 자리이다.

③ <신비적 수준>은 이른바 <브라흐만의 지복의 자리>, <브라흐마차리야로 알려진 **요기**의 특별한 속성>이다. 그는 **사마디**의 바로 그 한가운데서 이 **비밀의 바퀴**를 발견하고, <이 세상에서의 지복>을 <**참나(얼나)** 안에서의 **쉼**>과 조화하는 것이다.

우주적인 주체에 특유한 흡수의 바퀴와 더불어, 모든 것은 일단 다시 내면화된다. 승화된 대상적인 에너지는 조화롭게 흐르고, 주체는 분별로 우주를 즐긴다. 마치 백조가 우주의 물에서 **의식**의 정수를 능숙하게 추출하듯이……

< 136b >

"눈부신 순백의 백조(白鳥, 함사)는 세상(이담)을 다시 마시고, 기쁨에 겨워 말하누나.

'나는 그(것)이다! (아)함-사!'"

[이 절은 **마이트리 우파니샤드**(6:34)로부터 다른 유명한 행(구절)들에 빛을 준다.

"가슴 속에, 태양 속에 쉬는 황금빛 이 새

비할 수 없는 이 화미(華美)의 백조

불 속에서 경배 받아야 하리"

이 새는 <지고의 주체>, **얼나**가 아닌가? 실제로,
우파니샤드는 <사비트리(태양)의 이 화미(광휘)>를
<명상하는 자의 바로 그 화미(광휘)>로 명상할 것을
요구한다. 그리고 안식의 정박항(碇泊港)에 이르면
사람은 **얼나** 안에 뿌리를 내리게 된다.

그러나 <희생의 불>, **아그니-호트라**는 이 **우파니
샤드**에서는 그것의 순결함 때문에 경배되어야 할
<내면의 불>로 여겨진다.]

그래서 **나**를 <우주적 주체>로서 알아채게 되면,
그것은 그 자체 안에 모든 것을 흡수하고, 그렇게
함으로써 완전히 만족하게 된다.

< 137a >

"일단 그 소리('함사')를 듣게 되면 - 세상과의
동일성을 깨닫게 되면 - 다시는 장단점으로 물들지
않으리라."

그때 주체는 세상 쪽으로 나아가고, 흐름이 바깥
으로 쏟아지듯, 내밀한 핵심은 다음 절들에 묘사된

310

<성 수행> 동안 <변형된 외면성>으로 밖으로 퍼져 나간다.

< 137b - 138 >

"이 편재(遍在)하는 것(백조, 지고의 얼나)은 한낱 자유로움에서 <다섯 빛줄기 바퀴(감각의 영역)>의 변하는 양상과 관련되는데, <변형된 세계(소마)>로부터 흐르는 넥타의 수단으로 <맛(향기)의 세 가지 빛줄기를 가진 비밀의 바퀴> 쪽으로 미끄러진다. 거기에서부터 우주는 <그의 자유로운 놀이의 표현으로> 생겨나고 또 거기에서 그것은 용해된다."

[<개체적 수준>에서뿐만 아니라 <평온한 **얼나**의 수준>에서도 그렇다.]

< 139 >

"그 안에 모두를 위한 지복이 있으며, 그 안에서 <다시 열정(熱情)을 가지고 자신을 브라흐만에게 주는 브라흐마차린>은 이 <비밀의 바퀴> 때문에, 이 세상에서 효능(效能)과 해방을 얻는다."

브라흐마-차라티, "브라흐만 쪽으로 움직인다", 그래서 순수한 지복으로 된 <지고의 브라흐만>과 동일한 것으로 보인다.

< 140 >

"그다음, 이 <비밀의 바퀴(출생의 바퀴)> 너머로 그는 마침내 브라흐만의 영역으로 접근을 얻는다. 거기서 주체와 대상은 조화를 이루며, **참나 안에서** 또 **참나에 의해** 방사된다."

"**참나에 의해**", 함사(백조)에 의해, 그리고 "**참나 안에서**", 파라메슈와라 안에서. 이 <**순수한 거울**> 그 안에는 주체와 대상, **아**그니와 소마가 반영되어 있다.

그러므로 **쿤달리니**가 오를 때, **요기**는 <출생의 바퀴>를 넘어 상급 중추(**브라흐마란드라**)에 이르러 거기에서 창조적인 씨를 뿌린다. 그는 <브라흐만의 상태>를 즐기는데, 그것은 <내면과 외면성이 균형으로, 이후로 줄곧 분화되지 않은 상태>다. 그렇게 함으로써 그는 우주를 낳는다. 만약 그가 대상성 안에서만 씨를 심는다면 그것은 불가능할 것이다.

다음 절들은 <주체적이고 또 대상적인 **에너지**>의 썰물과 밀물을, 하나가 다른 것에 지배적인 것으로 묘사한다. 만약 바깥쪽으로 향한 활동이 우세하면, 세상이 나타난다.

< 141a >

"<신성화된 대상> 소마는 이 영역 안에서 주체와 조화를 이루는데, 내면에 우주를 낳고, 외적인 현현으로 **흙까지** 가져간다. 만약 **불로써**(주체에 의해) 잘 태워진다면 그것은 다리까지 두 가지 방식으로 스며든다."

그러나 주체(**불**)가 최고로 통치할 때, 그 주체의 불꽃으로 활력을 얻은 활동은 그 절정에 이르고, 프라나 쿤달리니 에너지는 몸 내부에서 명확하게 느껴진다.

< 141b - 142 >

"만약 주체가 대상에 지배적일 때, 암브로시아는 즉시 흐르기 시작한다. 그다음, 활동의 형태인 이 에너지는, 소마(변형된 대상)로 만들어져 <프라나 쿤달리니의 해(지식)>에 의해 밝게 빛나는데, 발목, 무릎, 그리고 다른 관절에 분명히 나타난다. 그녀는 **불**(주체)로 인해 더 흥분하여 <다섯 감각의 광선을 연속적으로 보내는 자>다."

< 143 >

"이 과정을 또한 <귀 등의 감각기관>과 아래로 <발까지의 행위기관>, <다섯 요소로 구성된 몸>과

관련해, 엄지발가락부터 위로 <브라흐만의 알>의 광경까지 목도(目睹)하게 하라."

<브라흐만의 알>은 브라흐마-란드라(브라흐만의 틈)를 말하며, '세계'가 그 안에 둘러싸여 있다.

흙, 물, 불, 공기의 똑같은 요소로 이루어진 몸과 우주는 동시에 외부로 나타난다. 왜냐하면 지고의 **의식**은 감각기관과 인식기관 뿐만이 아니라, <외부 세계를 구성하는 에너지>에도 거하기 때문이다.

< 144 >

"이것을 알아채지 못하는 자는 요기가 아니다. 그러나 그것을 아는 자는 우주의 스승이 된다."

< 147 >

"그러므로 이 의식은 내적인 실재와 외적인 실재 둘로 자신을 나타낸다. 자신 안에서, 자신의 자유 때문에, 그것은 (주체와 대상으로) 마치 '다른 것'인 것처럼 보인다."

"다른 것"은 **마야**(환영)이다. 그럼에도 불구하고 그것은 <의식적인 하나임(一者)> 속에 거한다.

위의 몇 절은……

아마도 **아비나바굽타가 고의로 모호하게 만든 것 같은데**, 그의 말처럼, 드러내기에는 그 내용이 너무 은밀(隱密)한 것이기 때문이다.

그러나 추론(推論)해 본다면, 외부로 향한 활동이 **"쿤달리니만을 통해(그녀 없이는 가능하지 않는)"** <조화의 상태(주체와 대상의 평형성)>를 성취할 수 있다는 것이다. 나중에 보겠지만, 성 수행의 목적은 <사마디의 내면화된 상태>를 소위 <외부의 영역>으로 주입하고, 거기서 다시 <내적인 곳>으로 주입하는 것이다. 그리하여 어떤 상태에서도 <완전한 조화>가 경험된다.

내면성이 다양한 영역을 침투하여 삶과 활동이 절정에 이를 때, **요기**의 정화된 **에너지**로 된 **쿤달리니**의 상승은 단 하나의 중추로 모인다. 그래서 그의 신성화된 **에너지**가 펼쳐진 <새로운 세계>가 드러난다.

[<그의 신성화된 **에너지**> 부분은 **크라마** 교설의 **"열두 칼리"**를 참조하라. 스판다 카리카에서 다루었고, **탄트라 사라**에서 더 깊이 다룬다.]

<그 안에 모든 것을 포함하는 **가슴**의 경배> 외에 다른 어떤 형태의 경배(예배)가 있겠는가!

이제 소(Sauḥ)와 카(Kha) 만트라를 다룬다. 소
만트라는 앞에서와 파라 트리쉬카에서 다루었으나,
여기서는 <쿤달리니의 상승>과 관련해서다.

아비나바굽타는 탄트라 알로카 5장(62-73)에서
<신성의 넥타>에 대한 몇 가지 눈에 띠는 주석을
한다. 즉 행복의 영역은 <"지복의 나디"의 진동을
조심스럽게 알아채는 요기>가 유도(誘導)한 방출의
흐름으로 가득 차 있는데, 그 <지복의 나디>는 곧
<결합된 쌍(커플)의 나디>이다.

또 행복의 영역은 <(거기서 우주적 지복이 밀려
드는) 쉬바와 샥티(에너지)의 통일하는 마찰>과
<(그것으로 이 상태가 드러나는) 싯다와 요기니의
결합> 둘 다를 의미한다.

<"소(Sauḥ)", 방출(放出)의 만트라>

아비나바굽타는 이 <지고의 넥타>를 파라-비자
"소"와 관련한다. 그것은 우주적 희생으로 생기는
<불멸의 넥타>의 상징이다. 거기에서 우주(宇宙)는

<달의 형태로>, 의식(意識)의 불에 던져지는 봉헌물로 봉사한다. 정말로 역설(逆說)인 것은, 그것이 **불(지고의 주체)** 속에서 <의식적인 넥타(생명의 근원 혹은 "S")>를 방출하는 것이다. 즉 우주는, 그것이 외적이더라도, 내면성을 증가시킨다.

[우주가 신성의 에너지라고 "생각될(conceived, 임신될)" 때, 그것을 **달(소마**, soma)이라고 부른다. <**쉬바(ㅗ**, Sa)와 결합한 처녀 **우마(Uma)**> 말이다. "sa + uma = soma"]

그다음 이 <**신성의** 넥타>는 정제된 버터처럼, <희생(犧牲)의 국자의 뾰족한 끝("au", 곧 에너지의 삼지창)>에 도달하여, 일상적(재미없는) 활동에까지 퍼진다. 그래서 모든 기관이 완전히 만족된다.

마지막으로 **비사르가(ḥ**, ":")의 두 점은, 외부와 내면을 가리키는데, 단일의 점(빈두)에서 결합되어, <비사르가의 넥타>를 드러낸다. 그것은 <**의식의 불** 속으로 흘러드는 지고한 흐름의 "해방">이다. 그 순간에는 <우리 자신의 핵심에 있는 이 넥타의 흐름>과 <**의식**에 의해 편만한 우주 안에서 그것의 흐름> 사이에는 더 이상 어떤 차이도 없다. 거기, **요기니의 가슴**에, <완전히 알아채는 존재>는 이제 그곳에서 영원히 쉴 수 있게 되어, 영광 그 자체를 얻는다.

아비나바굽타는 마지막에 <방출(창조)의 지복>과 관련해 <**의식의 불** 속에서 **소**(Sauḥ)의 하는 일>이 비밀 속에 남아야 하고 어떤 형태의 설명도 해서는 안 된다고 한다.

그러나 나중(142-145절)에 그는 <직접적인 경험(經驗)을 통해 알아채야만 하는> 자발적인 소리 즉 <저절로 있고, 아주 미묘하고 편재하는 **드바니**>를 다룰 때, 성 수행에서의 **소**(Sauḥ)의 의미를 다시 주석한다. 명시하지는 않았지만, 이 순수한 소리는 <성애(性愛)의 신음(呻吟)(**싯카라**)>에서 추적될 수 있다. 그것은 의도적인 것이 아니고, 집중과는 아무 관계가 없으며, 사랑의 즐거움(기쁨)에 빠진 여성의 목구멍으로부터 자동적으로 일어나는 것이다.
(**파라 트리쉬카**에서의 해석도 참고하라.)

이 단순한 소리(**나다-마트라**)는 "그 실재가 핵심 전체인 욕망(慾望)"이다.
이 <사랑의 신음>에 집중되어서 남자는 <초기의 진동>, <지고의 **의식**의 첫 휘젓기의 그것>을 포착한다.

이제 <쿤달리니의 상승>과 관련해서 **소**(Sauḥ) 만트라의 의미를 알아본다.

"S"는 <최소한의 개인적인 애착도 없이, 연인과 결합하려는 욕망>이다. 그것은 또한 <지고의 **의식**, "AU">와의 접촉의 시작이다. 그다음, 성적인 결합 동안, 가슴, 목, 입술이 존재 전체의 펼쳐짐에 참여 하고, **쿤달리니**가 중앙 통로 내부로 <구근, 가슴, 목, 입천장을 통해> 드와다샨타까지 올라갈 때, 두 연인은 중앙 통로에서 계속되는 그 과정을 순수한 내면성으로 알아채며 남는다. 일단 연인들이 <분화 되지 않은 **얼나**>에 굳게 자리 잡으면, 그런 것이 음소 "AU", <동일시의 장소>에 대한 접근이다.

만약 **요기**가 중앙 통로 안에, 지복으로 활기가 넘치는 <창조적인 씨앗> 소(Sauḥ)를 떠올린다면, 그때 그는 지고의 **드와다샨타**와 관련된 <비할 데 없는 **의식**>에 도달할 것이다.

하나는 위에 다른 것은 아래에 있는 두 점으로 표기되는 **비사르가**(":" 혹은 "Ḥ")가 **드와다샨타**의 내부, 외부 통로 둘 다에서 작동할 때, 완전히 깨어 있는 **요기**는 그 두 **드와다샨타**를 **가슴**과 결합한다.

<방출하는 씨앗>에 특별한 – 사정(射精)하려는 – **성행위 중에는 <내면화된 합일>을 얻는 일이 매우 어렵다**는 것을 덧붙인다. 거기서는 두 연인이 서로

에게 녹아들어, 남자는 그의 <남성인 것>을 잊어야
한다. 주체적 영역으로서 대상적 영역으로 들어갈
때, 그 반대의 경우에도 말이다. 그것은 개아라는
느낌이 사라지기 위한 필요조건이다.

[<방출하는 씨앗>은 **스판다나-비자**, 즉 활기찬
씨앗으로, **스리슈티-비자**(창조의 씨앗)를 말한다.]

동시에 <우주적인 수준>에서, "S"로 상징되는
<순수한 존재(샷)>는 <세 가지 잘 조화된 **에너지**>
"AU" 속으로 침투한다. 그다음 <**쉬바**의 방사하는
힘(즉 상위 중추의 **비사르가** "Ḥ")>은 **가슴**과 연합
한다. 그래서 우주(**샷**)는 **바이라바**의 **가슴**에 방사될
것이고 **섬**을 얻는다.

☯

<"카(Kha)", 흡수(吸收)의 만트라>

만트라 카(Kha)는 이때 창조가 아닌 흡수와 관련
되어, <**쿤달리니**의 상승>과 관계가 있다. 이 또한
<성 수행>과 관련되어, "**소(Sauḥ)**"처럼 세상의 한
가운데에서도 <영구적 흡수>를 나타낸다.

그것은 <항구적인 거대한 평화의 열 가지 내면적
공간>에서 연속적인 체류(滯留)로 구성된다. 이것이

열 **카**(Kha)이다.

[**가가나**가 무한(無限)을 말하는 반면, **카**(Kha)와 **케**(Khe)는 <중심이고, 활기차고, 평온한 **가슴**>과 관련된다. 여기에서는 **가가나-샥티**와 **케차리-샥티**, <바퀴의 중심(허브)>인 **카**로 비교하라.]

처음에 **요기**는 낮은 중추에 거하는 **쿤달리니**의 깨어남을 명상한다. 그는 "**카**(Kha)" 만트라를 읊조리고, 그것에 집중하는 것으로, 그 **만트라**의 힘을 중앙 통로에서 상급 중추까지 올리는 동안, 그것을 에너지 속으로 주입한다. <(**지식**과 **행위**의) 두 가지 에너지의 단계> 너머로, 주체와 대상의 이원성이 용해되었을 때, 그는 <**의지**의 에너지>에 도달하고, 그때 그는 **얼나**를 의식하게 된다(**스와-비마르샤**). 마지막으로 <순수한 **의식**>의 눈부신 광선이 홀로 번쩍이는 <**네 번째** 상태>를 초월하면서, 수행자는 <만트라의 영역>, <그것들의 힘의 근원>과 동일시된다. (**탄트라 알로카** 5:89-91)

자야라타는 다음처럼 <열 **카**(Kha)>를 말한다.

"<알아채는 일>을 통해 ① **카**(Kha) 즉 <**얼나**>에 확립되는 **요기**는, ② **카**(Kha) 즉 <주권에 특유한

영광의 **자유**>에 대한 접근을 발견하는 것으로 시작한다. 그 자신의 본질을 인식하는 동안, ③ 카(Kha) 즉 <사랑의 즐김(라티)>에 거하는 것 때문에, ④ 카(Kha) 즉 <개아(**아누**)>에 서 있다. 만약 그가 깨어 있는 가슴으로 거기에 머문다면, 그는 ⑤ 카(Kha) 즉 <(프라나 쿤달리니가 일어나는) 호흡 에너지의 뿌리(물라다라)와 자궁(잔마다라), 그릇(쿨라물라, 생식기)> 속으로 침투한다. 그다음, 중간 영역(마드야다만)에 특유한 ⑥ 카(Kha) 즉 <호흡 에너지>를 밀쳐두고, 그는 쿤달리니 샥티 혹은 우르드바-쿤달리니를 상승시키는데, 그것은 서서히 중앙 통로로 침투하여 브라흐마란드라까지 오른다.

그다음 <대상의 영역>까지 똑바로, ⑦ 카(Kha) 즉 <완전히 펼쳐진 **행위** 에너지(크리야 샥티)>에 접근을 얻는다. ⑧ 카(Kha) 즉 <**지식** 에너지(갸나 샥티)>에 머물며, <지식>과 <대상>을 넘어 ⑨ 카(Kha) 즉 <**의지** 에너지(잇차 샥티)>를 깨닫는다.

그 후에, ⑩ 카(Kha) 즉 <(주체, 대상의 한계에서 자유로운) 순수한 **알아채는 일**(즉 완전한 역동성인 **의식**)>의 중심에서, 그는 투리야, <네 번째 상태>, <모든 것에 편재하는 **의식**의 영역>에 거한다. 그 상태 너머(투리야티타), 기관들은 자신의 영역에서 특정한 기능을 행한다. <**궁극의 실재**>다."

5장 92-99절에 따르면, 이 궁극의 **카(Kha)** 즉 <의식적인 공간>은 <(텅 비고, 평온한) **가슴**의 공간 (흐리드-뵤마)>이다. 그 안에는 **의식**(意識)만 홀로 빛나고, (**의지, 지식, 행위**의) 세 가지 에너지는 <신성의 **절대 자유**의 에너지(스와탄트리야 샥티)> 속에서 자신들을 잃어버린다.

열 카(Kha)에 상응하는 열 가지 소리가 있다.

① **치니** : 치니의 울림을 가진 가벼운 소리, ② **친치니** : 반복된 **친치니** 울림, ③ **치라바키** : 저음 으로 길게 계속되는 소리, ④ **샹카** : 소라고둥 부는 소리, ⑤ **탄트리고샤** : 현(絃)의 소리, ⑥ **반샤라바** : 막대기와 칼이 허공을 가르는 소리, ⑦ **칸샤탈라** : 심벌즈 소리, ⑧ 천둥소리, ⑨ 산불이 탁탁거리며 타는 소리.

(아홉 중에는 우리가 잘 알 수 없는 것이 많다.)

이들 아홉 가지 소리와 그것에 수반되는 지복을 넘어, ⑩ **열 번째의 <강력한 북소리>에 흡수되라. 해방(쉼, 자유)을 얻을 수 있는 유일한 것이다.**

[그것은 아기가 듣는 <어머니의 심장 소리>이고, 온 우주를 평온케 하는 <**쉬바**의 북소리>다. 그리고 그것이 (어른들을 위한) 자장가의 근원이다.]

2. 크라마 무드라 - "생명은 영원하고"

이제 **쿨라 마르가**[비교(秘敎)의 길, 밀행(密行)]를 살펴본다. 이것은 잘 아는 대로, 소위 종교가들과 도덕군자들의 비난을 받아온 것이다.

먼저 <**쿨라-야**가를 행할 수 있는 자격(資格)>에 대해서 다루자.

이 <비교(秘敎)의 희생>의 배경에는 깊은 지혜가 있다. 정말이지 심오한 것이어서 그것을 이해하는 사람은 거의 없으며, 그것을 행하는 사람도 소수다.

여기에 언급된 <성(性) 수행(修行)>은 외설적인 행위나 즐거움의 갈구가 아니다. 그것은 쾌락이나 출산을 목표로 하지 않고, <**자신의 본질을 깨닫고, 쉬바와의 동일시를 실현하려는 목표**>를 가진 **요가**, 훈련, <성스러운 행위>로 보인다. 그러므로 그것은 본질적으로 **영웅적인 행동**에 귀속된다.

사실 우리에게는, 그런 자격이 될 만한 어려움과 그것이 요구하는 영웅적 행위의 정도를 알기 위해, **이 수행에 요구되는 자격요건을 살펴보는 것만으로 충분하다.**

무엇보다도 경전이 말하는 **차리야-크라마** 수행은 <쿤달리니의 깨어남과 그녀의 상승>에 대한 필요에 기초한다는 것을 알아야 한다. 만약 결합하는 동안 그녀가 깨어나지 않는다면, 그 수행은 전혀 쓸모가 없고, **차리야-크라마**와는 아무 관계가 없을 것이다. 왜냐하면 **<상승하는 에너지(우다나)>만이**, 그것이 중앙 통로로 오를 때, 이 희생에 없어서는 안 될 **완전한 평형(平衡)을 주기 때문이다.**

비라(혹은 **싯다**)는 <자신의 감각과 마음을 통제하면서, 의심과 제한을 극복한 사람>이다. 순수한 가슴을 부여받고, 그의 **파트너**에 최소한의 집착도 없이, 욕망과 즐거움에 대한 모든 것을 포기하면서, **내면의 삶(상태)에 완전히 전념(집중)하여**, 거기에서 대담하고 모험심이 넘치는 정신을 보여준다.

그래서 술(**마댜**)과 고기(**망사**)가 풍부하고, 육욕적인 결합(**마이투나**)이 허용되는 모임 동안, 그는 **단 한 순간에 생각과 감각을 흥분의 원천으로부터 거둘 수 있음을 증명**한다. 향유(享有)의 절정에서 즐거움을 잊고, 그는 <브라흐만의 **지복(至福)**>으로 알려진 그 지복에 휩싸인다.

<비교(秘敎)의 길>에 들어서는 적합한 방법은 <**크라마, 쿨라, 샥타** 등의 믿을만한 전통에 속한

스승>에게서 입문해야 한다. 훨씬 더 좋은 방법은 <꿈이나 사마디에서 나타난 요기니>에게서, 아니면 <여성 입문자>로, 그녀 또한 요기니라고 부르는데, 그녀는 그에게 스승으로 행동할 것이다.

올바른 파트너를 선택하는 것은 스승의 몫이다. 이 결합이 신비의 <하나>가 되려면, 비라는 그의 파트너를 그냥 한 인간 존재로 보지 않고, **그녀를 신성으로 존경해야 한다.** 그녀의 아름다움과 계급 (카스트, 사회적 지위) 등에 관계없이 요기니 또는 여신과 동등하게 말이다.

그래서 <차리야-비디 의식(儀式)>이 시작될 때, 그는 <샥티의 특성을 부여받고 신성의 의식(意識) 으로 여겨지는 그 여성>에게 경의(敬意)를 표한다. 탄트라의 가장 독창적인 특징 중의 하나는 샥티의 화신인 여성에게 부여되는 이런 존경심이다. 그것 없이는 수행은 효과가 없을 것이다. 샥티 종파와 크라마, 카울라를 따르는 이들은 "어머니 칼리"를 숭배한다. 초기 불교와 또 정통 베단타와는 다르게, 여자를 결코 <남자가 타락하는 원인>으로 여기지 않는다. 그들에 따르면, 오히려 <올바르게 이해된 즐거움>은 해방으로 이끌 수 있다. 그래서 그들은 어머니, 아내, 딸로서, 그녀의 모든 면에서 여성을 그렇게 존경하고 찬미한다.

다수의 **탄트라**에서 <신성의 에너지> **파르바티**는 그녀의 제자인 **쉬바**에게 신비의 가르침을 전한다. 그리고 또 이들 스승 대부분이 **차리야-크라마** 수행에서 특별히 여성들을 입문시킨다.

수행자(**사다카**)에게 요구하는 필수의 특질 전부는 "**내면성**"에다 **열정, 대담함**과 **자유분방**(自由奔放)을 더하는 것이기 때문에, 보통 사람이 이 수행에서 유익한 접근을 할 수 없다는 것은 명백하다. 그러므로 **아비나바굽타**는 말한다.

"자신의 유익을 위해, 사람은 조심하여 <지고의 **브라흐만**을 알지 못하는 이들>과는 **쿨라** 희생을 행하는 것은 피(避)해야 한다. 그들은 (호흡의) **자유로운 놀이를 빼앗기고**, 식탐(食貪), 술 취함, 분노, 집착과 환상에 빠진 자들이다."

그러므로 이런 수행은 비밀로 지켜야 하고, 또 <순수와 불순의 세력(개념)을 극복하고, 자신들의 모든 역량이 완전히 펼쳐져서 두려움 없이 강렬히 살기를 바라는 예외적인 소수>에게만 열려야 한다. 그런 것이 억압과 손상 없이, **삶을 전체**(全體)**로서 파악하는 탄트라의 진정한 정신이다.** 그렇게 하여, 모든 <활력적이고, 감성적이고, 지적인 성향들>을,

<자유롭고 완전한 존재(싯다)>를 만드는 데 있어서, 그 <마땅히 돌아가야(있어야) 할 곳>에 일치시킨다.

그러니 정력을 추구하는 일을 아무렇지도 않게 여기는 현대인들은 그것을 오해하지 말아야 한다. **모든 제지로부터 벗어나는 것이 차리야-크라마의 자격을 얻는 데 충분하지 않다.** 인간 본래의 삶을 추구하는 현대 모험가들에게는 <필수적인 순수>도 <스승에게 (자신을) 귀의해야 하는 겸손>도 없다. 그는 <소위 자신의 **쿤달리니**를 각성시키는 경험>과 <보통의 성행위가 이런 면에서 할 수 있는 역할>에 대해 너무 쉽게 속은 것이다. 그래서 그는 두 가지 장애 때문에 **쿨라-야가**를 행할 자격을 얻지 못한다. 하나는 기술적(방편적)인 것으로 **<스승과 또 그런 지식이 없는 것>**이고, 다른 것은 내적인 것으로 **<가슴의 순수함이 없는 것>**이다.

그런 것은, 의심과 편견을 극복할 수 없는 어떤 **브라만**(사제)들처럼, 경건을 좋아하는 사람들에게는 전혀 어울리는 행동거지가 아니다. 그래서 그들은 <비교(祕敎) 수행>에 최후의 비난을 가한다.

쿨라-야가를 행하는 사람들이 **비라**(영웅)도 아니면서 그 금지된 것들을 즐기면 쉽게 지옥의 먹잇감으로 떨어지듯이, **아비나바굽타**는 자신들에게 의미 없는 수행을 하는 사람들에게 있는 심각한 위험을 지적한다.

그러나 만약 그가 그런 의례를 행할 만한 가치가 있다면(그럴 그릇이 된다면), <**요기니**와 **싯다**(남녀 입문자)의 모임>에 참여한다. 그들의 모임은 영적인 면에서 <비라의 "신격화된 **에너지(요기니)**"와 또 그들의 "감각의 대상(**싯다**)"의 결합>, 다른 말로 <"아는 자(주체)"와 또 "알려지는 것(대상)"의 완벽하고, "분화되지 않은(니르-비칼파)" 융합>에 해당한다.

<차리야-크라마 수행의 효과>

영웅의 수행은 전적으로 **쿤달리니**의 상승의 완성에서 **쉬바와 그 에너지의 동일성의 경험**에 초점을 맞추고 있다. 그러나 그것이 활동시키는 수직성은 이중의 성취를 포함한다. 첫째로 그것은 <보통의 존재계를 특징짓는, 모든 흩어져 있는 수평성>을 모으고, 수집하고, 통합한다. 그다음 이 <수평적인 차원의 정점>이, 즉 성행위가 <순수한 수직적 자극(추동력)>으로 바뀌어진다.

요기는 그런 통합의 수행에서 많은 유익을 발견한다. 그것은 **에너지**를 정화하고 강화하고, 의심과 제한을 용해하며, 그의 포기(抛棄)의 깊이를 가늠케 해준다. 그것은 결합의 절정에서 **커플**이 **사마디**에 남아 있는 참된 시금석이다. 그리고 **쿨라-야**가는 **싯다**와 **요기니**가 서로를 돕는 수단이다. 그 안에서 만약 어느 한쪽이 <영구적인 깨어 있음>을 즐기지 못하면, 상대방을 통해 그것을 받을 수 있다.

우리는 성 수행은 그 가슴이 이미 정화된 **요기**를 위한 것이라고 말하지 않았던가? 사실이다. 그러나 그의 생각과 몸과 기관은 똑같이 순수하지 않다. 그래서 그것을 정화하기 위해 **에너지**를 활성화해야 한다. 왜냐하면 어떤 영적 **에너지**가 펼쳐지는 것을 통해서, 사람은 가슴 충동의 순수함을 회복할지도 모르기 때문이다. 그러나 <신비의 흥분과 열정>은 성취하기가 쉽지 않다. 그것은 일상적 생활에서의 신체적, 정서적, 정신적, 감각적인 흥분과는 그렇게 상관이 없고, 그 가운데서는 <성적인 흥분>이 첫 번째다. 왜냐하면 그것은 "**오자스**"라는 근본적인 심오한 생명력과 관련되기 때문이다.

그러므로 **오자스**를 증가시키기 위해, "**스판다의 불꽃이 가슴에서 막 날아오를 때**", 사람은 그 첫 움직임(떨림, 휘젓기)에서 **에너지**를 움켜쥘 수 있는 열정(민감성, 영성)을 개발해야 한다.

아비나바굽타는 여러 곳에서 <아무것도 하지 못하는 무력(무관심)>이 아닌 <강렬한 삶과 열정>을 강조한다. 그것은 쉬바와 샥티(의식과 에너지)는 <하나>이기 때문이다. <에너지를 깨우는 일>은 곧 <의식을 깨우는 것>이다.

창조적인 방사 동안 <바이라바에 의한 에너지의 휘젓기>는, (아비나바굽타가 모든 수준에서, 심지어는 성적인 결합에서도 발견하는 넥타), <영원한 지복의 넥타로서 퍼지는 흥분>에 상응한다.

그는 『파라 트리쉬카』의 해석에서 말한다.

"(그 즐거움의 순간에 하나로 묶는 마찰을 통해 지복을 경험하라. 그리고 그것으로 <비할 데 없는, 항상 현존하는 본질>을 인식하라.)

이제 모든 존재의 정신기구나 감각기관으로 들어오는 것은, 중심 나디인 수슘나에 <지각이 있는, 생명의 에너지>로 - 의식(意識)과 (우주적) 호흡의 형태로 - 거한다. 수슘나의 주요 특징은 몸의 모든 부분을 더 '살아 있게' 하는 것이다.

그 <생명의 에너지>를 '오자스(생명의 빛)'라고 한다. 그것은 일반적인 <정력(精力, 비랴) 형태의 생동적 요소>로서 - 온몸에 활력 곧 생명력을 주며 - 몸의 모든 부분에 퍼져 있다."

"오자스"는 <몸 밖으로 흘러나가지 않는 정력>, 예를 들어 브라흐마차린의 그것이다.

그리고 "비랴" 즉 효능(效能)은, 위대한 만트라 "나(아함)"의 힘이든, 정력 자체의 힘이든, <힘의 여러 가지 측면을 통해 현현된 오자스>다.

[비랴(virya) : 효율, 효능, 효험으로 번역해도 별 효과가 없을 것이다. 근원, 정력, 성력, 힘은……? 그냥 <비랴>가 제일 좋다. 다른 산스크리트 단어도 그런 이유로, 그대로 쓰는 경우가 대부분이다.]

"……시각적이고 청각적인 자극으로 흥분이 인식될 때, 그 흥분하는 힘 때문에, 그것은 성 에너지의 동요의 형태로 정념의 불꽃을 부채질한다……

(그러나 이것은 정력이 강한 사람을 위한 것으로) 모든 경험의 진수를 가진 <성 에너지(비랴)>만이 충분한 발달을 일으킬 수 있고, (남녀에게) 생식의 힘을 준다. 어린아이의 경우처럼 미성숙한 상태나 노인처럼 감소된 상태가 아닐 때 말이다.

잔잔한 상태로 내면에 있었던, 자신과 동일시된 <성 에너지>가 동요되고 활동적인 상태에 있을 때, 그때 그 기쁨의 근원은 <창조적 박동으로 가득한 지고의 나-의식>이다. 그것은 시공(時空) 너머이고, 완전한 <바이라바 의식>이고, 절대적 통치권이고, 지복의 힘(에너지)으로 가득하다."

아비나바굽타는 그런 효능이 **얼나**와 동일하여, **자유에 의해 일어난 즐거움의 밀물**이 "**그의 역동적 행위(스판다)가 시공간의 제한으로부터 자유롭다는 강렬한 인식(알아채는 일)**"으로 **변한다**고 지적한다.

"그러니 <성 에너지(비랴)>가 잘 발달하지 못한 이들의 경우는, 다른 경우에서처럼 <성 에너지>를 흥분시키는 사랑의 기쁨은 없다. 그들은 돌 같다. 그들에게는, 멋진 몸매의 처녀가 감미로운 노래를 부르며 다가오는 아름다운 모습도 완전한 기쁨을 줄 수 없다."

왜냐하면 정력과 황홀은 서로 밀접하게 관련이 있기 때문이다. **황홀이란 정력의 강도에 비례하여 커진다.** "**정력의 부족은 생명의 부족이고, 경이로워하는 힘의 부족이다.**"라고 그는 말한다.

[위의 **<자유에 의해 일어난 즐거움의 밀물>**에서, 이것은 여러 즐거움의 과정에서 일어날 뿐 아니라 **고통**의 한가운데서도 일어난다. 그 감정이 그것의 진정한 본질에서 경험되고, 우주적인 효능에 대한 접근이 있다면, **실재(實在)**는 에너지의 놀라운 전개 형태로 자신을 드러낸다. 앞에서도 다루었고, **파라트리쉬카**에서 다루었다.]

민감성은 <"가슴이 주어진(사-흐리다야)", 열정에 잠긴 사람>에게 속한다. 그의 잠재적 열정은 동요되는데, 왜냐하면 이 힘으로 강화된 가슴만이 경이로워 할 수 있기 때문이다. (<진정한 철학과 예술도 경이(驚異)로부터>라는 것은 잘 알려진 말이다.)

그는 또 사람이 <루드라-루드라아 쌍>, <쉬바와 그 에너지> 즉 <지복과 방사 전체> 속으로 침투할 때, <존재 전체를 흔드는 동요>가 어떻게 <신성의 에너지>로 변환되는지를 보여준다.

"수슘나에서 프라나와 아파나의 용해가 있을 때, 거기에는 모든 감각의 에너지가 저장되어 있는데, 그때 사람의 의식은 그 큰 수슘나 기맥의 단계로 들어가고, 거기서 자신의 샥티의 박동과의 연합을 얻는다. 그때 모든 이원성의 느낌은 용해되고, 거기에는 <내재하는, 풍성하고 완전한 샥티로 생겨난> 나-의식이 있다. 그때 <쉬바와 샥티의 합일 속으로 들어가는 것으로> - 그 합일은 현현이라는 본성의 기쁨으로 구성되어 있다. - 또 <나-의식의 위대한 만트라 에너지의 확장의 흐름과의 통합으로>, 거기에는 아쿨라 혹은 아눗타라인 바이라바의 본성의 현현이 있다. 그것은 모든 구별 너머고, 불변이고, 영원하다."

만약 사람이 <자신의 에너지의 효능>과 하나가 된다면, 바로 그 순간에 **바이라바**는, 감각 통로의 모든 숨이 그들의 풍부함(遍在)에 도달할 때, 움직일 수 없는 곳에서 드러난다. 그때 사람은 **수슘나**, 곧 <위대한 중추의 영역>으로 흡수되고, 이중성은 용해된다. 그러니 <**수슘나** 속으로 침투하는 것>은 곧 **루드라야말라** 속으로 침투하는 것이고, 지고의 내면성의 황홀을 경험하는 것이고, 또 자신의 넘쳐 흐르는 에너지를 완전히 알아채는 것이다.

그러니 **쿤달리니**가 상승하는 동안, <그 흐름들이 연합하고, (수행자가) 중앙 통로와 동일시될 때>, <성적인 결합에 특유한 떨림의 순간>이 일어남에 따라, 그는 <막 분출하려고 하는 정력 전체의 흥분으로 구성되는> 친밀한 접촉의 즐거움을 경험할 수 있다. 그때 <그 힘>을 <원초적 진동>으로 잡아라. 그 근원에 잡혀서, 에너지는 **모든 제한을 용해하고, <개인적인 것>에서 <우주적인 것>으로 변화를 일으킨다.** 이것이 아비나바굽타가 여기에서 취급하는 주제는 <우리의 제한된 몸(의 **나**)>이 아닌 <**위대한 만트라 "아함"(안의 "나")**>이라고 말하는 이유다. 사실 그는 **쉬바** 즉 <지고의 **말씀**>이 자신의 힘의 엄청난 유입(流入)을 통해 자신의 더 높은 에너지를 생성하는 것으로 **위대한 만트라 아함(나)의 효능**을 방사한다고 말한다. <'말의 근원'과 '참 나 자신'을 알아채는 일>, 그리고 <정력> 사이에는 동일성이 있기 때문에, 이 만트라의 힘은 <움직일 수 없는 곳(영역)>에 접근을 가능하게 한다.

지복과 자유인 <신성의 방사>는 <쉬바의 순수한 의식>과 <에너지의 효능>을 결합한다.

<불확실성과 유동성>

신비의 삶에서 가장 두려운 적(敵)은 <불확실성>, <딜레마(진퇴양난, 비칼파, 이분법적 사고)>, <주저(망설임)>, <의심(疑心)>이다. 그것은 상충되는 두 가지 힘을 나타내며, 따라서 우리의 에너지를 고갈시키고, 열정에 장애물이 된다.

그런 것이 <근본적 불순물>이고, <가슴의 수축>이고, "윤회로 알려진 그 감옥의 문을 걸어 잠그는 거대한 빗장"이다. 이것이 바르가쉬카라 탄트라가 기관의 에너지는 <금지된 것>의 도움으로 만족되고 달래져야 하고, 영웅의 서원은 즐겨야 한다고 하는 이유다.

진실로 의심을 근절하기 위해, 정통의 브라흐마차린이 지키는 <세 가지 중요 금기(고기, 술, 성적 결합)>를 무시하고 경시하는 일은 없다. 탄트라에 따르면 **진정한 브라흐마차린은** 반대로, <그것들을 기뻐하는 자>다. 그는 삶의 즐거움들을 즐기지만 그것에 속박되지 않는다. 모든 욕망을 초월한 사람에게는 <그 자체를 추구하지 않은 즐거움(향유)>은 결코 방해물이 되지 않으며, 더 나아가 에너지의 어떤 현현처럼, 그것은 영적인 힘으로 변형될 수 있기 때문에 해방의 수단이다.

카시미르의 여(女) 신비가 **랄라는** 비난을 두려워하지 않는다. 그녀는 노래한다.

오 여인이여, 일어나 봉헌을 준비하라
손에 술과 고기와 과자를 들고.
자체가 <지고의 곳>인 음절을 안다면
그대가 관습을 어기더라도
실은 그 모두가 똑같은 것임을 알리니
거기에 무슨 잃음이 있나요?

파계(破戒)하여, 도덕과 윤리와 **관습**의 관점에서 <"탓할만한(blame-worthy)" 일>과는 다르게, 이런 수행이 <프라나바 옴과 결합한 **여인 쿤달리니가** 움직이기 시작해 정화(淨化)되어, "**똑같은 에너지(사마나 숨)**" 안에서 그 과정의 정상에 도달하는 것이면>, 그것은 **신**을 위한 <"가치 있는(worthy)" **봉헌**>이 된다.

<의식적이고 또 무의식적인 인격 전체>를 펼치는 것을 목표로 하는 이 <위대한 희생>은, <사회적인 편견(관습)>과 <본능적인 혐오>와 <모호하고 뿌리 깊은 두려움>을 극복하는 데 도움이 되고, 그래서 <활기찬 에너지>만 남는다. 그다음 의심(疑心)이 <존재 전체의 추동력을 억제하는, 그 제한의 힘>과 함께 뿌리가 뽑힐 때, 신비가는 자유의 **바이라바**를 성취한다.

종교적 의식(儀式)과 사회적 관습, 정통 **베다**의 유산에서 인도(印度) 생활의 수없는 규제를 관찰할 수 있는 사람은, 신비가가 **관습**과 **금기**로부터, 특히 **브라흐마차린**에게 주어진 것에서 얼마나 많은 것을 헤치고 나가야 하는지를 더 쉽게 이해할 것이다. 그때 대담함과 사나이다움(**비랴**)은 완전한 의미를 가진다.

그 수없는 제한의 한가운데에 그는 살고 있었다. **아비나바굽타**의 그 대담한 용기와 독립적인 생각은 놀랍다. 그는 **베다**의 현자(**리쉬**)들을 조롱하는 데 **주저하지 않는다**. 왜냐하면 그들이 비하하는 것을 여기서는 영적인 깨달음을 얻는 빠른 방편이라고 말하기 때문이다. 그래서 그는 고의로, 의도적으로 <인간관계(관습)의 속박에서 풀려나도록> 가장 경멸 받는 방편인 <세 **마카라**(**술, 고기, 성교**)>를 가질 것을 권한다.

그는, 순수와 불결이라는 그 딜레마에 잡혀서[즉 "선악과(善惡果)를 따먹고"], <모든 것은 하나이고, 똑같은 빛인 것>을 잘 인식하지 못하는 종교인들 (브라만)에게는 전혀 배려를 보이지 않는다.

어떤 **만트라**(기도)를 읊어야 하는지, 읊지 않아야 하는지 생각할 것이 무엇인가? 그것들은 모두 문자 (말)로 되지 않았으며, 그리고 이들 문자는 <순수와 불결에는 닿지도 않는> 쉬바와 동일하지 않은가?

마셔야 할 것과 마시지 말아야 할 것도 똑같다. 강가(갠지즈)강의 물이나 **술**도 단지 액체일 뿐으로, 그것은 본질에서 순수한 것도 불순한 것도 아니다. 순수와 불순은 사물의 본질적인 성질(본성)을 구성 하지 않으며, 또 본성은 결코 변형되거나 정화될 수도 없다. **이 모든 것은 사물에 적용되는 단순한 의견(意見)으로 여겨야 한다. 그리고 의견은 마음의 연습을 통해 생겨났으며, 또 마음은 그 본질에서는 순수한 것이다.**

아비나바굽타는 말한다.

"순수의 기준이 무엇인가? **의식과 동일한 것**만이 순수하고, 다른 모든 것은 불순하다. <우주 전체를 **의식**과 동일하게 여기는 사람>에게 순수와 불순의 구별은 존재하지 않는다."

쿨라 희생은 <자신과 다른 이의 정체성을 정말로 깨달았는지>를, 또 <욕망하는 "대상"으로 여겨지는 여성에 대한 끌림이 아직도 있는지, 그의 집착하지 않는 정도>를 측정하는 시금석 역할을 할 수 있다. 슬픔과 걱정이 있을 때 자신 안에서 피난처를 찾는 것은 쉬운 일인 반면에, <가장 강한 애착(집착)과 가장 압도적인 감정의 영역>인 성애(性愛)의 즐거움 속에서 욕망과 수치심이 없이, 완벽한 평정(平靜) 속에 있는 것은 어렵다. 만약 그 안에서 성공하면 그는 모든 것을 얻는다.

<밀교(密敎) 모임(요기니-멜라카)>

쿨라-야가를 통해, 사람은 **사마디**와 **앎**(지식)의 근원인 **요기니-멜라카**의 자격을 가지게 된다. 이 지식은 <**의식**의 확장>과 관련이 있기 때문에, 왜 이 위대한 모임에 특별한 중요성을 두는지 이해할 수 있다. 거기에서는 "동일한 신비 계보(**산타나**)의 모든 구성원은 **교감**(交感)하"지만, <**의식**이 수축된 사람들>은 그 모임에서 배제된다.

아비나바굽타는 이렇게 말한다.

"몸 등으로 분화된 것 때문에 수축된 <**절대적인 의식**>은 모든 참석자가 (조화로운 결합으로) 서로를 반영하는 모임 동안 다시 확장될 수 있다. 그들의 활성화된 기관의 흐름은 마치 수많은 거울처럼 각 참가자의 **의식**에 반영된다. 그래서 기관은 모두가 불타는 듯하며, 노력 없이 우주적 확장을 얻는다. 이것이 그런 위대한 모임에서, 참석한 이들이 노래, 춤 등을 완전히 즐기고, <하나>가 되어 구별되지 않을 때, 자신을 그 광경과 동일시하는 이유다.

개인적인 수준에서도, 기쁨에 넘쳐흐르는 그들의 **의식**은 그 춤을 볼 때 <**하나님**(**하나인 그 무엇**)>에 이르고…… 우주적인 지복을 기뻐한다.”

[영화 <향수(香水) - **어느 살인자**의 이야기>에서 <사형(死刑) 광장>에 모인 군중은 **살인자**가 만든 <궁극의 (**사랑**의) 향기>에 취해 모두 **하나**가 되는 것을 잠시나마 경험한다. (굉장한 장면이었다!)

영성은 <**죽이는 칼**(殺人劍), **살리는 칼**(活人刀)로 우리를 **하나**가 되게 만드는 것> 아니던가?

마지막 장면에서 **그 살인자**는 (이번에는) 스스로에게 “**향유**(香油)를 부어 (자신의) 장례를 위하고” 그의 “살과 피를 먹고 마시게”한다. 각설하고,]

“선망(부러움), 질투 같은 수축의 원인으로부터 자유로울 때…… <방해받지 않고 확장되는 **의식**>은 ‘**요기니**의 **지복**’으로 알려져 있다.”

"그러나 그 모임의 누가 그 의례와 동일시하지 못하고, 그의 **의식**이 이질적인 것으로 남아, 거친 것으로 가득한 것 같다면⋯⋯ 그를 조심스럽게 그 모임의 밖으로 나가도록 하라. 그의 **의식**은, 어떤 동일시와 맞지 않아, 수축의 근원에 서 있기 때문 이다."

이 <신성의 핵심> 즉 **의식**(意識)에 완전히 흡수 되는 데 도움이 되는 예배에서, **파라 트리쉬카**는 **요기가 능력을 따라** 여신을 예배하도록 충고한다. 꽃과 향기를 봉헌하거나, 경배에 헌신하거나, 여신 에게 (희생의 방식으로) 자신을 봉헌하거나.

그다음 향기로운 꽃으로
<능력을 따라> 여신에게 경의를!

아비나바굽타는 해석(주석)에서 진실한 희생을 수행하기 위해, 헌신자는 그 가슴에 쉽게 침투할 수 있는 향기로운 꽃을 봉헌해야 한다고 기술한다. 예배에 사용된 모든 내적, 외적 물질은 그것들의 진수(眞髓)를 그의 가슴에 둔다. 그러나 <만약 그의 능력이 제한되어, 그의 **에너지**가 수축되어 있다면>, <만약 수행자가 **에너지**의 정수를 그의 것으로 만들 수 없어서 그런 희생에 적합하지 않다면>, 자신의 정수를 펼칠 수 있는 친밀한 **에너지**의 도움을 받아 완전한 예배를 수행하도록 하라. 외적인 **에너지** 원(源)에 의지하는 동안도, 그것은 목욕, 기름, 향, <베텔(구장 잎 혹은 빈랑 열매)>, **술** 등으로 얻은 지복을 동반한다.

이 <외적인 희생에 사용된 여러 수단들>은 모든 에너지의 강화를 일으키고, 그들을 녹는 지점까지 올리므로, 그들은 중앙 통로로 돌입할 수 있다.

그러므로 희귀한 즐거움을 다양하게 받은 **비라**는 그의 가슴이 기쁨으로 넘쳐흐르고, **즉시 <확장되고 조절된 에너지>를 경험한다. 그것은 <성 수행>에서 가장 잘 인식할 수 있다.** 이런 일은, 본능이 <의식적이고 자제력이 있는 에너지>로 변화함에 따라, 그를 <자유로운, 신성의 에너지의 근원(根源)>으로 돌아가게 할 수 있다.

우리는 이 에너지의 솟아오름에 있는 즐거움이 보통의 몸에 속하지 않는다는 것을 보았다. 그런데 어떻게 **비갸나 바이라바**가 암시하는, <브라흐만의 기쁨이고, **쿤달리니**의 스승인 사람만이 경험하는>, 그런 <친밀한 기쁨>을 말할 수 있는가?

그 떨림 속으로 들어가라.

"여성과의 성교에서 그녀 속으로의 흡수가 흥분으로 일어난다. 절정에서 일어나는 마지막 기쁨은 **브라흐만**의 기쁨이다. 이 기쁨은 (실제로) 자신의 **얼나**의 것이다."

그것은 깊은 **사마디** 속에서 <어떤 접촉도 없이> 예기치 않게 일어날 수 있다. 이것은 제한된 몸에 속하는 기쁨이 아니다. 그것은 몸을 포함하든, 몸에 포함되든, 차원이 없는 것이다. 모든 감각 **에너지**는 말하자면, 상승하는 **쿤달리니**에 잡혀서, 순식간에, 몸이 몇 초 이상을 견딜 수 없는 그런 강렬한 지복 속에 빠진다.

쿨라 전통은 <**감각기관이 만족되지 않는 한**에는, **파라마-쉬바**와의 동일시와 우주적인 지복을 누리는 일은 불가능하다>는 주장까지 한다. 왜냐하면 모든 억압된 욕망은 쉽게 정복되지 않은 잠복 찌꺼기를 남기기 때문이다.

우리는, 만약 사람이 육체적 행복으로 흡수되면, 어떤 조건 하에서, <**나-의식**의 지복(**칫-아난다**)>을 경험할 수도 있다는 것을 안다. 또 그것은 그 차례대로 <우주적인 지복(**자갓-아난다**)>을 일으킨다. 이 연속적인 국면들은 <**편재**(遍在)의 세 가지 측면>에 해당한다.

① 개인적인 측면으로, <남자와 여자의 융합>, <성적 결합에서의 쌍(雙)>, <내부와 외부의 융합>, <자신과 다른 것(상대방)과의 융합>으로 나타난다. "다른 것[타자(他者)]"은 보통 즐거움의 대상으로 여겨지지만, 지금부터는 <내적인 조화>가 자신과 "다른 것(상대방)" 사이의 완벽한 균형으로 절정에 달한다.

② <신체적인 **편재**(데하-비압티)> 너머로, **요기**는 **네 번째 상태**와 또 <**나인 것(무엇)**의 발견>과 관련되는 <**얼나의 편재**(아트마-비압티)>의 접근(방법)을 얻는다. 그러나 즐거움의 흔적이 여전히 감지될 수 있다.

③ 비교(祕敎)의 과정을 통해 이 <**참나 편재**>는, 모든 것이 **파라마-쉬바** 속으로 융합하는 <**신성의 편재**(쉬바-비압티, 마하-비압티)>로 변할 수 있다. 이것은 <**네 번째 상태 너머**(투리야-티타)>다. 거기에서 신성의 핵심은 <순수>와 <해방>에뿐만 아니라 <불순>과 <속박>에도, 모든 것에 **편재**하는 것으로 인식된다. 이 <**하나**를 맛보는 단일성(**사마라샤**)>의 가슴에서, <**참나**>와 <우주>는 완전한 조화 안에서 **전체**(全體) 속으로 융합한다.

그때 **요기**는 <가장 경이로운 자유>를 발견한다. 두 **파트너**는 사라지고, <알 수 없는 허공에서> 그 에너지와 신비롭게 연결되어, <우주적인 **지복**>이 자발성이라는 **자유로운 놀이**에서 일어난다.

삶 전체가 <**신성의 에너지(쿨라)**> 외에 아무것도 아닌 것이 될 때, **요기**는 <**요기니의 위대한 가슴**>에서 마지막 휴식(**쉼**)을 취한다. 그런 것이 **요기니-멜라카**의 깊은 의미이고 존재 목적이다.

<정지(靜止)와 출현(出現)>

이제 <이 **가슴**과 그것의 기쁨이 어떻게 경험될 수 있는지>를 살펴본다. 이 수행은 <**샨토디타(샨타+우디타)**의 과정>, 즉 <**비사르가**의 두 점(點)>과 <비교(祕敎) 과정의 핵심으로 상징되는 에너지의 두 극(極)>을 기초로 한다.

샨타 즉 <정지(靜止)의 상태>는 <**네 번째 상태의** 내면성>, <**얼나**의 평온 속으로의 철수에 해당하는 **사마디**의 완벽한 정적(靜寂)>이다. 이 상태가 개인에게 속하더라도, **파트너** 둘 다가 결합되고 아주 **고요**해야 한다. 왜냐하면 만약 정지가 **커플**이 분리될 때 나타나면, 그것은 **샨토디타** 수행이 아니기 때문이다.

우디타 즉 <출현하는, 혹은 깨어 있는 상태>는 <어떤 출발, 추동력, 자유로운 행위, 자유로운>을 암시하며, <관계성, 존재 목적, 동기>가 결여되어 있기 때문에 어떤 결정론에도 영향을 받지 않는다. 이 용어는 또 깨어 있는 것을 의미한다. 왜냐하면 **요기**가 <**얼나**의 깊은 곳에서 출현하여 주변 세계를 장악하기 위해 나올 때> 미세한 인상에 즉시 반응하기 쉽기 때문이다.

<**샨타-우디타**의 빠른 연속>과 <자신 속으로의 철수와 출현의 빠른 연속>은 그 성행위의 **리듬**을 따른다. 여성의 <출현의 상태>는 남성의 <진정된 상태>에 상응하고, 그 역도 같다. 그러므로 남성이 완전한 **의식**을 가지고 나타나고 그다음 그 자신 속으로 가라앉을 때, 여성은, 반대이나 상호 보완적인 움직임을 따라서, 내면으로 깊이 들어가고 그다음 나타난다.

결합이 성취되는 순간, 거기에는 더 이상 내부도 외부도 있지 않다.

그다음 내면성이 최고로 지배하며, **우디타**라는 용어는, 이원성과 비이원성 너머, <정지>와 <출현> 둘 다인, "**사도디타**(항상 솟구치는 행위)"의 의미를 떠맡는다.

삶은 "지금"이지만, <니메샤와 운메샤>, <잠과 깨어 있는 것>, <샨타와 우디타> 형태의 박동이다. 이것이 그것이 흐르는 방법이다. 이것이 비사르가이고, 그것의 두 극은 실제로 <하나>다.

결합은 여러 단계로 구성되어 있는데, <정지와 출현>을 번갈아 따르며, 너머로 <하나>를, 카울라 즉 <궁극의 실재>를 취한다.

① 수행은 <외적인 출현의 상태>에서 시작한다. 커플이 깊은 애무와 키스의 결과로서 결합할 때, 아다 쿤달리니는 깨어나고, 커플은 사마디로 들어간다. <신비의 결합>은 그다음 보통의 결합을 변형시키기 시작한다.

② 커플은 <두 번째 단계>에 이르지만, 아직은 비교적 <외적인 샨토디타>로, 결합된 남녀는 이제 잠기고 또 이제 나타나면서, 각자를 위해 따로따로 행동한다. 만약 한쪽이, 상대가 <출현하는 상태>에 이르지 못했다고 인식하면, 그는 상대에게 그것이 일어날 때까지 이 상태에 남아야만 한다. 중요한 것은 육체적으로나 영적으로, 단 한 순간도 접촉이 없어서는 안 된다는 것이다.

흥분이 절정에 이르면, 개체적인 수준에서 거기에는, 각성(覺醒)과 또 <어떤 종류의 노력>과 함께, <에너지의 초기의 모여듦>인 삼푸티카라나가 일어난다. 이 합류(合流)는, 모든 이차적 중추가 거기로 몰려들어 **우르드바 쿤달리니**에 연합할 때, 사람이 중앙 통로에 들어갈 수 있게 한다.

③ 거기에서 <세 번째 단계>, 진정된 상태(**샨타**) 즉 <자신 속으로 물러남>이 일어난다. 그의 평화는, **쿤달리니**가 상승을 다하지 않았으므로, 아직 개인 적인 것으로 남는다. 일단 **커플**이 진정된 상태와 **얼나**의 드러남을 경험하면, 결합의 끝에서 <하나로 묶는 마찰(**삼갓타-멜라파**)>이 일어난다.

④ **샨토디타-루파**로 알려진 네 번째 국면 동안, 남녀는 결합 안에서, <진정과 출현>의 번갈아 일어 나는 움직임을 따라 행동한다. 모든 기관의 강렬한 흥분의 결과로, **에너지**는 모든 면에서 중앙의 바퀴 쪽으로 다시 몰려든다. 그러나 여기서는 첫 번째의 **삼푸티카라나**와는 달리, 눈은 떠져 있고 기관들은 완전히 깨어서, 흡수(**사마디**)의 바로 그 한가운데서 조금도 방심(放心) 않고 남는다. 이전보다 더 높은 수준에서 이 <새롭고 자발적인 융합(**삼푸티-카라나**, "감싸는 것")> 동안, **얼나**는 그것의 우주성 안에서 인식된다. 다른 말로, <내면과 외부를 함께 섞는 것 (**사마디와 븃타나**)>인 "번(番)갈아 일어나는 태도 (**크라마 무드라**)" 때문에, <진정된 상태>에 특유한 **사마디**는 <출현한 상태>로 스며들고, 그들 사이에 구별의 흔적은 남지 않는다.

⑤ **카울라**, **<궁극의 실재>**. 결합이 끝에 이르고 **크라마-무드라-사마타**(의 양상)를 **<강렬한 신비의 열정(우찰라타)>** 때문에 자동적으로 띨 때, 에고의 느낌이 자유로운 **커플**은, 경이 속에서 그것을 잃고, **<출현하는 행동 속에서, 진정된 부동성(不動性)>**을 인식한다. 그들은 **<"내면의" 출현>**, **<우주 의식>**, **<최고 높은 곳의 에너지(우르드바 쿤달리니)>**라고 부르는 것에 도달했다. 하나로 묶인 정지와 출현이 통합되고 그다음 초월될 때, **카울라**는 그것의 모든 영광 속에서 **<우주적 지복>**으로 나타난다.

<차리야-크라마와 크라마 무드라>

차리야-크라마 동안 조화로운 성교(性交)의 끝에 두 **파트너**의 융합은, 그것의 자발성 때문에 **크라마 무드라**라는 신비한 **무드라**(태도)에 접근할 수 있는 특권의 길로 나타난다.

[앞서, **아비나바굽타**는 크라마 무드라의 두 가지 움직임을 <물고기 배의 움직임>에 비교했다.]

<어떤 동등한 진행(크라마)>은 두 경우 모두에서 에너지와 **쉬바**의 <완벽한 일치>로 이끈다. 더욱이, 어떤 진행을 따르는 <번갈아 하는 국면들>도 또한

유사하다. <내면으로 철수>, <외부로 확장>, 그리고 그 사이에서 <**지고의 실재**(파라 카울라)>가 그들의 융합의 근원과 장소로서 그 자신을 드러낸다.

(위 <완벽한 일치>는 **사마팟티**를 말하고, **삼푸티** -**카라나**, 감싸는 것, **루드라야말라**로도 언급된다.)

<철회와 확장>의 자동적인 움직임의 정점에서, <남성과 여성의 개인적 결합>은 <**바이라바와 바이 라비**의 합류, **의식**과 에너지의 합류>인 "**바이라바 -야말라**"라는 <신비의 우주적인 결합>으로 이끈다. 우주는 <**바이라바**와의 결합을 통해> **쉬바** 속에서 쉬고, 그 다음 순간 우주는 <**바이라비**와의 결합을 통해> 깨어난다. 이 과정은 **바이라바**와 **바이라비**의 동일시까지 혹은 **싯다**와 **요기니**의 동일시까지 순간 순간 계속된다. 그다음 그들은 내적인 **링가**에 도달하고, 그것을 통해, <**쿤달리니**가 상승을 완료하는 동안(**우르드바 쿤달리니**)에>, **의식**(意識)과 **지복**이 드러난다.

[**링가**는 세 가지 측면을 떠맡는다.

개인적인 것에 속하는 <낮은 **링가**>는 현현되며, 구체적인 형태로 사원에서 경배된다.

<중간적 **링가**>는 내면성이 우세하고, 에너지의 것이다.

<지고의, 현현되지 않은 링가>는 쉬바의 것으로, 그 안에 우주가 녹아 있고, <쉬바, 에너지, 개인이 분화되지 않은 채> (그것을) 둘러싸는 신성의 **가슴**이다.

그 너머, <말로 할 수 없는 **실재**(實在)>에서는, **의식**을 이해하기 위한 더 이상 어떤 "상징"도 필요하지 않고, 자명(自明)하고 자증(自證)으로 완전히 펼쳐져 있다.]

<내적인 **링가**>는 **가슴**과 <요기니의 입>과 동일하다. 진동으로 만들어져, 이것은 <에너지의 **링가**>이고 <만트라의 효능>이다. 거기에서, **실재**(實在)는 놀라운 기미를 취하는데, 그것은 동시에 <**얼나**의 장소>, <**지복**의 장소>, <변형된 우주의 장소>, 또 <특출한 신비의 삶이 예정된 아이, 즉 **요기니부**가 잉태되는 장소>이기 때문이다.

이 **링가**는 신체적 활동에서도 내면성과 외향성의 결합이 특징이다. 탄트라 알로카는 선언한다.

"**씨앗과 자궁의 완벽한 일치 때문에**
지복(至福)**으로 아름다워라.**
이 링가, <요기니의 가슴>은
이루 말할 수 없는 의식(意識)**을 낳도다.**"

궁극의 의식으로 이끄는 <내면화된 성 수행>이 바로 이 **가슴**과 관련되어 있다. **아비나바굽타**는 두 **비사르가**를 - 이 말은 **지복**의 "유출"을 의미한다. - 비교한다. 첫째는 <성 수행에 특유한 방출>이고, 둘째는 <자유로운 신성의 **에너지(카울리카 샥티)**와 관련된 우주적 방출>이다. 중앙 통로 내부의 그의 흥분은 지복의 점차적인 현현을 동반하고, 마지막으로는 <완전히 확장된, 활동적인 **에너지**>로 꽃을 피운다.

실제로, 일단 에너지가 **지복**으로 퍼지면, 그것은 바깥쪽으로 부풀어 오르고, <우주적 **비사르가**>의 두 극인, 우주의 끝없는 방사와 흡수에 종사한다.

그리고 그것은 **차리야-크라마**와 함께인 것이다. 최고의 영역에서 남성과 여성의 기관(**링가**와 **요니** 혹은 **바즈라**와 **파드마**)이 결합할 때, 그 즐거움의 결과로, **지복**의 흐름이 풀려 남자와 여자의 세계를 낳는다.

자야라타는 이것과 관련해 한 절을 인용한다.

"<**지복**을 주는, **우주적인 흐름의 근원**으로 찬양되는 그것>을 '생식기(生殖器, **우파스타**)'라고 부르지만, 그것은 그 본질 때문에 중앙 통로를 갖는다."

아비나바굽타는 <**지복의 흐름**>에 의해 여기에서 행해진 탁월한 역할을 지적한다.

"<지복으로 가득한 이 영역>에, <항상 솟구치는 **의식**으로 가득한 영역>에, <신성화된 기관> 전체가 쉽게 거(居)한다."

  얼나(자신) 안에 쉬면서, **요기**는 세속적인 활동 한가운데서 극도의 기쁨을 경험한다.
  "<이 분화된 것(세상)>이 펼쳐지는 동안도 <분화되지 않은 것(神)> 안에 살아가는 것, 그런 것이 곧 <천둥의 갑작스런 손뼉>이요, **요기**의 포효다."

  얼나 속에 용해된 이 **요기**는 그의 완전히 확장된 기관들의 영광을 즐기고, 그것들의 다양한 활동을 행하기에 알맞다. 그것은 <**얼나**의 친밀하고 즉각적인 경험>을 막는 것과는 거리가 멀어, <모든 것에 편재(遍在)하는 궁극의 **얼나**> 속으로 침투하는 데 **도구적이다.**

  <마드야-차크라와 아누-차크라>

  우리는 몸의 **차크라**, <활기찬 **에너지**의 중추>를 다루었다. 중추는 일단 완전히 동조되어, <하나이고 똑같은 삶의 흐름>인 **쿤달리니**에 의해 활성화되면, 그것은 <역동적이고 조화로운 전체>를 형성한다.

탄트라 알로카 29장에서 **아비나바굽타**는 다른 중추로 **아누-차크라**를 취급하는데, 그것은 <주(요) 중추>인 **마드야-차크라**와 비교했을 때, <이차적인 것>이 특징인 "**감각기관**"이다.

이 **아누-차크라**(감각기관)를 통해 – 그것은 외부 세계로 열려져 있다. – 보통의 인간 존재의 의식은 방황하고 있다. 중앙 바퀴(**마드야-차크라**)는 보통의 인간 존재에서는 깨어 있지 않고, 신비의 내면성에 봉인되어 남는다. 이제, 어떤 이유로 만약 그것이 열리기 시작하면, 이것은 이차적인 중추와 갈등을 일으킨다. **이차적인 중추(감각기관)의 분산은 중앙 바퀴의 영구적인 각성에 저항한다.** 이것을 더 명확하게 하기 위해, **아누-차크라**가 <미각(味覺)기관>과 <과일> 사이의 접촉에 관련하는 예를 보자. 보통 <과일을 맛보는 것으로 얻는 즐거움>은 <주 중추에 순간적인 접근을 할 수 있는, 그런 강도>는 아니다.

그러나 요기가 과일을 맛보는 동안 <주 중추에서 자신 안에 쉰다면>, 그는 루드라야말라라고 하는 결합을 얻는다. 왜냐하면 중앙의 중추가 무한으로 열려 있는 동안, 그의 <이차적인 중추>가 내면과 외부로 뒤섞여, 주 중추로부터 분리되어 있지 않기 때문이다.

"요기니의 입"이라고 부르는 신비 계보의 전승을 통해, 우리는 <이차적인 중추>뿐만 아니라 <다양한 외적인 대상>을 주 중추 속으로 끌어들이는 방법을 안다. 흩어졌던 에너지는 갑자기 중추로 모여들고, 그것은 확장하여, 그 차례가 되면 강력한 에너지로 <이제 신성화된 기관>을 가득 채운다. 그때, 경이에 잠겨, **나-의식**은 모든 것을 자신과 동일한 것으로 비춘다.

중추가 이렇게 펼쳐지는 동안, 세 가지 빛나는 **차크라**는 - **가슴**, 브라흐마란드라, 요기니-박트라 - 하나가 된다.

중추의 펼쳐짐이 왜 이 세 가지 **차크라**와 주로 관련되는지 이해하려면, 다양한 중추 간의 연결을, 그 근원에서부터 출발하여, 요약해 보아야 한다.

처음에는 <**우주 의식**의 바퀴> 혹은 <경계 없는 영역의 무한한 에너지의 바퀴> 홀로 존재한다.

이 바퀴는 그다음, ① <주 중추(**마드야-차크라**)>, <요기니의 입(**요기니-박트라, 무카-차크라, 우주적 자궁**)>, <상위 영역(**우르드바-다만**)>, <요기니 가슴(**요기니-흐리다야**)>이라고 부르는 첫 번째 에너지 중추를 일으킨다. 이 바퀴에서부터 ② <**가슴(흐리 다야**)>과 또한 ③ <성기의 구멍(**무카**, 결합된 두 삼각형)>으로 나아간다. 이 눈부신 행위의 영역이

점점 더 감소되더라도, **에너지는** 중앙 중추로부터 계속해서 방사된다. 그러므로 <중추로 돌아오는 일>은 <두 개의 성기관의 하나 되는 마찰>을 통해 가능하다. 처음은 그들 사이의 마찰이고, 이후로는 <그들과 가슴과의 마찰>이다.

쉬바와 **샥티**의, 즉 **요기니**와 **싯다**의 융합은 두 개의 삼각형(**샷-코나**, "✡")으로 상징된다. 그것은, <모든 중추가 **요기니-박트라**에 용해되고, 그다음 **우주 의식**에 용해될 때>, 쿤달리니의 상승의 완료에서 만난다.

그러므로 <결합의 수행>은, <그것이 끝없이 확장하는(**요기니-비카사**) 동안, 모든 것이 생겨나는, 저 **만물지모(萬物之母)**의> **우주적 자궁**인 <요기니의 영역>과 관련이 있다.

(<끝없이 확장하는 것>은 **마하-비압티** 때문이다.)

<요기니의 입> 혹은 중앙 바퀴는 **가슴**에 영향을 주는데, 그것에서 얻거나 그것의 확장을 일으켜서, **가슴**에 생기를 주고 활성화시킨다. 그리고 <남자와 여자의 완벽한 결합> 동안, 그것은 **가슴** 즉 **마드야-스타나**와 동일시된다. <**가슴**의 자리>는 <우주적인 중추>가 되어서, 더 이상 **잔마-스타나**와 **브라흐마-스타나**와 구별되지 않는다. **브라흐마란드라**는 자궁

(요니)을 채운다. 자궁은 **의식**에 의해 침투되어서 <축복받은 존재>를 낳는다.

그런 결합은 더 이상 그 몸에만 국한되지 않고, 남녀의 분화를 넘어 <중추의 우주적인 영역(**마드야 다만**)>에서 일어난다. 또한 신체적 중추 너머로, <**우주 의식**의 바로 그 에너지>, <우주적인 지복의 근원>에서 일어난다.

<요기니부>

<그런 결합>을 위해서는 남녀가 순수해야 하며, <신성의 욕망> 외에는 다른 욕망이 없어야 한다. 은총은 그들의 온몸에 편재해야 하고, 그때 결합 동안 상호교환을 통해 여성은 씨를 취하고 중추, 즉 (자궁을 관할하는) <요기니의 입>에 보관한다. 여성에게는, 인간 몸에서 가장 순수한 요소, 남자의 **비랴**보다 더 순수한 물질(**사드바와**)이 있다. 그것이 **비랴**와 결합할 때, 이 물질은 어머니의 자궁에서 어린이의 발육을 조절하는 고귀하고 유력한 정수, **마하-라사**를 형성한다. 수태(受胎)는 **아다 쿤달리니** 수준에서 일어나는 반면, 배아(胚芽)를 자라게 하는 것은 **우르드바-쿤달리니**라는 것은 주목할 만하다.

요기니부, "내면으로 향하는 에너지에서 나온"은 <신비의 더 높은 수준에 도달한 여성에게서 태어난 아이>에게 주어진 이름이다. **아비나바굽타** 자신이 요기니부라고 한다. **파라 트리쉬카**는 말한다.

<요기니가 아닌 자>나 <은혜를 입지 않은 이>는 이를 얻을 수 없나니

<남녀의 역할, 그들에 관한 스승의 행위>

신성의 에너지가 스승에게서 제자로 흘러갈 때, 제자는 **은혜**와 **평화**를 노력 없이, 때로는 모르는 채로 받는다. 그러나 고도의 경험 있는 스승만이 제자의 **가슴**에서 행동할 수 있다. 이 가슴에는 두 개의 구멍이 있는데, 스승은 먼저 <바깥으로 향한 구멍>을 막고, <안으로 향한 구멍>을 연다. 그다음 이 가슴으로부터 급류가 솟구치는데, 그것은 주요 **나디**를 통해 모든 것을 보내는 것으로, 그리하여 흥분, 열정, <다른 형태의 강렬함>이 즉시 <신성의 에너지>로 변환된다. 이제 스승은 세계 쪽으로 그 구멍을 열고, 제자가 **열나**의 평화 속에 젖어 있는 동안, 그것을 밖으로 쏟는다. 점차로 제자는 자신의 차례에서 열고 닫는 과정에 대한 통제를 얻는다.

비랴는 남성에서 지배적이고 **프라나**는 여성에서 지배적이다. 그래서 스승은 <남성의 정력의 효능>, <정액의 핵심>에 따라 행동하여 그것을 **브라흐마 란드라**까지 가져간다. 이것은 많은 어려움 없이는 결코 성취될 수 없는데, 남성의 **나디**는 좁고 뻣뻣하여, 확장이 쉽지 않기 때문이다. 이 핵심이 상급 중추에 도달할 때, 눈은 <술 취한 사람의 눈>처럼 반짝인다.

프라나는 여성에게 더 풍부하기 때문에, 스승이 그녀를 따라 호흡을 사용하면 **쿤달리니**의 상승은 쉽게 일어난다. 남자가 방출하는 동안, 여자는 흡수하기 때문에, 그녀는 거대한 힘에 동화할 수 있고, 또 남자보다 더 강할지도 모른다. 여성을 특징짓는 것은 중앙 통로의 확장이다. 그녀에서는, 자궁뿐만 아니라 **수슘나 나디** 혹은 **마드야 나디**에서 중추의 **에너지**는 끊임없는 확장에 있다. (여성은 우뇌가 더 우월하다는 말과 같다.)

과정의 끝에, **비랴**도 **프라나**도 남지 않고, 대신 아주 순수한 정수(精髓), "**마하-라사**"가 있다. 그의 **마드야-차크라**가 위쪽으로 향했을 때, 남성은 **브라흐마란드라**에 이 정수를 저장하고, 사용하고자 할 때면 그것을 아래로 가져온다. 스승은 이 정수를 <가장 귀중한 것>, <모든 **에너지**의 보물(寶物)>로 간직하고, 결코 낭비하지 않으며, 오직 영적인 목적으로만 쓴다. 실제로, 이 순수한 정수의 방편으로 그는 신비의 삶에서 뛰어오르며 도약하는 것으로 진보한다. 일단 이 힘을 지배하면, 그것을 존중하여 지니면, 몸이 늙거나 지치더라도 더 이상 그것을 잃지 않는다.

여성은 이 순수한 정수를 **브라흐마란드라**에 둘 수 없지만, 펼치는 **마드야-가르바** 혹은 **수슘나**에 둔다. 거기에서부터 정수는 **마드야-차크라**, 즉 중심 바퀴로 퍼진다. 그것은 그녀 안에서 꾸준하다.

<스승과 여성 제자 사이의 결합>에서는, 그렇게 저장되어 있는 이 순수한 물질을 가져와 여성에게 주입하는 데 자격이 있는 완벽한 스승이 필요하다. <신성화된 아이>가 잉태되었을 때, 이 전이(轉移)는 성적 결합을 통해 일어난다. 그러나 만약 스승과 제자가 순수한 사랑, 모든 욕망이 결여된 사랑으로 결합되었다면, 이 전이 없이도 일어날 수 있다.

3. <비밀 의식(儀式)>

　이제 **쿨라-야**가, <**비교(祕敎)의 희생**>을 다룬다.
　아비나바굽타는 스승 **샴부나타**로부터 자신에게
드러난 이 <**쿨라 수행**>에 기본적인 중요성을 두어,
탄트라 알로카 제 29 장에 **라하샤차르차-비디** 즉
<**비밀 의식(儀式)**>이란 이름으로 긴 설명을 한다.
　여기서는 제 29 장의 발췌이다.

< 　1 >
　"**이제** (신비의 삶) **정상에 도달한 스승과 제자가
수행하는 <비밀 의식(儀式, 희생)>을 설명한다.**"
　[그들은 **니르비칼파** 상태에서 쉬며, 모든 이원성
너머이고, 애착(집착)과 제한이 없다.]

< 　2 - 3 >
　"**크라마-푸자 탄트라에서 주(主)는 본질을 드러
냈다. 싯다**(성취한 존재들)**의 방법으로 단 한 달에
성취한 그것을, 보통의 예배나 의식(儀式), 수없는
만트라로는 수천 년을 해도 얻을 수 없다**……"

< 　4 >
　"**쿨라는 주의 에너지**(샥티), **효능**(效能, 용해와
발생), **탁월**(우월성), **자유**(지복), **생명의 힘**(정력,
精力), **핀다**(덩어리), **의식(意識), 몸이라고 한다.**"

[핀다는 덩어리로, 모든 것은 쿨라 안에 완전히 융합(融合)되기 때문이다.]

< 5 >

"이 희생(예배, 수행)은 <모든 의심에서 벗어나, 이 모든 것을 위의 관점(쉬바와 샥티의 박동, 현현)에서 보는 이>를 위한 것이다."

< 6 >

"영웅(비라)이 그런 실재(實在)를 드러내기 위해 마음과 말, 몸으로 행하는 것을 <쿨라 희생(犠牲)>이라고 한다."

< 7 >

"희생은 <여섯 가지 방식>으로 수행될 수 있다. ① <외적인 것에서>, ② <샥티에서>, ③ <자신의 몸에서>, ④ <둘의 결합(야말라)에서>, ⑤ <미묘한 호흡(프라나)에서>, ⑥ <마음에서>."

< 8 >

"목욕, 만달라, 화덕, 여섯 냐사 등은 여기(쿨라 의식의 과정)에서는 소용이 없다. 반면 행하더라도, 그것이 (쿨라 의식을) 무효화하지는 않는다."

(원하면 그런 의식을 행할 수 있다.)

< 9 >

"트리쉬로-바이라바에 의하면 '……그런 것들은 <지식(앎)>과 <알 수 있는 것(지식의 대상)> 외에 아무것도 아니다.'"

< 10 >

"그러나 현명한 이에게는 <다른 곳(공교, 公敎)>
에서는 금지되어 있는 수행이 있다."

[고기(육류), 술, 성행위(마이투나)의 사용이다.]

다음 절부터는 <외적인 의식(의례)>을 기술하고
있다. **쿤달리니**에 관한 것은 이 정도로 충분하고,
다만 <스승(**나타**)의 계보와 **에너지(요기니)**에 대한
경외심>은 언급한다. 상승된 **쿤달리니**와 또 **드와다
샨타**, **브루**, 가슴, 배꼽, 구근 같은 비밀의 자리와
더불어 그 각각에 특유한 **무드라**가 나열되어 있다.

어떤 스승들이 이 **야가**를 행할 자격이 있는가?
그들의 **비랴**를 어떻게 사용하는가에 따라 세 가지
유형의 스승(**싯다**)이 있다. 그들의 **비랴**, 이 순수한
정수(精髓)는 상위 중추에서 움직이지 않고 거한다.

첫째는 **우르드바-레타** 즉 <그것을 영구적으로 이
중추에 두고 정력을 보존하는 순수한 남자>이다.
지식은 부여받았으나 힘은 부여받지 못했으므로,
제자가 거의 없고, **카울라** 스승도 아니고, **카울라**
도(道)에 적합한 **브라흐마차린**도 아니다.

[그들은 <입문한 왕자들(**라자-푸트라**)>이라고 전
한다.]

그 반대로, 정력이 보통 사람들과 **카울라** 수행자에서 일어날 때, 그것은 소위 "생식(生殖)의 자리(**잔마스타나**)"로 내려간다. 보통 사람들이 그 과정을 알아채지 못하는 반면, **카울라** 수행자는 그것을 완전히 의식하고 자신의 **비랴**를 통제한다. 그들은 지식과 힘을 동시에 부여받는다. **브라흐만**과 또 <세 가지 금기>의 헌신자인 그런 **카울라** 스승들은 수많은 제자를 입문시킬 자격이 있다.

그다음, **칼리쿨라 탄트라**에 따르면, **싯다**의 다른 류(類)는, **요기니**와 **놀이**를 하는 동안, 다만 자신의 미묘한 몸을 통해, 아주 순수한 남자와 여자의 몸속으로 그들 안의 상호 욕망을 자극하기 위해 침투한다. **요기니부**라고 알려진 예외적인 아이가 태어나는 것은 이 결합으로부터다.

다음으로 위대한 의식(儀式)에 대한 설명이 있다. <장소의 선택>, <향기로운 화환>, <**바이라바**와의 동일시>, <스승에 대한 명상>, <중앙 통로에서의 **쿤달리니**의 상승>, <불의 봉헌> 등.

그다음 **두티**를 데려온다. 그녀와 그 **파트너**는 <**샥티**와 **쉬바**와의 동일시로> 서로를 예배한다.

<두티-비디> 혹은 아디-야가

< 96 >

"이제 주께서 계시한 이 비밀 의식을 기술한다. 그것은 <외부의 샥티('두티'라고 부르는 여성)>와 함께 행한다."

"브라만의 아내가 베다(Veda) 의식에 참여하는 것처럼, 두티도 **쿨라-차리야** 수행에 참여한다."고 한 경문은 말한다.

< 97 - 98 >

"요가-삼차라 탄트라는 '브라흐마차리야(즉 브라흐마의 훈련)를 준수해야 한다.'고 말한다. 지복이 곧 최고의 브라흐만이며, 그것은 세 가지 방식으로 몸에 거한다. 둘은 도움으로 사용되고, 세 번째가 그 열매로 지복이다."

처음 둘은 술과 고기(육류)를 말하고, 세 번째는 <성적 결합>인데, 이를 통해 **지복**을 "알게" 된다. 이것은 세 가지 M(마-카라)에 관한 것이다. (인류가 어릴 때는 "하지 **마!**" "먹지 **말라!**"였으나, 어른이 되기 위해서는 "**마-카라**"와 "**말라**"를 넘어야······)

< 99 ‒ 100a >

"<(보통 금지된) **세 가지 마-카라를 빼앗긴 노예 같은 존재들>**은 지복을 완전히 **빼앗겼다.**

<지복의 근원인 세 가지 마-카라가 없이 희생을 행하는 자> 또한 끔직한 지옥으로 간다."

99절은 <영웅적인 존재(비라-사다카)>만이 브라흐만의 풍부함을 얻는 이들 수단에 쉴 수 있다고 명시한다. 왜냐하면 브라흐마차린이 되기 위해서는 - **<지복인** 최고의 **브라흐만>**과 <(그것들을 통해) 몸에서 드러나는 **지복>** - <세 가지 금지되어 있는 수단>을 이용해야 하기 때문이다. 그러나 여기에서 아주 조심해야 한다. 세 가지 **마-카라를** 즐기거나 나누는 것은 불행한 결과로 이끌 수 있다. <영웅이 아니면서, 또 **쿨라-야가를** 수행하는 것이 아니면서 그것을 탐닉하는 자>와 <의식(儀式)을 행하면서 더 이상 즐기는 것을 거부하는 자>는 똑같이 지옥에 떨어질 위험이 있다.

< 100b ‒ 101a >

"<샥티(여성, 두티)>의 유일한 자격은 그녀가 <샥티의 소유자(남성, 사다카)>를 동일시하는 능력이다. 그러니 그녀를 선택하는 일은 미모나 나이, 계급(카스트) 등과는 관계가 없다."

사다카(수행자)에게 자신의 진정한 본성을 깨닫게 할 수 있는 여성은 어떤 사람이겠는가?

그녀의 아름다움과 계급, 출생은 중요하지 않다. 왜냐하면 <의심과 주저가 없는, 대담하고 정력적인 (비라) 마음>이 이 희생을 위한 **두티**의 자격으로 충분하기 때문이다. 그리고 그녀 또한 **사마디** 동안 그들과 똑같다는 견지에서, **비라**로서 똑같은 가슴, 똑같은 의도를 가져야 한다.

< 101 - 102 >

"나의 스승의 전통에서는 이 **샥티**들은 세 가지 부류가 있다. <효과(카랴)>, <원인(헤투)>, <동시 출생(사홋타)>. 그리고 다시 직, 간접적인 것으로. (<그 원인의 원인>, <그 효과의 효과> 등)

그런 정체성은 모든 **세속적**(혈연적)이고 **탈속적** ('앎'의) 관련까지도 뛰어넘는 것이다."

여기 세 종류의 **파트너**의 이름은 <앞선 출생>, <뒤의 출생>, <동시 출생>으로, <영적인 출생>을 말한다. [기독교의 "거듭남(Born-again)"을 보라.]

헤투(원인)는 **자니카**(낳는 것)라고 해도 <(혈연의) 어머니>가 아닌 - **카랴**가 딸이 아니듯이 - 신성의 **두티**이다. 그녀는 **파트너**에게 대담함과 힘을 주입 시키고, 그에게 입문자로서 행동한다.

카랴는 문자적으로 "행해져야 할 것"으로, 어떤 장려나 효과에 대한 반응이다. <그녀에게 의심이나 두려움이 없는 상태를 "유발하는" 스승이나 진보된 수행자에 의해 입문한 **두티**>로 보인다.

사홋타, "동시에 일어나는 것"은 **사다카**(수행자)에게 <(영적인) 누이(**사하자**)>로 행동한다. 그녀가 자발적으로 즐기는 힘(**비라타**)은 동시에 그들 둘 다에서 나타나게 된다.

문자에 매달리는 사람들의 많은 비난을 일으키는 자구(字句)인, <어머니, 딸, 누이와의 결합>을 암시하는 **탄트라** 구절이 잘 해석되어야 하는 것은 이런 비유적 의미가 있기 때문이다.

자야라타는 이와 관련해 명백한 절을 인용한다.
"아내, 누이, 어머니, 딸, 친한 친구는 이 모임에 참여할 수 없다."

만약 어떤 여자를 따로 지킨다면, 이것은 그녀에 대한 애착 때문이다. 결합은 <영웅적 행위의 과정> 외에 다른 목적이 전혀 없다.

다른 절은 모든 모호함을 더 제거한다.
"이 희생에서 **두티**는 <성적 욕망으로 인해서는> 어떤 오도(誤導)도 없이 선택되어야 한다."

여기에서 결합은 수행자의 잠재 능력을 표면으로 가져오는 역할만 한다. 이 희생은 보는 욕망(카마)으로 생긴 즐거움을 수행하는 것이 아닌, **자신의 가슴을 탐구하고 자신의 마음의 견실함을 확인하기 위한 것이다.**

< 103 >

"'<즐거움과 해방을 주는 여섯 샥티>가 있다.'고 사르바차라-흐리다야는 요약한다."

즐거움은 곧 해방의 보완(補完)이며, 여섯 **샥티**는 의식(儀式)에서 **사다카**를 도와서 <내부의 기관>에 깊이 흡수된다.

그 여섯 **샥티**는 다음과 같다.

① **베가바티** : 결합 동안 **사다카**(수행자)를 흥분시키는 <자극 혹은 충동>.

② **삼하리** : <흡수의 에너지>로, 수행자를 내면 깊이 데려간다.

③ **트라일로캬-크쇼바니** : 삼위(三位)와 관련될 때, <절정을 향해 흥분을 가져오는 에너지>.

④ **아르다-비라사나** : 수행자가 성교에서 (그것을 통해) <견고하게 확립되는 에너지>.

⑤ **박트라-카울라** : 과정의 끝의 <오르가슴>.

⑥ **두티** : 그녀 안에서 수행자는 자신을 잃는다.

< 104 >

"출현과 흡수는 (파트너) 그 둘로부터 일어난다. 그러므로 <그들의 결합>이 궁극의 실재이다."

어떻게 수행하는가? 육체적 결합을 통해서다.

< 105 >

"두티와 있을 때 서로 절하고, 서로를 만족시킨 뒤, <주된 바퀴>의 예배는 <내밀한 부분(가슴)>을 포함하는 과정으로 일어난다. 지복을 주는 것은 <의식(意識)의 내밀한 부분>이다."

사랑의 기쁨으로 가득 차 있더라도, 여기 **지복**은 (보통 수준의) 욕망의 기쁨이 아니다.
<내밀한 부분>은 의식(儀式)이 순전히 내적인지 완전히 외적인지에 따라 <가슴>이나 <성기>와 관련된다고 한다. 두 측면은 사실, 동시에 발전한다. <내적인 희생>은 <주된 바퀴>와 관련되고, <외적인 희생>은 <이차적인 바퀴(감각기관)>와 관련된다.

< 106 - 107a >

"그런 이유로 그것은 <주된 바퀴>이고, 나머지는 <이차적인 바퀴>이다. <차크라(바퀴)>의 어근은 곧 ①'캬슈(확장하다)', ②'차크(만족하다)', ③'크리트

(끊다)', ④'크리(행하다)'의 의미가 있다. 그러므로 바퀴는 확장하고, 만족시키고, 속박을 끊고, 행하는 힘을 갖는다."

이 어원학은 **아누-차크라**에서 **마드야-차크라**로, 그다음 **쉬바**로 이전(移轉)을 설명한다.

"<**지복**을 일으키는 그것>은 **가슴**을 황홀케 하기 때문에 예배에서 사용되어야 한다."

어떻게 주된 중추(바퀴)에 예배를 하는가? 외적인 희생을 통해서다. 그것은 **의식**을 만족시키고 확장한다.

우리는 <**의식**의 확장과 만족>이 무엇을 의미하는 것인지를 볼 것이다. 남녀가 결합하는 동안 <모든 이원성을 망각할 때(둘인 것을 잊을 때), 그 끊어진 속박들은 <성(性)의 속박들>이다.

< 107b >

"희생은 외적으로 만족(滿足)이다. 그리고 결과로 확장(擴張)이 있다."

만족은 <욕망의 정지>로 이끌고, **의식**의 확장은 <엄청난 열정(**우찰라나**)>으로 나타난다.

< 108 - 109a >

"<샥티 소유자의 주된 바퀴와 이차적인 바퀴가 (키스 등의 결과) '미묘한 호흡'안에 있기 때문에>, <지복을 쏟는 음식 때문에>, <향기, 향, 꽃다발 등 외적인 것들 때문에> <의식의 솟구침>이 있다."

"'공기'는 자궁 즉 공(空)으로부터 오고, 거기에 음경의 발기가 있다. 공기와 음경의 연합으로……"

< 109b – 110 >

"이렇게 (사다카와 두티가) 적절한 것들의 도움 으로 <이차적인 바퀴>를 만족시켜 <주된 바퀴>와 하나가 되도록 한다."

<눈을 위한 색깔>, <귀를 위한 소리>, <감촉을 위한 키스> 등의 <이차적인 중추>에 해당하는 이 모든 감각을 통해…… **만족**은 그러하여 <이차적인 중추>는 <주 중추> 뒤로 이끌려지고 <**의식**(意識)의 바퀴>와 동일시한다.

이 경문들에 따르면, <엄청난 열정(웃찰라나)>이 솟아나도록 수행자는 **충분히 만족해야 한다**. 그러 므로 **웃찰라나**는 근본적인 부분을 담당한다. 처음 에는 진동(스판다)으로다. **웃찰라나**의 접두사 **웃**은 <오르는 것>을, 또 **찰**은 <흥분, 충돌>을 나타낸다.

따라서 <격렬하게 활기찬 **쿤달리니**의 상승>으로, 성(性) 중추는 이 <활기차고 또 의식적인 통합>에 주요 도구가 되고, 그것은 그 지지를 위해 **가슴**을 갖는다.

이후로, <성취하기가 그렇게 어렵고, 그것을 통해 내면과 외부의 세계가 평등하게 되는 태도(자세)>인 **크라마 무드라**에 대한 모든 전제조건이 충족된다.

[<많은 숲속(?)의 지식>이라는 **브리하드-아란야까 우파니샤드**(6편 4:3)는 이렇게 말한다.

"그 여자의 성기(性器)는 제단이요, 그 음모(陰毛, 거웃)는 불살개 지푸라기, 가운데 붉은 음핵(陰核, **클리토리스**)은 **아그니**(불), 가장자리 음순(陰脣)은 소마(神酒)를 짜내는 것이라. …… 이 성교(性交)의 지혜를 아는 것으로 아는 것만큼 얻으리라."

비갸나 바이라바에서 약간 다루었다.]

<**쉬바**가 여신의 질문에 대답하는 한 경문>에서, 이 **차리야-크라마**는 저 <**베다**(Veda) 의식(儀式)>의 제(諸) 요소에 잘 대체된다.

"<예배되어야 할 것>은 무엇인가요?
여성들이 예배되어야 한다.

그럼 <예배하는 자>는 누구입니까?
남성이 예배하는 자다.

그 누가 신성(神性, **하나님**)을 불러낼 수 있나요?
그들 사이의 사랑이니라.

어떤 꽃을 봉헌해야 합니까?
<손톱으로 긁힌 자국>이니라.

무엇이 향(香)과 봉헌물(奉獻物)입니까?
포옹(抱擁)**과 애무**(愛撫).

무엇이 만트라(祈禱, **기도**)입니까?
사랑하는 이들의 말의 흐름.

무엇을 암송(暗誦)합니까?
입맞춤의 즐거움.

희생의 **화덕**은 무엇입니까?
자궁(음문, 陰門).

희생의 **나무 국자**는요?
링가(음경, 陰莖).

(희생의) 불은?
자궁의 싹(음핵, 陰核).

<정제된 버터>는 무엇입니까?
경전에 따르면, 씨앗(비자) **또는 비랴**(정액).

오 신들의 스승이여, 사마디가 무엇입니까?
마치 <지복(至福)의 흐름>이 풀리듯이
<소리, 촉감, 형태, 맛, 향기>가
<이들 다섯 감각으로부터 나오는 무엇>,
그것이 사마디다.
이것을 깨달으며 쉬바를 얻어라."

< 110 - 111a >
"트리쉬로-바이라바 탄트라는 '<여섯 감각의 한 가운데 있으면서 아주 순수한 자리에 앉은 자>는 <루드라의 거처(즉 쉬바의 상태)>로 들어간다.'고 한다."

성적 결합 동안, <요기가 보고, 느끼고, 그 모든 기관이 최고의 힘에 있더라도>, 그는 결코 흡수된 상태를 멈추지 않고, 자신이 <순수한 **아는 자**>임을 알아채며 남는다. <이차적인 중추>의 모든 경향이, 이 **삼푸티카라나**가 처음으로 일어났을 때, <주된

바퀴> 쪽으로 급히 움직이지만, 요기는 **얼나** 속에 잠겨 있다.

[모든 기관을 함께 수축하는 이 과정은, **파라마 쉬바**에 융합되어 있는 동안 두 번째로 일어난다.]

< 111b ‑ 112a > 브라흐마-아난다

"자신의 본성을 알아채는 일이 (이차적인 바퀴가) 각각의 영역을 즐기는 것을 통해 확장될 때,

이차적인 바퀴의 여신들은 점차로 <의식(意識)의 주된 바퀴>로 들어간다."

그 <주된 바퀴>가 **우주 의식** 즉 <최고의 **주체**인 실재(實在)>와 또 그것의 최고의 **지복**의 쉬는 장소이기 때문에, 그때 <**자기 발견**>의 경이가 번쩍인다.

그러나 이것은 반박될지도 모른다. 그것은 보통 사람의 여느 결합과 똑같지 않은가? 그런 결합이 신비의 삶에서 무슨 소용이 있는가?

< 112b ‑ 113a >

"그러나 에고에 묶인 이들은 자신의 몸(감각)에 대한 통할을 멈추고 그냥 (그대로, 멍청하게) **있다**. <참나에 대한 그의 지식(감각)>은 완전하지도 않고 확장되지도(솟구치지도) 않는다."

그런 희생에서는 **의식의 펼쳐짐(확장)이 필수적인 것인데**, 모든 사람에게 오지 않고, 보통 사람들은 성취하지 못한다. 그의 욕망이 사라지지 않았기에, 결합은 **나-의식**으로 이끌지 못한다. 따라서 그것은 쓸데없는 것이고, 영적인 관점뿐 아니라 일반적인 관점에서도 비난거리가 된다.

따라서 두 종류의 성적 결합이 있다. <하위 영역(아도-다만)으로 이끄는 세속적인 것>과 <상위 영역(우르드바-다만)으로 이끄는 신비의 것>이다. **쿤달리니**가 깨어나면, 커플의 동요(진동)는 <이차적인 중추>에서 <주된 중추>로 이동하는데, 그것은 **아누-차크라**와 **마드야-차크라**가 더 이상 떨어져 있지 않기 때문이다.

< 113b - 114a > 마하-아난다

"<이차적인 바퀴의 여신들의 번쩍임으로> 남과 여는 효능(비랴)을 얻는다. (이런 보급으로) 서로를 의지하게 된다. [열렬히 동조(同調)된다.]"

<번쩍임으로>는 <보는 기쁨의 형태 등으로>의 뜻이다. 이 단계에서 남과 여의 모든 기관은 힘(비랴)으로 가득 찬다.

< 114b - 115a > 우르드바-다만의 묘사

"(커플이) <상위(上位) 영역>으로 들어갈 때 이 접촉 때문에 <강렬한 동요(삼-크쇼바)>가 일어나고 이차적인 바퀴조차도 동요된다. 이런 때 이차적인 바퀴는 <상위(의식의) 영역>과 통합되어, 분리되어 있지 않다."

풍부함(신성, 지복)의 느낌은 <몸과의 동일시의 감각을 잃은 요기>에게 일어난다.

(아주 중요하다! <이런 일>은 성교에서만이 아닌, 다른 경험에서도 얼마든지 가능하다. <단 한 가지 필수적인 것>은, 그때 <그런 상태>를 **알아채는 일**, 그것뿐이다. 단지 그 차이이다! **읽는 자는**……)

그런 것이 진동(스판다)으로 일어나는 동요이다. 일단 그렇게 동요된 남녀가 주된 중추에 도달하면, 그들의 <이차적인 중추>는 상급 중추와 연합하여 있는 것 때문에, 이 동요에 참여한다.

두 번째 **삼푸티카라나**가 첫 번째 것을 따른다. 기관들의 동요가 처음에는 <기관들이 연합하고 또 동일시하는 중추>로 침투를 가능하게 하고, 중추는 그 후에 확장하고 진동하고, 그리고 그 동요는 그 다음에 중추로부터 <완전히 깨어난 기관들>로 전달 된다. 커플은 "**요기니의 입**"으로 알려진 <엄청난 **지복**의 중추>에 이르며, **합일**(合一)의 흥분 속에서, 황홀한 **얼나**의 발견은 몸에 대한 인식을 바꾼다.

< 115 - 116 > 샨타-우디타(고요와 출현)

"그런 상태에 있는 쌍에게는 모든 <이분법적인 생각>이 사라지고, 점차로 <그들의 결합하는 수단>으로 <출현과 관련된 단일성(單一性)>인 바로 그 '의식(意識)'이 드러난다. 그 <불변(不變)의 거처>인 아눗타라는 <우주적 지복>으로 (샥티와 <샥티의 소유자>) 둘로 구성된다.

[<가장 높고, 사랑이 있고, 영원한 곳(**천국, 하늘나라**)>은 이런 상태를 말한다.]

지고의 쿨라는 <고요(**샨타**)>도 <출현(**우디타**)>도 아닌, <고요와 출현을 일으키는 그 원인>이다."

<출현(의 형태)>은 곧 **비사르가**, 방출, <비랴의 흐름>, 효능, 정액의 <외적인 흐름>과 또 <순수한 영적인 효능>으로 된 <내적인 흐름>이다.

<둘로 구성>되는 것은 우주적 국면에서는 **쉬바**와 **샥티**이고, 인간적 국면에서는 남자와 여자이다.

합일(合一)은 <보통의 결합에서는 결코 일어나지 **않는, 크라마 무드라**로 이끄는> 내적인 출현으로 끝난다. 이 수행은 남녀가 동시에 수행해야 하는데, 그 목적이 즐거움보다는 <우주적인 **지복**>을 만들어 내는 것이기 때문이다. 더구나 그것은 보통의 상태 (**붓타나**)에서도 아무 노력 없이 **사마디**에 접근할 수 있게 한다.

자야라타는, 신비 교단의 최고의 결합의 시간에, 의식(意識)이 드러나게 됨에 따라, 그때 <우주적인 지복>이 <이제 하나인 쉬바와 샥티>의 독특한 맛(사마라샤)으로 퍼진다는 것을 지적한다. 그러므로 <자신의 본질 안에서 고요 혹은 쉼>은 세상과 관련해서는 초월적이고, <출현>은 세상 안에서 내재적이다. 실재(實在)는 카울라 즉 <진정한 의식(意識)>으로, 경계가 없으며, <고요와 출현의 근원>이다. 고요와 출현, 그 어느 것도 아니다.

쿨라는 <고요와 출현의 상태> 너머의 신비이다. <외적 흐름(우디타)>과 <내적 흐름(샨타)>은 번갈아 기능하며, 잠시 동안만 각각이다. 이런 식으로, <두 흐름의 출현이 하나 되는 마찰>이 일어난다.

< 117 > 이 행위의 열매

"이 <나누어지지 않은 상태를 바라는 자>는 항상 의식(意識)을 자신에게로 끌어야 한다. 의식이라는 여신의 본성은 '나누어지지 않은'(것)이다."

어떻게 그 <무한의 영역>으로 들어가는가?

< 118 - 119a >

"단지 '이것'과 '저것'이라고 할 수 있는 <고요와 출현의 양상>이 일어나고 가라앉는 것을 보면서,

요기는 (내적인 출현의 중심인) <경계 없는 영역(즉 나누어지지 않은 곳)>을 꿰뚫어야 한다."

<경계 없는 영역>으로 번역한 다만은 <신성의 거처>, 에너지, 밝음, 영광(빛), 위엄 등 많은 뜻이 있다. 그것은 <우주적인 지복(자갓-아난다)>이다.

<이 영역>은 표현을 넘어선다. 왜냐하면 그것은 외적인 기능이 그치고 내적인 비사르가의 시작에서 오직 스스로에게 경험되기 때문이다. 모든 분화가 사라졌을 때, 남녀는 <내적인 영역>의 흐름 속에 잠기게 된다. - 단지 "이것"과 "저것"이라고 표현하는, 모든 제한이 없는, <여여(如如)한 질(質)>의 중심에 말이다.

저 십우도의 "水自茫茫花自紅(수자망망화자홍)" 즉 "물은 홀로 아득하고 꽃은 절로 붉은 것을!"의 반본환원(返本還源)이다.

중심으로의 침투의 수단은 비갸나 바이라바가 가리키듯이 사라져야 한다.

사랑스러이 보라

"마음이 어떤 대상을 떠나, 그 뒤 다른 대상으로 가지 않을 때, 그 중간에서 쉬게 된다. 그것을 통해 <순수 의식>이 그 강렬함 속에서 펼쳐진다."

<무한의 영역>으로 들어가는 일에서 남과 여의 역할은 무엇인가?

< 119b – 120 >

"이 고요와 출현의 두 가지는 샥티와 그 소유자에게 동시적으로 일어난다.

<출현의 상태>는 상대방의 성소(다만, 성기관)에 초점을 맞추는 것이고, **<정지의(쉬는) 형태>**는 자신에게 초점을 맞춘다.

그러나 사실, 둘(샥티와 그 소유자)은 **쌍**(雙, 짝)이다. 그러므로 출현이 곧 **고요**(정지, 휴식)**이다.**"

<출현의 상태>는 <주된 바퀴>라고 부르는 그들의 성역(聖域, 성기관)의 결합으로 명확하게 된다. 이 <출현의 상태>는 샥티와 그 소유자가 서로를 위할 때 일어난다. 반면에 <고요의 형태>는 단지 자신 안에 위치한다. 이 경우에 즉 <고요의 형태가 단지 자신 안에> 있을 때, 그 **쉼**이 지고의 형태로 '출현한다.'

샨타 단계 동안, **요기니**와 **싯다**가 비슷하게 각자 자신을 위해 평화를 즐기더라도 이 **휴식**은 그들의 결합과 따로 일어나지 않는다. 그 **고요**는 <주되고 친밀한 중추 속으로 하나 되는 잠수(潛水)로 야기된 **얼나** 자각과 함께, 그들이 동시에 얻은 **사마디**>에

해당하기 때문이다. <출현의 상태>는 서로를 향해 열렬히 돌아선 남녀에 관련한다. **사마디**는 그다음 **붓타나**에서(깨어 있고 잠자는 때)도 퍼지기 때문에, 에너지는 여러 가지 면에서 신성화된다.

< 121 > 동일시 동안 남녀 역할의 차이
"고요와 출현의 두 가지에서, 둘의 <알아채는 일>이 있더라도 샥티만이 창조할 수 있다."

그녀만이 배아(胚芽)를 품고 키울 수 있는 역량을 가지며, 출현을 열매 맺는 능력을 가진다.

< 122 - 123 >
"경전은 여성(샥티)에 대해 '그녀의 중앙 통로는 완전히 열린다.'고 한다.
그러므로 스승은 그녀(여성)에게 <비밀 교의(쿨라 -아르타)>를 전해야 한다. 그리고 그녀의 입을 통해 (결합의 수행으로), 그는 남자들에게 전한다."

남성에서 진정된 **수슘나 나디**는 여성에서 활짝 핀다. 그러므로 위대한 스승은 입문한 여성을 통해 이 기능을 소유한다.
크라마 학파의 창시자 **쉬바난다-나타**는 세 명의 **요기니** 외에는 이 교설을 전하지 않았지만, 나중 그녀들을 통해 남자들(과 또 여자들)이 입문했다는 것은 잘 알려진 이야기다.

[태초(太初)의 신화에서 <뱀(스승)>이 <여자>에게 무언가를 전했으며, 그다음 <여자(이브, 생명)>가 그걸 <남자(아담, 흙)>에게 전했다는 이야기가 얼핏 생각난다.

그리고 <여자의 후손>은 신(神)의 저주로 <뱀의 후손>과 **원수(怨讐)**가 되어, 그 머리를 상(傷)하게 하고…… 그러니 머리를 상한 **뱀**의 후손은 <**아다 쿤달리니**>인지 <**아담(땅)의 쿤달리니**>인지, 그렇게 아래에 남을 수 밖에 없고……

나중 예수는 <**원수를 사랑하라**>고 하여, 우리가 그 **원수**까지도 사랑(하여 희생)을 하게 되면, 저 <하늘(우라노스)에 계신 우리 아버지>처럼 우리도 **온전(穩全)**하게 된다고, **전체성(全體性)**을 갖는 저 <**우르드바**(위의, 하늘의) **쿤달리니**>를 경험할 수 있다고 충고한다.

각설하고.]

자야라타는 한 경문을 인용한다.

"**사다카가 한 해 동안 이 수행을 하여 얻는 것을 여성은 단 하루 만에 얻는다.**"

< 124a >

"칼라타-나타는 여성(女性)에 대해 말한다. 몸에
관한 한, <순수하고 탁월한 실체>를 받았다고."

< 124b - 126a >

"주(主)는 이 중앙 바퀴를 '요기니의 입'이라고
한다. 거기에 <영적 (계보의) 전승(삼프라다야)>이
있고, 그것으로부터 지식(경험)을 얻는다.

이원성 너머의 이 지식은 기술될 수 없고, 오직
'(그 입이) 말한 무엇'이 입에서 입으로 전달된다.

그 입이 <주된 바퀴>이다. 그러니 <오직 경험의
일>인 우리의 의식(意識)을 어떻게 설명할 수 있겠
는가?"

지식(경험)은 <'지고의 의식(意識)' 안으로의 흡수
(吸收)>를 나타낸다.

구별은 <(감각, 운동)기관들의 입구>인 <하급의
입(우파-박트라)>과 <의식(意識)과 동일하고 신성의
자궁(요니)이 되는 유일한 것>인 <주된 입(마드야-
박트라, 요기니-박트라)> 사이에 묘사되어야 한다.
그러므로 <주된 입>은 의식으로 가득해야 한다.

어떻게 경험과 체험의 문제인 그런 일을 묘사할
수 있겠는가? 진실로 인간은 <우주적 설명 원리>인
의식(意識)보다 더 뒤로 갈 수는 없다!

< 126b - 127 >

"(고요와 출현의) 두 가지 현현(스리슈티) 동안, <그것들에 앞서는, 창조(비사르가)의 실재(근원)>에 주의를 기울이는 이들은 <경계 없는 영역>에 굳게 서게 된다."

이것이 **파라-카울라**, <방출의 근원(원인)>이다. 오직 하나의 열망, 해방을 얻으려는 존재들은 여기 모든 것은 <진정한 **비사르가**가 펼쳐진 것> 혹은 <그 극단의 결합이 펼쳐진 것>뿐임을 완전히 알아챈다. 두 번, 그러나 다른 국면에서, 똑같은 상태가 현현한다. <결합의 시작에서의 출현>과 <끝에서의 고요>에서.

싯디를 얻기 위해서는 <고요의 국면>보다 오히려 <출현의 국면>에 집중하는 것이 좋다고 한다. 어떤 힘도 주지 못하는, 풀어진(진정된) <자기 흡수>를 피하기 위해서는 말이다.

< 128 - 129a >

"초자연적 힘(싯디)을 얻으려는 이들은 <출현의 형태>를 써야 한다. <출현의 형태>는 의식(意識)에 가깝기에 아주 순수하므로 이것으로 예배하라.

그것은 <(요기니의) 주된 입>으로부터 <(요기의) 입>으로 가며, 그 역(逆)도 같다.

경전은 <불멸(不滅)과 젊음을 주는 자>, 그것을 지고(至高)와 쿨라라고 한다."

Dupuche는 위의 <출현의 형태>를 <남(과 여)의 사정(射精)>으로 본다.

이 **입**은 "손님에게 선물로 주는 물병(단지)이다. 모든 신들이 예배를 받는 것은 그것의 놀라운 **맛**을 통해서다."

129절은 이렇게 읽을 수도 있다.
"<입에서 입으로의 과정>으로 이 희생을 행하며, <기관의 효능> 즉 <그 숭고한 본질(**마하-라샤**)>과 관련이 있는 바퀴를 예배하라. 이런 식으로 **쉬바**는 늘 숭배되고, 죽음은 정복된다."

<입에서 입으로>의 주고받음은 **카시미르**의 결혼 풍습을 암시한다. 신랑과 신부는 원(圓) 안에 서고, 신랑의 어머니는 아들의 입에 음식을 넣고, 신랑은 그것을 둘로 나누어 한 조각을 신부의 입에 넣어 준다. 신부의 차례에서 신부는 신랑의 입에 넣는다.
그러나 <비교의 수행>에서 여성은 끊임없는 교환 동안, 남성에게 전달되고 또 자신에게 돌아오는 <순수한 물질>의 저장고이다.

요기니의 입에서 **싯다**로 가는 (또는 그 역으로) 호흡과 효능(效能)의 과정은 정확히 **삼푸티카라나,** 즉 **크라마 무드라**의 예시(豫示)다. **프라나**(호흡)와 **비랴**(정력)는 아주 밀접하게 혼합되어 서로 속으로 변형되고, 하나가 되고 똑같은 것이 된다. 전통에 따르면, 수행자는 젊어진다. 흰 머리와 주름이 사라진다. 이 단계에서 **커플**은 **비랴**에 대한 지배권을 얻는다.

☯

지금까지 기술된 수행은, <**지식**을 부여받은 사람 (**갸닌**)>에 관한 것으로 규제 없이 진행된다. 그러나 <지식이 없고 **차리야 크라마**를 수행하는 이들>은 처방된 규칙을 따라야 한다. **크라마-푸자**에 따라 단계별로 진행한다. ① 예배, ② 합일(**우디타**), ③ 진정(**샨타**)의 순서로. **탄트라 알로카** 15장에 묘사된 대로, 그들은 먼저 **에너지 원**(圓) 안에서 외적인 예배를 하고, 그다음 자신의 몸 안에서 예배한다.

[**"사정하려고 애쓰지 말라."** 그 행위를 서두르지 **않는다면,** 그것은 차츰 <영적인 것>이 된다. 그냥 그 순간을 즐겨라. 그것이 곧 황홀경이고, **사마디**가 되고, <우주 의식>이 된다.]

< 129b - 132 >

"<아직 지식을 얻지 못한 이들>도 (성적 결합의) <출현의 상태>에 기초한 확장의 희생에 견고하게 확립되고, 바퀴의 신성들을 식별하는 지식(경험)을 얻을 것이다.

그들은 샥티(여성)의 바퀴에서 <지복의 정수>로 예배한다. 주어진 순서를 따라 ('입'의) 밖에서, 네 지역에서, 가네샤(문지기)와 여러 신들을 경배한다. <중앙의 쿨레샤의 쌍(쉬바와 샥티)>, <세 지점의 여신들>, 그 바깥으로 각 지점에서 <넷의 조(組)>.

또 <열두 빛줄기 바퀴, 여덟 빛줄기 바퀴, 예순넷 빛줄기 바퀴>를 경배한다."

< 133a >

"샥티(여성)의 바퀴에서처럼 <자신의 몸>에서도 경배해야 한다."

<세 지점의 여신들>은 파라(지고), 파라-아파라 (중간), 아파라(낮은) 샥티를 말하고, <넷의 조(組)> 등은 만달라(?) 등에서 <네 싯다> 등을 가리키는 것 같다. [더 자세하게 알고 싶은 분은 Dupuche의 <쿨라 의식(儀式)>을 참고하라. 그러나 **실존하는 그 <상태의 경험(지식, 알아채는 일)>이 더……**]

지식(경험)은 결합에서 <출현의 형태에 상응하는 흐름>에 끊임없이 집중하는 동안 얻는다.

< 133b - 135a >

"어떤 고요의 형태는, <가슴의 알아채는 일>이 된다면, '파도 없는 대양'으로 알려진 <쉬바의 평화로운 상태>에 도달한다.

그 <평화로운 상태> 안에 쉴 때, <(주된) 바퀴에 거하는 신성 전체>는 모든 기능을 멈추고, <완전한 지복> 속에서 허공(虛空)에 놓여 있다."

한 경문에 따르면 - "지고의 쉬바는 지지(支持) 없이 있다." - 허공은 <지고의, 아무것과도 관계가 없는, 쉬바(아나슈리타 쉬바)>와 일치한다.

<완전한 지복(니라난다)>은 <쉬바 안에 쉬는 것>으로 생겨난다. 주된 바퀴는 접촉(接觸, 스파르샤)에만 관련하고, 이제 소리, 형태, 냄새, 맛의 <이차적인 바퀴>를 다룬다.

< 135b - 136a >

"보고 듣는 등의 <이차적인 바퀴>의 신성들은, <주된 바퀴>(의 신성들)에 의존하기 때문에, 지복에 잠겨서(도) 지복을 갈망하며 움직이지 않고 있다."

이런 의문이 있을 수 있다. <이차적인 중추>의 에너지가 지복에 잠겼는데, 왜 또 그것들이 지복을 갈망한다고 하는가?

< 136b - 137a >

"지고의 실채(의식)와 접촉이 없으면, 감각기관은 그 기능을 멈추고, 자신의 본성을 빼앗기고, 지복을 갈망한다."

<아비나바굽타의 찬송가>의 한 구절은 이렇게 노래한다.

"기관의 여신들은 <바이라바가 거하는 가슴>을 열렬히 사모(思慕)하나니"

감각기관들은 자신들을 관통하는 평화 때문에, 점차로 중심 바퀴로 용해되고, 거기에서 그것들은 <지복(니라난다)의 단단한 덩어리> 안의 본질 즉 <지고한 주체의 의식>의 한가운데서 <색깔, 소리, 맛과 냄새 같은 즐거움을 즐기지 않고> 쉰다.

여기에는 두 가지 조건이 필요하다. 첫째, <중앙 바퀴>는 <이차적인 바퀴>의 에너지가 중심에 모일 때까지 깨어날 수 없다. 성적 결합이 그것을 돕는 것이다. 둘째로, <이차적인 바퀴>는 <중앙 바퀴>가 활성화되지 않는 한 활성화될 수 없다.

기관이 이후로 자신의 정수로 포화(飽和)되어서, 다시 외적인 사물을 즐기는 일을 갈망할 때, 만약 약간의 즐거움을 사물로부터 한순간이라도 얻으면,

그것은 즉시 이 즐거움을 **참나**에게로 보낸다. **모든 감각의 에너지는, <중앙 바퀴>를 만족시키기 위해 <자신의 본성에 제공되는, 가치 있을 만한 것>을 찾아 두리번거리기 시작한다.** (나 자신의 경험에서 찾아보라.) 그것은 마치 벌이 벌집을 위해 이 꽃 저 꽃으로 윙윙거리며 꿀을 모으는 것과 비교된다.

< 137b - 139 >

"쉼의 영역에 도달한 뒤, 자신의 맛으로 가득한 외부 것들을 즐기려는 욕망(慾望)과 열망(熱望)으로, (<감각 전체>가) **얼나**에게 (즐기고 있는 것을) **봉헌**한다.

그 봉헌으로 <완전하고 상승된 의식>의 쏟아짐이 있고, 이차적인 바퀴의 신성들의 만족으로 <비랴의 강렬한 동요> 즉 <활기찬 열정>이 일어난다.

이미 말했듯이 <바퀴의 주(主)> 또한 격렬하게 일어난다."

<**열망으로**>로 의역한 "라나라나카라"라는 말은 <사랑의 신음(呻吟) 소리>와 <꿀벌의 윙윙거리는 소리>의 의성어(擬聲語)라고 한다.

<**활기찬 열정**>의 "우찰-"은 <쿤달리니의 상승과 관련된 내적인 스판다>로, 앞에서 다루었다.

그렇게 함께 모인 <이차적인 에너지>의 범람은 <**의식**의 강도>, 즉 <**주된 바퀴의 강도**>에 절정을 일으킨다. 이 순간 <의식적인 에너지의 **주**(主)>, 즉 <지고의 **아는 자**>는 외부 세계로 갑자기 돌진한다.

자야라타는 <111b-112a>를 다시 인용한다.

"자신의 본성을 알아채는 일이 (이차적인 바퀴가) 각각의 영역을 즐기는 것을 통해 확장될 때,

이차적인 바퀴의 여신들은 점차로 <**의식**(意識)의 주된 바퀴>로 들어간다."

출현을 기술한 후, 이제 방출의 두 극의 융합을 다룬다.

< 140 - 142a > 결합 혹은 융합

"그래서 비사르가는 세 가지다. <출현>, <고요>, <융합>. '비사르가'는 ① <**방출**(현현)하는 그것>, ② <그것에서부터 여러 현현이 나오는 것(원인)>, ③ <그것으로 여러 현현이 돌아가는 곳>이다.

탓트와·락샤나, 트리쉬로·마타, 니가마 탄트라는 말한다. '**샥티**는 **화덕**(쿤다, fire-pit)이요, **쉬바**는 링가러니, 그들의 **결합**이 곧 <**지고의 영역**>이라. 이 들로부터 창조, 흡수, **그것**(말할 수 없는 것)이 일어나느니라.'

니가마 탄트라는 그것이 <세 흐름>이라고 한다."

비사르가는 비-(치트라)의 <다양한>과 사르가의 <흐름>을 말한다.

자야라타는 <세 흐름(비사르가)>을 다음과 같이 상응(相應)시킨다.

① 샥티(에너지) = 우디타(출현) = 쿤다(구덩이) = 스리슈티(창조적 양상)
② 쉬바(의식) = 샨타(고요) = 링가(국자, 남근) = 삼하라(흡수적 양상)
③ 멜라카 혹은 삼갓타 = <쉬바와 샥티의 융합>, <최고의 영역>

< 142b - 143 >

"'중앙 통로에서 그 정점까지 오르내리는 쌍둥이 흐름에 <깨어남, 휴식, 흡수>를 (부여하고), <통로>, <바퀴의 움직임>, <교차점>, <연결부>에 이것들을 똑같이 승인한 후, <72,000 통로를 지니는 몸>에 늘 거하는 쉬바는 <끊임없는 앞뒤로의 움직임으로부터 자유로운 각 의식>을 <다른 것>과 융합하기 위해 가져온다.'"

< 144 >

"요기는 이 융합, <바이라바의 영역>에 항상 더 견고히 서도록 해야 한다."

<끊임없는 앞뒤로의 움직임으로부터 자유로운>의 **안타라**라는 말은 "안에, within"으로도 볼 수 있고, "밖에, 없이, without"으로도 볼 수 있다.

실제로, "앞뒤로의 움직임이 없이(자유로운)"와 "앞뒤로의 움직임 안에서"는 똑같은 것을 말한다.

더 나아가, <안과 밖>, <유(有)와 무(無)>라는 그 구분과 분별은……

위 <142b-143>은 **트리쉬로-바이라바 탄트라**의 인용으로, 다양한 상징의 표현을 쓰고 있다.

그때 **요기**는 **사하스라라**로부터 그의 몸 전체에 퍼진 72,000 **나디**를 경험한다.

쉬바는 - <쉬바와 동일시된 신비가>는 - 호흡을 가라앉히고, 중추를 깨우고, 호흡을 **마드야 나디** 속으로 주입하고, 그것들을 미분화된 결합에 혼합한다. 그다음 그는 <출현과 고요의 바로 그 본질>, 즉 <(거기에서 자신들을 상실하는) 완전한 **의식** 속으로의 그것들의 융합>을 위한 강렬한 열망을 개발해야 한다.

< 145 >

"그것은 <부분과 구분들에서 자유로운 '이것'을 분명하게 드러내는 것>과 <양태(樣態) 없는 실재의 완전한 성취가 특징인 것> 둘 다이다."

여기서 모든 기능은 끝난다. 남녀의 구별은 사라지고, 오직 결합만 남는다. 그 안에는 **쉬바**와 **샥티**, 고요와 출현의 구별이 불가능하게 된다. "**아르타**", <단 하나의, 정의할 수 없는 형태>를 단지 "**이것**", "**이 무엇**"이라고만 부른다. 왜냐하면 **그것은 내밀(內密)하게 파악될 뿐이고, <표현할 수 없는 경험>이기 때문**이다.

< 146 - 147a >

"그러니 **해와 달을 용해와 분산**의 길에서 막은 뒤, <모든 (다양한) 양상(사르바-바와)>을 금하는 것으로, <의식의 양상(바와-삼빗)>에 전념하라."

바와(bhava)의 말장난으로, <바이라바적인 결합(카울라) 동안, 가슴을 통해서 파악되는 자발적인 **실재**>와 <분화된 실재들>의 두 가지 의미가 있다. 다르게 번역될 수도 있다.

<**실재**와의 접촉을 키우는 것>, <중앙 영역 내부에서, 모든 것에 침투된 지고의 **주체**와의 접촉을 키우는 것>으로, 수행자는 좌우 통로로부터 나오는 상승하고 하강하는 호흡을 중앙 **나디**에 유지해야 한다. 그 안에서 그것들은 용해도 분산도 않아야 한다.

이 **실재**(바와)의 성격이 더 잘 이해될 수 있도록 **아비나바굽타**는 드바니, **자파**, 무드라와 관련하여 그것을 정의하며 다른 각도로 기술한다. 드바니는 연인의 입술로부터 나오는 것과 유사한 자발적인 소리의 진동이다. **자파**는 **나다**, <항상 솟아나오는 공명(소리)>이다. 그것은 <주된 중추> 안에서 <이차 적인 중추>를 통합하는 것으로 수행한다.

< 147b - 148a > 드바니에 특유한 만트라-비랴

"<소리의 진동(드바니)>은 완전히 <참나를 알아 채는 일>인데, 세 가지 흐름 안에 흡수되는 동안 <융합의 영역>에서 일어난다. 그러므로 드바니는 <만트라의 힘(만트라-비랴)>이다."

효능(效能)은 만트라 "**아함**", <지고한 "**나**">의 그것이다. 떨리는 공명(共鳴, 소리, 드바니)은 일단 <세 흐름이 완전한 융합에서 자동적으로 일치(사마 팟티)할 때> 나타나게 된다.

< 148b - 149a >

"<이 공명에서 그 열매를 갈망하는 자>가, 항상 자신의 만트라를 반복하고 드바니에 남으면, 그의 만트라가 일어나는 것을 확실히 알게 된다."

그가 떨리고 경이로운 각성(覺醒), 즉 <드바니를 알아채는 일>의 바로 그 한가운데서 자신을 찾는 순간, **사다카**는 스승에게 받은 **만트라**를 <내면의 공명(소리)>과 결합시켜야 하고, <깨어 있는 일>을 통해 **만트라**의 수행이 진실로 무엇을 의미하는지를 이해하게 될 것이다.

< 149b – 150a >

"<완전히 알아채는 일> 안에서, 이차적인 바퀴가 한꺼번에 의식(의 중앙 바퀴) 안으로 몰려들고 그것과 동일시되듯이, 그는 다시 소리(나다)의 도움으로 다른 락샤 형태의 자파를 수행해야 한다."

이 경문의 뜻을 밝히기 위해 **자야라타**는 두 절을 인용하는데, 하나에 따르면, 에너지들은 <**의식**의 중앙 바퀴>로 하나씩 접근을 얻는다.

다른 하나는, **자파** 암송은 3 **락샤**로 구성되는데 – 1 **락샤**는 100,000 회. – 처음은 (이차적 바퀴의) 출현에서이고, 둘째는 (그들 바퀴가 **의식** 안에 모여들 때의) 고요에서이고, 세 번째는 중앙 바퀴 안의 융합(그것들의 동일시)에서이다.

그러므로 <300,000 암송(**자파**)으로 얻는 어떤 힘>은 <출현>, <고요>, <융합>의 동시성을 통해 한 순간에 얻는다.

< 150b - 151 > 케차리 무드라

"요가-삼차라는 (그런 결합이) 요기니가 소중히 여기는 최고의 무드라라고 한다.

(세 꽃잎) 연꽃은 삼각형 내부에 <항상 펼쳐진 만달라> 안에 숨어 있다. 연꽃 (중앙)에 <그것으로 부터 분리할 수 없는 줄기>가 있고, <강한 뿌리>는 열여섯 꽃잎의 연꽃으로 장식되어 있다."

< 152 - 153a >

"① <중심에 있는 줄기>에 달린 두 연꽃의 연속적인 마찰로, ② 중심에 있는 <완전하고 아름다운 달과 해 부분들>의 연합으로, ③ <세 꽃잎 연꽃의 정액과 피 부분>의 결합으로 일어난 불속에, 바로 그 가운데에 창조(의 형태인) 싹(筍)이 있다."

<열여섯>은 열여섯 칼라 혹은 달의 부분들이고, <정액과 피>에서 라자스와 아루나는 여성에 있고, 비랴와 레타스는 남성에 있다.

<세 꽃잎 연꽃>은 항상 확장하는 자궁을 말한다. <성적인 지복>은 줄기 혹은 중앙 통로, 즉 <창조적 방출의 뿌리가 일어나는 영역>을 나타나게 만든다. 이 줄기 위의 두 삼각형은 <열렬히 서로를 향하는 남과 여>, 즉 <완벽한 결합의 쉬바와 샥티>를 나타낸다. 이 두 삼각형은 하나의 실(絲), 중앙 통로로 연결되어 있다. 이 두 삼각형의 마찰로 쿤달리니가

400

깨어나고, 상승이 되었을 때, 두 삼각형은 만나서 <여섯 점의 모습>, 솔로몬의 인장으로 융합된다.

불(<**아는 자**>)에서 **해**와 **달** 양자의 영광스럽게 빛나는 광선의 융합이 일어난다. 즉 <지식(앎)>과 <대상(알려지는 것)>, 혹은 <날숨과 들숨>, <정자와 피(락타)>, **지복**을 방사하는 그 모든 광선들……

어떤 경문은 말한다.

"<지식(앎, 아는 일)>과 <알려지는 것(대상)>이 결합할 때, <아는 자(주체)>가 나타난다."

아그니, **불** 혹은 **주체**는 두 가지 방식으로 나타나게 된다. <보편적인 수준>에서, <그것이 **네 번째** 상태까지 오르는 우주의 씨앗을 지지하는 것으로>, 그리고 <개인적인 수준>에서, <정액과 피의 흐름의 수단으로, 세 꽃잎의 연꽃(자궁) 안에 배아를 유지하는 것으로>.

그러므로 싹(순)으로부터 방출(창조), 즉 상승하는 **쿤달리니**의 방출과 또 그곳으로부터 아이가 태어날 창조가 진행된다.

난자와 정자가 결합할 때, 세 가지 주된 중추가 하나가 된다. <**요기니의 입**>은 **가슴**과 동일시되고, 또 **브라흐마란드라**는 자궁 혹은 **요기니-박트라**를 가득 채운다. 이후로 남성과 여성의 몸을 넘어서,

중추를 넘어서, <우주적인 중앙의 영역>보다 다른 어떤 곳도 남지 않는다. 이런 수행을 **요기니-부**라고 부르는데, 그런 자궁은 <만트라의 모든 곳의 편재(遍在) 때문에> 무한(無限)으로 확장한다.

[<세 가지 주된 중추>는 **요기니-박트라**(요기니의 **입**), **흐리다야**(**가슴**), **브라흐마란드라**를 말하고, 또 <자궁의 무한 확장>을 **요기니-비카사**라고 한다.]

< 153b - 154a > 이 신비한 무드라의 효과

"<가슴에서 방출, 흡수의 과정을 내면화한 이>는 <달, 해, 불이 결합하는 이 삼갓타 무드라>의 수단으로 네 번째 상태(아나캬)를 빨리 얻는다."

그는 실제로 마치 "봉인된(무드)" 것 같다. 그런 **무드라**를 "**케차리**"라고 하는데, 그것은 "궁극적인 **의식**의 공간(카)에서 움직이는 무엇"이다. 그것은 **쉬바**와 **샥티**와 관련되며, <여덟 바퀴의 형태>를 떠맡는다.

< 154b - 155 >

"<만트라의 힘>은 <둘이 케차리 무드라로 들어가며, 포옹하고 기뻐하고, 웃으며 사랑의 놀이를 할 때>, 그들 안에서 번쩍거리는 알아채는 일로 이루어져 있다."

< 156a >

"이 알아채는 일은 <소리의 여덟 단계>를 통해 나타난다. ① <현현되지 않는 소리(아뱍타)>, ② <(우디타에서) 소리의 진동(드바니)>, ③ <흥얼대는 소리(라바)>, ④ <급격한 소리(스포타)>, ⑤ <중얼거리는 소리(슈루티)>, ⑥ <(샨타에서 연속적으로 자신을 드러내는) 공명(共鳴, 나다)>, ⑦ <공명의 끝(나단타)>. ⑧ <읊조리지 않은, 마찰로 나지 않은 소리(아나하타 나다)>이다.

마지막으로는 <만트라의 근원(만트라-비랴)>이 된다."

위 단어들은 번역이 쉽지 않은데, <우리 문명이 경험하지도, 알지도 못하는> 신비한 체계의 **미묘한 소리를 나타내는 말**이 절대로 부족하기 때문이다.

[위의 <소리의 여덟 단계>는 아르다-찬드라에서 니로디니, 나다, 나단타, 샥티, 비아피니, 사마나, 운마나까지를 말하는 것 같다. Torella도 그렇게 보았다.

<소리의 아홉 단계>는 쉬바 수트라를 참조하라.]

이차적인 중추에 속하는 키스와 다른 현현들은 그것이 중앙 바퀴로 들어가는 것을 더 쉽게 한다. 이 침투는 정확히 케차리 무드라이다. **이 근본적인**

경험에 어떤 말로 설명을 할 수 있겠는가? 다양한 즐거움은 그것의 일부이고, 무한의 하늘을 떠도는 가벼운 구름과 유사하다. 그리하여 그것은 <모든 것을 아우르고, 모든 것을 확대하는 **절대의 자유**>, <**궁극의 의식**과 완전히 활동적이고 현현(顯現)된 에너지가 **하나**가 된 무엇>이다.

< 156b - 157a >
"여덟 바퀴에 접근을 얻는 자는 지고의 영역에서 <자동적인 자파>를 읊조리고, 여덟 부분으로 나누어진 <여덟 바이라바의 상태>를 성취한다."

일단 **여덟 바퀴**에 침투하면 그는 **여덟 바이라바** 혹은 <의식적 주체들>을 인식한다. <**여덟 부분으로 나누어진**>은 아르다-찬드라에서부터 운마나까지의 <소리의 여덟 단계>를 말한다.

< 157b - 158a >
"(이 여덟 바퀴는) ① (들숨과 날숨의) **앞뒤로의 움직임에서**, ② (지성에 특유한) **확실성에서**, ③ <**듣는 것**>과 ④ <**보는 것**>에서, ⑤ 두 기관의 초기 접촉과 ⑥ 성적 결합에서, ⑦ 몸의 극단(상위 중추 혹은 드와다샨타)에서, ⑧ (이 모든 것으로 구성된) **결합의 바퀴**(야말라-차크라)에서 (펼쳐진다)."

< 158b ‐ 159a >

"<가슴으로부터 일어나는 정의되지 않은 소리>가 있는데, 그것은 (연인의) 흉부를 통해 움직이며, 목 구멍에 도달하여 입술에서 끝난다.

<동요(動搖)가 가라앉는 것처럼 (쉬바와 샥티의) 두 바퀴의 중심에서 그것을 듣는 자>는 궁극적인 평정(平靜, 니르바나)을 즐긴다."

< 159b ‐ 160a >

"<지고의 소리>로서 거기에 거하는 <지고의 바이라바>는 <빛으로 되고, 소리의 진동과 접촉으로 된 여덟 가지 측면>을 부여받았는데, (만트라 '아함', <절대적인 '나'>의) <아주 탁월한 전(全)-침투>로 알려져 있다."

<정의되지 않은 소리>의 싯카라는 앞 장(章)의 <"소" 만트라> 부분을 참조하고, <전(全)-침투>는 omni-penetration을 말한다.

만트라-비압티를, 그 끝없는 확장과 깊이 때문에 "아주 탁월(卓越)한" 것이라고 하는 것은 적절하다. <자동적으로 일어나는 소리>는 완전히 평온하다. 바이라바의 최고의 공명(소리)은, 이 완전한 편재(遍在)와 동일한데, <성적인 동요(動搖)가 끝날 때, 내적인 바퀴 혹은 요기니-박트라를 알아채게 되는 것>으로 구성된다.

<바이라바의 최고의 공명…… 완전한 편재>는 나다-바이라바와 파라-만트라-비얍티를 말한다.

빛은 반달에, **소리의 진동**(드바니)은 공명(나다), **접촉**은 에너지(샥티)에 해당한다.

< 160b - 161a > 만트라-비얍티

"여덟 바이라바는 ① <부분을 부여받은 것(어떤 의미에 관련된, 사칼라)>, ② <나뉘지지 않은 것의 주(아칼라-이샤)>, ③ <공(空, 순야)>, ④ <의미로 풍부한(칼라댜)>, ⑤ <카(에테르의 허공)로 장식된(카말라)>, ⑥ <파괴자(크샤파나카)>, ⑦ <내면에 서 있는 자(안타스타)>, ⑧ <목구멍의-입술의(칸툐슈탸)>이다. 이것은 반달(아르다-찬드라)에서부터 운마나까지 확장하는 전-침투이다."

< 161b - 163 >

"<모든 행위에서 이런 편재(遍在)에 주의를 기울이고, 항상 순수한 상태에 있는 자>는 <살아 있는 동안 해방된 자>이며, <지고의 바이라바>가 된다.

그런 결합 동안 몸이 자궁에서 생겨난 존재는 '요기니의 아들(요기니-부)'로 알려져 있는데, 그는 루드라로 곧 <지식의 보고(寶庫)>이다. 비라발리-샤스트라는 그가 태아인 동안도 쉬바 자신이라고 한다."

< 164 - 166a > 아디-야가

"이것을 '본질적(무캬), 원초적 희생(아디-야가)'이라고 하는데, <이를 통해 본질(사라)이 파악되고(아디야테)>, <그것이 원초적(태고의, 근본적, 아디) 희생>이기 때문이다.

이 희생은 비라발리-탄트라, 흐리다야-밧타라카, 케차리-마타와, 다른 탄트라에서 주로부터 찬사를 받은 것이다."

자야라타는 <여덟 바이라바>라는 이들 주체의 측면에 대해서는 주석하지 않는다. 해당 에너지는 아르다찬드라에서부터 운마나까지 확장한다.

<여덟 바퀴>와 <여덟 바이라바>는 다음 쪽 표를 참조하라.

사칼라는 "부분을 부여받은"을 말하고, <결합의 초기 단계> 즉 <감각기관과의 분화된 접촉>을 의미하며,

니슈칼라(아칼라)는 "나누어지지 않은"을 말하고, <그것들과의 접촉이 없는 그것>과 관련되고,

공(空, 순야)은 앞의 두 바이라바보다 더 깊이 평온하다.

163절의 <그가 태아인 동안도 쉬바 자신(루파)>이라는 것은 명확히 설명될 수 없다. (사실, <모든 것>이 쉬바이기도 하니까 말이다.)

<여덟 바퀴>
- 결합 동안 운마나까지 쿤달리니의 상승 -

커플	나다(소리)	칼라(에너지)	나다의 면	
우디타	아뱍타	아르다-찬드라	죠티르(싯다)	빛
우디타	드바니	니로디카	죠티르(요기니)	빛
우디타	라바	나다	드바니(싯다)	공명
샨타	스포타	나단타	드바니(요기니)	공명
샨타	슈루티	샥티	스파르샤(싯다)	접촉
샨타	나다	비아피니	스파르샤(요기니)	접촉
삼갓타	나단타	사마나	커플을 위한 열매	
삼갓타	아나하타	운마나	커플을 위한 열매	

<여덟 바이라바>
- 만트라의 육화(肉化) -

사칼라	요기니에 관한	아르다-찬드라
아칼라	요기니에 관한	니로디카
순야	요기니에 관한	나다
칼라댜	싯다에 관한	나단타
카말라	싯다에 관한	샥티
크셰파나카	싯다에 관한	비아피니
안타스타	결합한 커플에 관한	사마나
칸토슈타	결합한 커플에 관한	운마나

<라하샤-우파니샤드 크라마>

"신비하고 비밀스런 교의(敎義)"의 이 과정에서 몸은 최고의 바퀴로 여겨진다.

< 166b – 168 >

"서원(誓願)과 요가를 의존 말고, <남녀의 결합의 수단>으로, 스승은 항상 <본질적, 원초적 희생>을 떠올려주고 거기로 끌며, <여성의 몸>과 <자신의 몸>에 각각 지식과 효능(效能)의 냐사를 한다.

달(대상)의 형태로 그녀의 연꽃을, 또 해(지식)의 빛남으로 자신을 묵상한 후, 지식(비디아, 여성)과 효능(만트라, 남성)으로 된 이들 두 성소(聖所)를 밀접하게 융합한다."

< 169 >

"이 교의는 심원(深遠)한 비밀이기 때문에 나는 명확하게 기술하지 않는다. 관심이 있는 사람은 앞에서 말한 경전들을 읽어라."

< 171 – 173 >

"신과 여신이 늘 함께하는 몸은 <여신의 희생에 접근하게 하는 지고의 바퀴>이다.

<몸 안에 있는 지고의 링가>는 상서롭고, 모든 탓트와로 구성된다. 여신의 바퀴에 둘러싸여 있을 때, 그것은 <예배의 지성소(至聖所)>가 된다.

그 <주된 만달라>는 <연꽃>, <차크라(바퀴)>, <에테르(공간)>로 된 <세 삼지창>이다. 거기에서 외적으로와 내적으로 항상 희생으로 여신의 바퀴를 경배해야 한다.

그때 그 자신의 만트라를 완전히 알아채면서, <출현과 흡수의 과정을 따라> 샥티의 주된 바퀴로부터 나오는 지복하고 풍부한 원기에 접촉하라."
< 174 - 175 >

"이 접촉으로 <의식의 바퀴>가 갑자기 깨어나고, <그것에 대한 통치권을 가진 사람>은 자신의 모든 에너지(신성)가 만족해하는 <지고의 영역>에 도달한다.

<가슴을 황홀하게 하는 물질을 통해> 외적으로 만족하고, <자신을 알아채는 일을 통해> 내적으로 만족하라."

그다음 스승은 <신성의 에너지> 쿤달리니에게 기도를 하고, <출생의 지지>로서 그를 예배한다.

그리고 정화의 방법으로 그는 수많은 향과 맛을 추출하기 위해, <아는 자(주체) - 지식 - 알려지는 것(대상)>의 삼중 우주를 압박한다.

그렇게 하여 생긴 탁월한 넥타, <태어남과 늙음, 죽음의 파괴자>는 지고의 여신을 만족시키는 데에 적합한 <희생의 버터>로 사용된다.

다음은 <쿨라 수행의 정신>의 보여주는 기도로서
아비나바굽타가 여러 곳에 인용하는 것이다.

< 176 >
"오, 나의 피난처 되기를!
<절대의 실재(實在)>로부터 흘러
의식적인 빛으로 휘황찬란한
저 불멸(不滅)의 암브로시아!

그것을 통해 당신은 경배를 받나니
<신비의 영약(靈藥)을 아는 이들>이라

경이로운 <나-의식>의 그 맛 뿌린
<뿌리의 지지(쿤달리니)> 정화하고
생래(生來)의 향기를 내뿜는
내 영성의 꽃을 봉헌하는 것으로

나, 밤낮으로 예배하노니
이 아르카눔의 지복으로 넘쳐흐르는
내 가슴의 지성소(至聖所)에서
<여신(女神)과 결합한 신(神)>, 당신을"

암브로시아는 <신(神)들의 음식>을 말하고,

아르카눔(Arcanum)은 <**하나님**이 **결합**시킨 것을 사람이 나눌 수 없다(마19:6)>는 저 <**결혼(結婚)** 즉 **결합(結合)**의 불가 해소성(不可解消性)>의 **참된 뜻**을 말한다. (좌우 뇌가 <**하나**>라는 의미이고.)

의식(儀式)을 묘사한 후, 아비나바굽타는 결론을 내린다.

< 186b – 187a >
"스승은 이런 식으로 제자를 입문시킬 수 있지만 100,000 명 가운데 하나가 그런 입문에 합당하다."

<영성의 (좁은 문, 좁은) 길>로 가려는 이가 희귀(稀貴)한데, 그 중에서도 <십만 중 하나>라······
<**지혜(智慧)의 왕**> 솔로몬("**평화**")은 이렇게 고백한다.

"내 영혼이 아직도 찾지 못한 것, 이것이라
 천(千) 남자 가운데 한 사람을 찾았으나
 여자는 한 사람도 찾지 못하였노라

 내가 깨달은 것, 이것이라
 **하나님은 사람을 정직(正直)하게 지으셨으나
 사람이 많은 꾀(생각)를 낸 것이라**"

나가며

"신(神)의 길"의 <쿨라 - 전체성(全體性)의 길>,
크라마 무드라, <비밀 의식(儀式)>을 굳이 동양의
것이라고 말한다면, 이것과 견주어 서양의 것으로
필자가 꼭 다루고 싶은 것은 <십자가의 성 요한>의
『영혼의 어두운 밤』일 것이다.

어느 어두운 밤에
사랑에 타 할딱이며
알 이 없이 나왔노라
내 집은 이미 고요해지고

아, 밤이여 길잡이여
꾐하는 이와 꾐 받는 이를,
한데 아우른
한 몸 되어 버린 아, 밤이여

꽃스런 내 가슴 안
오로지 님을 위해 지켜온 그 안에
거기 당신이 잠드셨을 때
나는 당신을 고여 드리고

바람은 저 너머서 불어오는데
고요한 당신의 손길
자리게 내 목 안아 주시니
나의 감각은 일체 끊어졌어라

하릴없이 나를 잊고
님께 얼굴 기대이니
온갖 것 없고 나도 몰라라
백합화 떨기진 속에 내 시름 던져두고

위 시는 최민순 옮김에서, 중략하고 고쳐 옮겼다.
다른 의미에서 <거울 속에서>에서 가볍게 다룰 것
이지만, <영성에서 빼놓을 수 없는 시(詩)>인 것은
잘 아는 일이다.
(방효익의 책도 있으니, 참고하면서 감상한다면
좋을 것이다.)

다른 말로, 둘 다 얼핏 성애(性愛)를 다루는 것
같지만 성애(聖愛)를 다루고 있다는 것은 잘 알려져
있다.
그리고 우리 모두가 날마다 밤이면 잠을 자지만,
이 <잠자는 상태>라는 것이 대체 무엇인지 잘 모르
듯이, 성(性, 섹스) 혹은 성애(性愛)라는 것도 아마
그럴지 모른다.

필자는 이전 <스판다와 **재인식**(再認識)의 **소와 참나 이야기**>에서는 "**소**"를 다루었고,

지금 여기의 <**전체성**(全體性)과 크라마의 **뱀과 얼나 이야기**>에서는 "**뱀**"을 다루었다.

<**전체성**인 쿨라>와 <크라마> 그리고 <스판다>와 <**재인식**인 프라탸비갸>는 잘 아는 대로, **카시미르 쉐이비즘**의 네 기둥이다. 이 네 기둥이 <쉬바-샥티라는 **그 무엇**>을 잘 나타내는 표지석(標識石)이자 또 그것을 떠받치는 기초석(基礎石)이다.

성경에서 – 기독교 세계에서 – **소**와 **뱀**은 이런 의미가 있을 것이다.

필자가 말하는 **신**(神) 혹은 **신성**(神性)이 있다고 우선 가정(假定)해 보자. 그래서 만약 <그런 것>이 있다면 그것은 어떤 성격, 어떤 특징을 갖고 있겠는가?

그것을 우리는 **신**(神)에 가장 가까이 있는 "**천사**(天使)"라는 것으로 표현할 수 있을 것이다. 그것이 **천사**의 의미다. (최소한 필자에게는 말이다.)

우리가 잘 아는 <9 품(品, 계급) 천사>가 있다면 그런 성격, 그런 특징을 말하고 있는 것이다.

415

소는 케루빔(그룹, Cherubim, Χερουβείμ)으로, 창세기(3:24)에 나오며, 2품인 <지품(智品) 천사> 즉 <숭고한 지혜(직관)의 상징(성격)>으로 알려져 있고,

뱀은 세라핌(스랍, Seraphim, Σεραφείμ)으로, 이사야(6:2)에 나오며, 1품인 <치품(熾品) 천사> 즉 <거룩한 사랑의 특징>으로 알려져 있다. 치(熾)는 <불길이 세다>는 뜻이다. "사랑은 타오르는 불길, 아무도 못 끄는 거센 불길입니다"의 그 거센 불길 말이다.

(<사랑(카마)의 열 단계>는 <숭고미의 미학>에서 더 다룰 것이다.)

뱀이 신(神)에 가장 근접한 <치품 천사>라면 - <사랑의 상징>이라면 - 그것이 곧 "하나님은 사랑이시라."는 의미에 가장 근접한 것이리라. 그것은 또 <다른 이를 사랑하(게 되)면 하나님의 얼굴 즉 하나님의 본질을 보는 것>이라는 뜻이다. (뮤지컬 <레 미제라블>의 마지막 가사는 이 말로 끝난다.)

그리고 그것은 잘 아는 대로, 접촉(스파르샤)으로 시작되는 것이다. 남녀의 접촉이든, 사물과의 접촉이든, 신(神)과의 접촉이든 말이다. 그것을 우리는 "은혜(恩惠)"라고 부를 수 있다.

어떻게 해야 **<그런 접촉>**을 기대할 수 있는가?

☯

쿤달리니는, 우리가 잘 살펴본 대로, 여러 층위(層位, 수준)의 것이 있다. 그것은 마치 <**"나"라는 말**>이 여러 층위에서 나올 수 있는 것과 같다.

그리고 우리는 <자신이 위치한 계단(층위)>에서만 (더 높은 곳을 향해) 출발하거나 (그런 곳을 향해) 작업할 수 있다. 그렇지 않은 경우라면 꿈이거나 상상(망상)일 뿐이다.

그러나 **쿤달리니**는 꿈이거나 상상, 환상이 전혀 아니다. 어떻게 우리의 성력(性力), 호흡(呼吸)이 꿈이거나 환영(幻影)이겠는가?

어쩌면 그 상상처럼 보이던 것이 **실재**가 되고, 우리가 실재라고 알고 있는 것들이 환영처럼 보일 때가 올지도 모른다.

<**"나"라는 이 숲속**>에서 <잠자는 공주>, <**잠자는 美女**(the Sleeping Beauty)>, **그녀를 깨우게 되면**, <**그녀와 함께 잠들었던 모든 것들**>이 저 <마법의 성(城)> 혹은 <**마법의 성(性)**>에서 다시 **깨어날지도 모른다**. 물론 <용기 있는 왕자>, <영웅>이 반드시 먼저 나타나야겠지만 말이다.

우리는 앞에서 **아히르부드냐**를 다루었다.

저 **<깊음(심층)의 보이지 않는 뱀>**은, 이 **생명**의 원초적 바다를 지키며, 자신의 안개의 원(圓) 안에 이 우주를 감싸고 있다.

우리는 그 **<원초적이고 영원한 우주의 축(軸)>, <아자 에카-파다("외발의 태어나지 않은 자")>** 즉 **<생명 그 자체>**를 알아야 하고 또 존중(尊重)해야 한다!

신약성서에는 <무서운 경고>가 있다.

"일하기 싫어하는 사람은, 먹지도 말라!"

우리는 **"신경(神經)"**에도 신경 쓰기 싫고, **프라나 쿤달리니("숨 뱀")**에는 관심도 없다. 누가 **<숨 쉬는 (그런) 것>**에 신경을 쓰겠는가!

필자는 그 경고를 나름, 고쳐 생각하면서······ 이 책을 마무리한다.

"숨 뱀에 관심 없는 자, 숨 쉬지도 말라!"

전 체 성 (全體性)과 크라마의
뱀과 얼나 이야기

초판 1쇄 발행   2021년 10월 11일

지은이 | 金恩在

펴낸이 | 이의성
펴낸곳 | 지혜의나무
등록번호 | 제1-2492호
주소 | 서울시 종로구 관훈동 198-16 남도빌딩 3층
전화 | (02)730-2211   팩스 | (02)730-2210

ISBN 979-11-85062-38-9   03150

1 비갸나 바이라바
**"자신의 생명은 포기할 수 있지만,
이 가르침을 포기해서는 안 된다!"**
일컬어 <112 방편>이다.

2 쉬바 수트라
꿈에 <은혜의 주(主)>가
"저 산, 큰 **바위** 아래에……"
그렇게 그는 이 경전을 얻었다.

3 **소와 참나 이야기**
"**소**"는 사람이
<**신성**(神性)에 이르기 위해>
가장 본받아야 할 선생(先生)이다.

4 프라탸비갸 흐리다얌
**"<거울 속의 도시>는
<거울>과 다르지 않다!"**
<재인식(再認識)>이 무슨 뜻인가?

5 스판다 카리카
<**"움직임"**이라는 그 모든 것>
샥티, 에너지, **힘**, **기**(氣), 영(靈),
그리고 스판다라는 **이 무엇**

6 파라 트리쉬카
"<맛없는> 음식은 없다!" -
<말(언어)>이라는 것은 인간에게
도대체 그 어떤 의미인가?

7 뱀과 얼나 이야기
"아, 내 몸의 이 뱀!"
성(性) 즉 섹스(Sex)는 무엇이고,
전체성(全體性)은 무엇인가?

8 탄트라 사라(예정)
<인간 영성의 모든 것> - 탄트라
그는 어린 우리를 위해……
"그러니 이를 읽어라!"

9 숭고미의 미학(味學)(예정)
우리는 <아름다운 것>에 끌린다.
왜 그런가?
美學을 넘어 味學으로

10 거울 속에서(예정)
오늘도 "거울 속에서" 기다린다.
<거울 밖>을 내다본 이들의
아름다운 이야기를!

⑪ 이슈와라-프라탸비갸(예정)
"내 영혼의 꿀벌은
웃팔라(연꽃)의 향기를 찾아
<절대(絶對)>의 만족을 얻노라!"

⑫ 말리니-비자야 탄트라(예정)
"인간의 본질을 모르면,
진정한 해방은 없다!"
트리카 경전의 에베레스트!

⑬ 돌과 즈슴 이야기(예정)
한 돌이 들려주는
돌과 여러 "틈새" 이야기에
시간 가는 줄 모른다!

⑭ 하나님 증명과 찬양(예정)
"증명하라, 그러면 믿겠노라."
– 아, 이 <사악한 마음>……
"내 영혼이 주를 찬양하나이다!"